ENNEAGRAMM-HOMÖOPATHIE BAND 2

GANZHEITLICHE HEILUNG NACH DER ENNEAGRAMM-HOMÖOPATHIE

DETLEF RATHMER

Bequemer
Mitarbeiter
Mystiker

Gewichtheber
Führer
Ritter

Perfektionist
Gesetzgeber
Eroberer

9

8

1

Genussmensch
Visionär
Gauner

Matriarchin
Diplomat
Romantiker

7

2

Familienmensch
Beschützer
Mutiger

Pragmatiker
Politiker
Superstar

6

3

5

4

Sammler
Professor
Zauberer

Kunsthandwerker
Kritiker
Dramatiker

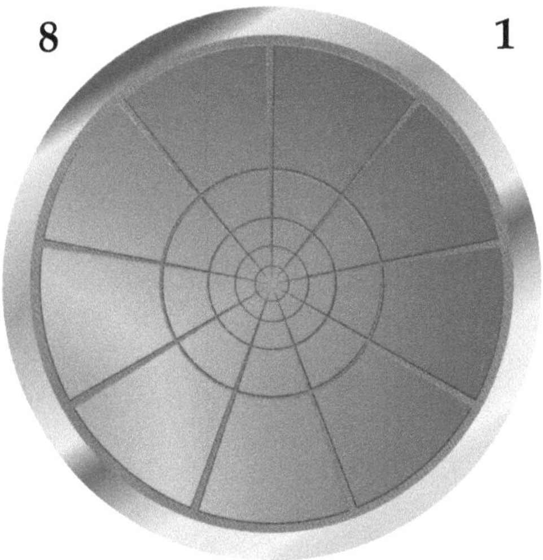

ERGÄNZUNGSBAND FÜR EIN WEITERFÜHRENDES VERSTÄNDNIS DER 9 ENNEAGRAMM-HEILMITTEL

1. AUFLAGE MAI 2019

Bibliographische Information der Deutschen Nationalbibliothek

Die Deutsche Nationalbibliothek verzeichnet diese Publikation in der Deutschen Nationalbibliografie; detaillierte bibliographische Daten sind im Internet über **www.dnb.de** abrufbar.

Wichtiger Hinweis: Medizin als Wissenschaft ist ständig im Fluss. Forschung und Erfahrung erweitern unsere Kenntnisse, insbesondere was Behandlung und medikamentöse Therapie anbelangt. Soweit in diesem Werk eine Dosierung oder Applikation erwähnt wird, darf der Leser zwar darauf vertrauen, dass Autoren, Herausgeber und Verlag große Sorgfalt darauf verwandt haben, dass diese Angabe genau dem Wissensstand bei Fertigstellung des Werkes entspricht. Dennoch ist jeder Benutzer aufgefordert, die Beipackzettel der verwendeten Präparate zu prüfen, um in eigener Verantwortung festzustellen, ob die dort gegebene Empfehlung für Dosierungen oder die Beachtung von Kontraindikationen gegenüber der Angabe in diesem Buch abweicht. Dies gilt nicht nur bei selten verwendeten oder neu auf den Markt gebrachten Präparaten, sondern auch bei denjenigen, die vom Bundesgesundheitsamt (BGA) oder Paul-Ehrlich Institut (PEI) in ihrer Anwendbarkeit eingeschränkt worden sind. Geschützte Warennamen (Warenzeichen) werden nicht besonders kenntlich gemacht. Aus dem Fehlen eines solchen Hinweises kann also nicht geschlossen werden, dass es sich um einen freien Warennamen handelt.

QR-Code Verlagshaus Rathmer:

Herstellung und Verlag: Books on Demand, Norderstedt
Lektorat, Endkorrektorat, mediale Gesamtgestaltung: Detlef Rathmer
Kreative Unterstützung: David L. Rathmer
Technische Unterstützung: Jonah S. Rathmer
Homepage Verlagshaus Rathmer: www.verlagshaus-rathmer.com

ISBN: 978-3-7494-6523-1

Detlef Rathmer
Molkereiweg 9
48727 Billerbeck
Tel.: 02543/931 85 07
Email: 9Rathmer@gmail.com

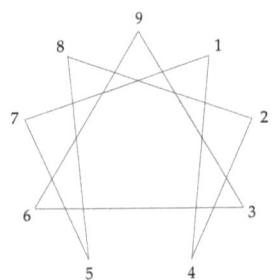

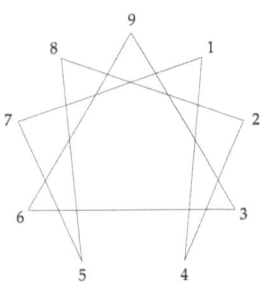

**Jeder Mensch
besitzt im Kern
seiner Persönlichkeit
eine vorherrschende,
aber ihm in aller Regel
verborgene Grundleidenschaft.**

**Diese ist die wahre Ursache
für seine Krankheit und sein Leid,
denn sie ist die unbewusste Leidenschaft,
die Leiden (für sich selbst und andere) schafft.**

**Die Enneagramm-Homöopathie ermöglicht Heilung auf
dieser tiefsten Ebene des Menschseins/Krankseins,
indem sie durch die Gabe eines homöopathischen
Einzelmittels die verborgene Grundleidenschaft
des Patienten und damit auch seine
individuelle Lebenskraft wieder
ins Gleichgewicht bringt.**

Detlef Rathmer

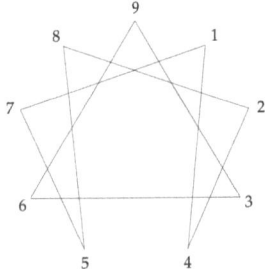

Wichtige Begriffsbestimmungen/Abkürzungen/Hinweise

Enneagramm (von altgriechisch ἐννέα, ennea, „neun", und γράμμα, gramma, „das Geschriebene, das Zeichen, der Buchstabe") bezeichnet ein neunspitziges Symbol, das als grafisches Strukturmodell neun grundsätzliche Qualitäten bzw. Urprinzipien des Universums unterscheidet, ordnet und miteinander in Beziehung setzt (siehe auch die Vorderseite des Buchcovers).

Enneagramm-Fixierung (auch Charakterfixierung) bedeutet, dass jeder Enneagrammtyp von einem Ideal ausgeht, einem charakterlichen Fixpunkt, an dem sich seine Lebensgestaltung ausrichtet und auf den er fixiert ist. Es macht geradezu das Verhaltensmuster des beschriebenen Typs aus, trotz aller Widrigkeiten an seinem Ideal, an seinem Vorstellungen, Meinungen etc. festzuhalten.

Flügel: Ein Typ weist meist auch Eigenschaften seiner beiden direkten Nachbarn auf, welche als Flügel (engl. „wings") bezeichnet werden (**Typ 1** hat z.B. die benachbarten **Flügel 9** und **2**).

Kontratyp (Abk. „KT"): Die entsprechenden Eigenschaften (*vor allem die sog. intrinsische Motivation der jeweiligen Grundleidenschaft*) drücken sich bei diesem Typ tendenziell **entgegengesetzt** aus, trotzdem ist und bleibt die Grundmotivation dieselbe genauso wie bei den anderen Typen, weil sie aber (unbewusst) negiert/versteckt wird, ist sie häufig nur sehr schwer erkennbar.

kp = kontraphobisch (= ein *gegen die Angst gerichtetes entgegengesetztes, angstabwehrendes Verhalten*, welches gekennzeichnet ist durch *Demonstration von Stärke, Schönheit, Mut und Verwegenheit*), siehe **Typ S 6**.

Normaltyp: Die entsprechenden Eigenschaften (*vor allem die sog. intrinsische Motivation der jeweiligen Grundleidenschaft*) drücken sich bei diesem Typ **in normaler Form** aus.

SE = **Selbsterhaltungsuntertyp** des jeweiligen Typs, also z.B. **SE 1** ist der *selbsterhaltende Einser*.
SO = **Sozialer Untertyp** des jeweiligen Typs, also z.B. **SO 1** ist der *soziale Einser*.
S = **Sexuell-aggressiver Untertyp** des jeweiligen Typs, also z.B. **S 1** ist der *sexuell-aggressive Einser*.

Stress- und Entspannungspunkte: In dem Enneagramm-Symbol hat jeder der 9 Enneagrammpunkte zwei Verbindungslinien. Diese sind Pfeile, deren einer auf eine *„schlechte" Entwicklung* des jeweiligen Typs hinweist (= Desintegration, Devolution, Stresspunkt) und deren anderer die *„gute" positive Entwicklungslinie* des Enneatyps darstellt (= Integration, Evolution, Entspannungspunkt).

Triaden: Nach der enneagrammatischen Persönlichkeitstypologie verfügt jeder Mensch über drei Intelligenzzentren: *Kopf (Verstand/Ratio)*, *Herz (Emotionen)* und *Bauch (Instinkt)*. Diese Zentren nennt man auch *Triaden*. Die Kopftriade (= Denk-Zentrum mit dem Kennzeichen „Angst") umfasst die Enneagramm-Muster **5, 6** und **7**, die Herztriade (= Gefühls-Zentrum mit dem Kennzeichen „Image") die Muster **2, 3** und **4**, die Bauchtriade (= Instinkt-Zentrum mit dem Kennzeichen „Aggression") die Enneagrammpunkte **8, 9** und **1**.

Typentwicklung im Lauf des Lebens: Der jeweilige Enneatyp entwickelt sich in der *1. Lebenshälfte tendenziell mehr in Richtung seines entsprechenden Stresspunktes* (erster Höhepunkt dieser Phase ist die Pubertät) und nimmt dabei oft dessen typische Eigenschaften, auch in Form entsprechender allgemeiner Unbewusstheit dem Leben gegenüber, an. Etwa ab Beginn der *2. Lebenshälfte (ca. ab dem 35 - 45 Lebensjahr)* entwickelt sich der Mensch dann *tendenziell mehr in Richtung seines entsprechenden Entspannungspunktes (der Mensch kommt in ein gesetzteres Alter und nimmt seine in der ersten Lebenshälfte aufgebaute persönliche Identität, sein fiktives Selbst im besten Falle nicht mehr so absolut wichtig!)* und nimmt *dessen typische Qualitäten an*, tendiert dann mehr in Richtung *Bewusstheit und Ganzheit*. Diese Tatsache ist bei der Typbestimmung entsprechend zu berücksichtigen indem man schaut, *in welcher Phase seines Lebens der zu typisierende Mensch sich gerade befindet*. Ansonsten kann es bei der Typbestimmung schnell zu Verwechslungen und damit zu falschen Resultaten kommen.

Ü = Übersichten - Die *seitlichen Markierungen in Form von schwarzen Balken* weisen auf die inhaltlich *korrespondierenden Übersichten* zu Beginn *(Übersicht auf der Seite 13)* und am Ende des Buches *(Übersichten auf den Seiten 105 - 148)* hin. *Die Zahlen in diesen rechts und links vom Text stehenden Markierungen (schwarzen Balken)* weisen auf *die jeweiligen Seitenzahlen hin, auf denen man die entsprechenden Übersichten* finden kann.

Untertypen (27): Innerhalb eines Enneagramm-Musters existieren jeweils drei *sog. Untertypen*, **1. der selbsterhaltende Untertyp (Abkürzung: SE)**, der den Fokus seiner Aufmerksamkeit immer zunächst auf sich selbst und das eigene Überleben richtet, **2. der soziale Untertyp (Abkürzung: SO)**, der seinen Aufmerksamkeitsfokus primär auf die Gemeinschaft mit anderen Menschen richtet und **3. der sexuell-aggressive oder Beziehungstyp (Abkürzung: S)**, der sich selbst immer fokussiert und definiert in Bezug auf einen Partner oder eine andere ihm vertraute Person im privaten Bereich. Jeder Mensch hat Anteile von allen drei Untertypen, aber zu unterschiedlichen prozentualen Anteilen. Meistens besitzen zwei dieser noch unterhalb des eigentlichen Enneatyps liegenden Instinktvarianten eine deutlich stärkere Dominanz im Gegensatz zum drittstärksten Instinkt, der oft erheblich weniger ausgeprägt ist. Sind die beiden ersten Untertypenausprägungen etwa gleich stark vorhanden, erschwert dies eine genaue Bestimmung des letztlich vorherrschenden primären Instinkts in der Praxis.

1. **Enneagrammtyp 1** mit primär selbsterhaltendem Instinkt *(SE 1 = Normaltyp)*
2. **Enneagrammtyp 1** mit primär sozialem Instinkt *(SO 1 = Verstärkungstyp)*
3. **Enneagrammtyp 1** mit primär sexuell-aggressivem Instinkt *(S 1 = Kontratyp)*

4. **Enneagrammtyp 2** mit primär selbsterhaltendem Instinkt *(SE 2 = Kontratyp)*
5. **Enneagrammtyp 2** mit primär sozialem Instinkt *(SO 2 = Verstärkungstyp)*
6. **Enneagrammtyp 2** mit primär sexuell-aggressivem Instinkt *(S 2 = Normaltyp)*

7. **Enneagrammtyp 3** mit primär selbsterhaltendem Instinkt *(SE 3 = Kontratyp)*
8. **Enneagrammtyp 3** mit primär sozialem Instinkt *(SO 3 = Verstärkungstyp)*
9. **Enneagrammtyp 3** mit primär sexuell-aggressivem Instinkt *(S 3 = Normaltyp)*

10. **Enneagrammtyp 4** mit primär selbsterhaltendem Instinkt *(SE 4 = Kontratyp)*
11. **Enneagrammtyp 4** mit primär sozialem Instinkt *(SO 4 = Verstärkungstyp)*
12. **Enneagrammtyp 4** mit primär sexuell-aggressivem Instinkt *(S 4 = Normaltyp)*

13. **Enneagrammtyp 5** mit primär selbsterhaltendem Instinkt *(SE 5 = Verstärkungstyp)*
14. **Enneagrammtyp 5** mit primär sozialem Instinkt *(SO 5 = Normaltyp)*
15. **Enneagrammtyp 5** mit primär sexuell-aggressivem Instinkt *(S 5 = Kontratyp)*

16. **Enneagrammtyp 6** mit primär selbsterhaltendem Instinkt *(SE 6 = Verstärkungstyp)*
17. **Enneagrammtyp 6** mit primär sozialem Instinkt *(SO 6 = Normaltyp)*
18. **Enneagrammtyp 6** mit primär sexuell-aggressivem Instinkt *(S 6 = Kontratyp)*

19. **Enneagrammtyp 7** mit primär selbsterhaltendem Instinkt *(SE 7 = Normaltyp)*
20. **Enneagrammtyp 7** mit primär sozialem Instinkt *(SO 7 = Kontratyp)*
21. **Enneagrammtyp 7** mit primär sexuell-aggressivem Instinkt *(S 7 = Verstärkungstyp)*

22. **Enneagrammtyp 8** mit primär selbsterhaltendem Instinkt *(SE 8 = Normaltyp)*
23. **Enneagrammtyp 8** mit primär sozialem Instinkt *(SO 8 = Kontratyp)*
24. **Enneagrammtyp 8** mit primär sexuell-aggressivem Instinkt *(S 8 = Verstärkungstyp)*

25. **Enneagrammtyp 9** mit primär selbsterhaltendem Instinkt *(SE 9 = Normaltyp)*
26. **Enneagrammtyp 9** mit primär sozialem Instinkt *(SO 9 = Kontratyp)*
27. **Enneagrammtyp 9** mit primär sexuell-aggressivem Instinkt *(S 9 = Verstärkungstyp)*

Verstärkungstyp: Die entsprechenden Eigenschaften *(vor allem die sog. intrinsische Motivation der jeweiligen Grundleidenschaft)* drücken sich bei diesem Typ **verstärkt** aus.

Ü
13
105
106
107
108
109
110
111
112
113
114
115
116
117
118
119
120
121
122
123
124
125
126
127
128
129
130
131
132
133
134
135
136
137
138
139
140
141
142
143
144
145
146
147
148

Einführung

Als apollonische Weisheiten sind die am Eingang des Apollo-Tempels angebrachten Aphorismen „**Erkenne dich selbst**" (γνῶθι σεαυτόν gnōthi seauton) und „**Nichts im Übermaß**" (μηδὲν ἄγαν mēden agan) bekannt. Die dritte weniger bekannte aber wohl tiefgreifendste, doch auch mysteriöseste Inschrift besteht in dem einen kleinen griechischen Buchstaben **Epsilon** (Ἐψιλον΄), um den sich die meisten unterschiedlichen Erkenntnisversuche ranken. Nun, was hat das alles mit unserem Thema *„Enneagramm" und „Homöopathie"* bzw. *ganzheitlicher Heilung des Menschen* zu tun? Jedenfalls mehr, als man zunächst vermuten würde. Denn wir wissen, dass wahre Selbsterkenntnis immer auch mit mehr Bewusstheit, weniger Unbewusstheit und innerer Befreiung zusammenhängt und damit letztlich zu Heilung im ganzheitlichen Sinne führt. Auf die wesentlichen Strukturen des Enneagramms übertragen ist es also zunächst von zentraler Bedeutung, die eigene bislang unbewusste Enneagrammfixierung aus ihrem Dornröschenschlaf zu erwecken, indem man sie erkennt, also die eigene innere Leidenschaft, die zuvor in den Tiefen des Unterbewusstseins verborgen blieb, immer mehr bewusst werden zu lassen. Das wäre der erste notwendige Schritt zur Selbsterkenntnis (ERKENNE DICH SELBST). Dann wird nach und nach der Weg frei bzw. etwas anders ausgedrückt durch diese Selbsterkenntnis eröffnet sich erst der Weg, die nun erkannte und bewusst gemachte spezifische Grundleidenschaft, also entweder *den Zorn, den Stolz, die Eitelkeit, den Neid, den Geiz, die Angst, die Maßlosigkeit, die Gier oder aber die Trägheit des Herzens* wieder in ihr Gleichgewicht zu bringen. Das wäre dann der 2. Schritt des Weges, der so zentral wichtige transzendentale Schritt, die überwiegend mentale, verstandesbetonte Selbsterkenntnis praktisch dahingehend umzusetzen, dass wir unsere Leidenschaft eben letztlich nicht im Übermaß leben (NICHTS IM ÜBERMASS). Die entsprechende Grundleidenschaft ist also an sich nicht gut oder schlecht, nur das einseitige unbewusste Ausleben eine der **9 Leidenschaften** nach der Enneagrammlehre führt zu einem inneren Ungleichgewicht, zu tiefer Unbewusstheit und Unfreiheit, im weitesten Sinne zu Leid und Verlust in jeglicher denkbarer Form und damit auch u.a. zu allen erdenklichen Krankheitserscheinungen. Hier setzt das entsprechende **Enneagramm-Heilmittel** an, indem es dem Patienten hilft, seine im Verborgenen, im Unterbewusstsein einseitig aus dem Gleichgewicht geratene spezifische Grundleidenschaft (homöopathisch spricht man von der *Verstimmung der Lebenskraft*) wieder ins Gleichgewicht zu bringen. Das würde z.B. bei einem phobischen (= ängstlichen) Typ 6 bedeuten, dass dieser seine zu stark gelebte Ängstlichkeit als innere Leidenschaft besser erkennt und dann in Mut verwandeln kann, sodass sein Gesamtorganismus unter seiner Leidenschaft der Angst nicht mehr so stark leidet und er damit in der Tiefe seines Menschseins gesundet. Der kontraphobische (angstabwehrende, starke, mutige und verwegene) Typ 6 muss ebenfalls sein inneres Prinzip, die Angst, dahingehend ins Gleichgewicht bringen, indem er sein angstabwehrendes mutiges Dasein reflektiert und dadurch wieder ins rechte Maß bringt, indem er also seine Rüstung ablegt und seine Angst wahrnimmt, erkennt und innerlich annimmt, ohne gleich wieder verwegen und kühn die Angst in die Flucht zu schlagen. Verordnet man einem solchen sog. Kontra-Sechser sein Enneagramm-Heilmittel in entsprechender Dosierung, kommen die oft jahrelang verdrängten Ängste z.B. in Form von Träumen aus seinem Unterbewusstsein in sein Bewusstsein, was dann nach und nach zur Heilung dieses Menschen (Patienten) führt. Kommen wir schließlich zur 3. Inschrift des Apollo-Tempels, den Buchstaben „**Epsilon**" (Ἐψιλον΄). In der Mathematik dient ε zur Bezeichnung einer beliebig kleinen Zahl größer als null. Eine solche Zahl wird in der Analysis bei der Definition von Grenzwerten wie Supremum und Infimum benötigt. Dieses Gebiet wird deshalb auch als „Epsilontik" bezeichnet. In der Informatik steht das kleine Epsilon (ε) für ein leeres Wort. Es gibt also viele sehr unterschiedliche Definitionen und Bedeutungserklärungen für diesen einfachen griechischen Buchstaben. Spirituell gesehen steht dieser griechische Buchstabe für *das eine formlose Sein oder Bewusstsein* (DIE ALLES BELEBENDE FORMLOSE ESSENZ), welches alle Formen des Lebens belebt, ohne selbst Form zu sein. In der Homöopathie spricht man von der Kraft des einen Lebens, von der **sog. immateriellen Lebenskraft**, die wiederum in einzelnen Lebensformen wie z.B. Menschen, Tieren oder auch Pflanzen in eine Art *Verstimmung* oder *aus dem Gleichgewicht* geraten kann und in der Folge dann bei Menschen zu **Krankheit** auf allen physischen und psychischen Ebenen des Menschseins/Krankseins, führt. Diese *immaterielle Kraft* des *einen Lebens* ist letztlich, wie es im Buddhismus heißt, die Ausdrucksmöglichkeit, wie sich das immaterielle eine Bewusstsein in milliardenfacher, ja letztlich unendlicher Vielfalt materiell manifestiert, also immer wieder und ständig im ewigen Kreislauf des Lebens zur Form wird (vergleiche dazu auch das bekannte **Herz-Sutra** oder **Sutra der höchsten Weisheit** als Essenz des buddhistischen Mahayana-Sutras: *„Form ist Leere - Leere ist Form"*, in japanischer Aussprache der chinesischen Übersetzung: „Shiki soku ze kū, kū soku ze shiki" welches besonders im ZEN studiert und rezitiert wird). Diese *formlose Leere* gilt es als 3. wichtigen Schritt ins Bewusstsein zu bringen, sich dahingehend selbst an die eine lebendige Essenz als das wahre „ICH BIN", das „UNENDLICHE SEIN" zu erinnern als tiefgreifendste lebendige Möglichkeit im gegenwärtigen Moment, durch Hinwendung nach innen HIER und JETZT die Einheit des Lebens jenseits der Form unseres menschlichen Organismus lebendig zu erfahren. Die *drei Inschriften des Apollo-Tempels*, die *appolonischen Weisheiten* sind also wunderbare Wegweiser auf dem Wege zu mehr Selbsterkenntnis und damit zu einer ganzheitlichen Heilung auch im Sinne des *Enneagramms* und der *Enneagramm-Homöopathie*. Begeben Sie sich mit mir zusammen auf eine weiterführende Reise in das Land der **neun Enneagramm-Heilmittel**, die in diesem *Ergänzungsband* noch einmal besonders tiefgreifend und umfassend dargestellt werden. Jedes Enneagramm-Heilmittel steht dabei für ein ganzes Universum bzw. ein grundlegendes Prinzip dieses Universums. Es geht also wie in **Band 1** *„Enneagramm-Homöopathie - Heilung auf der tiefsten Ebene des Menschseins/Krankseins"* auch hier in diesem **Band 2** zum Thema **Enneagramm-Homöopathie** um Gesundheit und Krankheit sowie die homöopathische Heilung von Krankheit in Form der einzelnen aus dem Gleichgewicht geratenen *9 Prinzipien im Menschen* (Patienten). Dabei soll dieser Ergänzungsband der interessierten Leserin, dem interessierten Leser eine intensive Erweiterung und Vertiefung des Grundlagenwissens aus dem **Band 1** schenken. Ein letzter Tipp: Lesen Sie bitte zunächst die Anweisungen unter *„Kurzer Wegweiser zum strukturellen Aufbau der verschiedenen Arzneimitteldarstellungen"* ab Seite 14 dieses Buches, die sozusagen als Kompass im Vorfeld vieles zu erklären vermögen. *Und nun wünsche ich Ihnen, verehrte Leserin, verehrter Leser, ein **lehrreiches Studium der Enneagramm-Homöopathie!***

Detlef Rathmer im Mai 2019

Inhaltsverzeichnis

Einführende Übersicht zu den 9 Enneagramm-Heilmitteln:

Homöopathische Signaturenlehre *

Sämtliche homöopathische Arzneimittel der Enneagramm-Homöopathie

9. Cannabis (Hanf)

8. Veratrum album (weißer Germer)

1. Platinum metallicum (Platin)

7. Belladonna (Tollkirsche)

2. Hyoscyamus (Bilsenkraut)

6. Opium (Schlafmohn)

3. Tarentula (Tarantel)

5. Stramonium (Stechapfel)

4. Ignatia (Ignatius-Bohne)

9. selbstvergessen, stoisch, träge, verwirrt, vergesslich, entspannt, tolerant, phlegmatisch, entscheidungsschwach, abhängig, ruhig, unscheinbar, angepasst, selbstentfremdet, anspruchslos

8. hochgewachsen, rücksichtslos, furchtlos, mächtig, expansiv, Duft sehr aufdringlich, weites Verbreitungsgebiet, sehr giftig, Bekämpfung, Lähmung

1. kühl, kalt, abweisend, wertvoll, exklusiv, Maßstab, hohe innere Spannung, Starre, unangreifbar, stiller Glanz, platonisch, unnahbar, anspruchsvoll

7. einzellige Köpfe, kugelig, rund, weich, pupillenvergrößernd, „alte Zauberpflanze", innerer Aufbau wie eine Tomate, saftig, süßlich, voll, oval, gefällig

2. stolz, schmeichelnd aufdringlich, erregbar, emotional, zugewandt, offen, empfänglich, verführerisch, üppig, bedürftig, beeinflussbar

6. Schlaf bringend, giftig, Schmerz stillend, geschwollen, ängstlich, schüchtern, unsicher, freundlich, schmeichelnd, bewusstlos

3. vortäuschen, Netz spinnen, giftig, einfallsreich, Effizienz, berechnend, Eigenwerbung, ehrgeizig, manipulativ, anziehend, skrupellos, wachsam, Jagdinstinkt, aussaugen

5. Behaarung lässt an älteren Pflanzen kreisförmig nach, Stengel sind kahl, isolierter Standort, stachelig, entfremdet, abgehoben, kopfbetont, duftet unangenehm, narkotisierend

4. krampfhaft, Kletterpflanze, Schlingpflanze, anhänglich, Bitterkeit, seelische Verkrampfung, Leid, attraktiv, haltlose Pflanze, betörender Duft, benebende Wirkung, Nervengift, „verhängnisvoller Liebeszauber"

---

* Die **homöopathische Signaturenlehre** ist der Auffassung, dass die *Merkmale des Ausgangsstoffes* eines homöopathischen Arzneimittels *Rückschlüsse auf ihre heilenden Eigenschaften* geben.

Die zentralen 9 Enneagramm-Heilmittel der Enneagramm-Homöopathie

Die **homöopathischen Heilmittel** für die einzelnen Enneagrammtypen sind:

Ü 13

Typ 1 - Platinum metallicum (metallisches Platin in homöopathisch aufbereiteter Form)
Typ 2 - Hyoscyamus niger (schwarzes Bilsenkraut in homöopathisch aufbereiteter Form)
Typ 3 - Tarentula hispanica (spanische Tarantel in homöopathisch aufbereiteter Form)
Typ 4 - Ignatia amara (Ignatiusbohne in homöopathisch aufbereiteter Form)
Typ 5 - Stramonium (Stechapfel in homöopathische aufbereiteter Form)
Typ 6 - Opium (Schlafmohn in homöopathisch aufbereiteter Form)
Typ 7 - Belladonna (Tollkirsche in homöopathisch aufbereiteter Form)
Typ 8 - Veratrum album (weißer Germer in homöopathisch aufbereiteter Form)
Typ 9 - Cannabis (Hanf in homöopathisch aufbereiteter Form)

Kurzer Wegweiser zum strukturellen Aufbau der verschiedenen Arzneimitteldarstellungen

Sämtliche oben aufgeführten **9 Enneagramm-Heilmittel** für die Enneagrammtypen 1 - 9 werden hier jeweils in **22 einzelnen Themenbereichen** (*z.B. 1.1 - 1.22 für das erste Heilmittel Platin etc.*) logisch-systematisch in einer bestimmten immer gleich verlaufenden Reihenfolge dargestellt:

X.1 Zunächst werden einige typische **homöopathische Leitsymptome** des jeweiligen Enneagramm-Heilmittels aufgeführt.

Ü 13

X.2 Danach wird im Zusammenhang mit der **Übersicht auf Seite 13** das Heilmittel nach der **sog. Signaturenlehre** vorgestellt. Die *homöopathische Signaturenlehre* geht davon aus, dass die Merkmale, Qualitäten und Eigenschaften des Ausgangsstoffes einer homöopathischen Arznei zuverlässige Rückschlüsse auf ihre heilenden Eigenschaften geben.

Ü 108 109 113 114

X.3 Hier geht es regelmäßig um die zentralen **Sichtweisen, Motivationen und Vorstellungen** der einzelnen *Enneagramm-Heilmittel*, wobei auch diese immer jeweils mit den **korrespondierenden Übersichten** am Ende Buches (*siehe Hinweise der entsprechenden Übersichten an der Seite mit „Ü" und der Seitenzahl der Übersicht gekennzeichnet*) studiert werden sollten.

X.4 Unter diesem Punkt erfolgt immer die **rein homöopathische Darstellung des jeweiligen Enneagramm-Heilmittels**, wobei hier besonders sehr zuverlässige möglichst ursprüngliche Quellen aus der homöopathischen Literatur herangezogen wurden, allen voran *Dr. Samuel Hahnemann* (1755 - 1843), sofern aus seiner Feder entsprechende homöopathische Quellen existieren. Ansonsten wurde ergänzend auf die *homöopathische Arzneimittellehre* des indischen homöopathischen Praktikers **Dr. Shankar Raghunath Phatak** (1896 - 1981), einem *außerordentlich zuverlässigen Standardwerk der Homöopathie*, zurückgegriffen.

Ü 13

X.5 Hierbei geht es um das **psychologische Verhalten** der Enneagrammtypen, insbesondere um *psychologisch krankhaftes Verhalten, Streitprojektionen, das immer wiederkehrende psychologische Muster* sowie die *psychologische Lösung* für die einzelnen Enneatypen.

Ü 106 107 108

X.6 Unter diesem Abschnitt werden die **wesentlichen Merkmale der Charakterfixierung** jedes einzelnen Enneagrammtyps erörtert. **Charakterfixierung oder allgemein** *Fixierung (hier psychoanalyisch verstanden)* ist ein *Begriff aus der psychoanalytischen Neurosenlehre Sigmund Freuds*. Gemäß seiner *Theorie der psychosexuellen Entwicklung* (Aufbau einer Persönlichkeitsarchitektur von einem unreifen zu einem reifen Menschen) durchlebt der Mensch *fünf Phasen*: **1. Orale Phase** (1. Lebensjahr): Freud unterscheidet in dieser 1. Phase fünf *orale sog. Funktionsmodi*: *Einnehmen, Festhalten, Beißen, Ausspeien, Schließen*. Der *„orale Charakter"* ist passiv, abhängig, fordernd, neidisch, egoistisch usw… und kann sich in übermäßigem Essen, Trinken, Rauchen etc. äußern. Es besteht eine Gier nach Speisen und Menschen, eine Abhängigkeit von anderen und eine Tendenz zu symbiotischen Bezügen (Symbiose = überenge zwischenmenschliche Beziehung) und Identifikationen. **2. anale Phase** (1. - 3. Lebensjahr): Freud unterscheidet in dieser 2. Phase ebenfalls *fünf verschiedene Funktionsmodi*: *Zurückhalten (Geiz, Knausrigkeit), Sauberkeit (Reinlichkeitsfimmel, Pedanterie), Ausscheiden (Generosität), Darbieten, Schenken (Großzügigkeit, Aufopferung), Spiel mit Kot (Freude an derben obzönen Witzen, Handgreiflichkeit)*. Der *„anale Charakter"* neigt zu Wutausbrüchen, zu Ärger, Hass und Rachsucht und hat sadistische Impulse, tendiert ferner zu Ehrgeiz, Ordnungsliebe, Sparsamkeit (Geiz), Eigensinn und Intoleranz. **3. Phallische Phase** (3. - 5. Lebensjahr): Freud differenziert innerhalb dieser 3. Phase zwischen *drei unterschiedlichen Funktionsmodi:* Forschen, Eindringen, Bemächtigen. Für den *„phallischen Charakter"* stehen folgende Themen: Neid, Rivalität, Minderwertigkeitsgefühle, Unzufriedenheit mit der eigenen Geschlechterrolle, Aggressivität, Wünsche, andere zu dominieren. **4. Latenzphase** (5. - 13. Lebensjahr): In der Latenzzeit (Schulzeit) ruht die Sexualität. **5. Genitale Phase** (ab 13. Lebensjahr): In dieser 5. Phase werden die früheren drei Phasen sozusagen wieder *reaktiviert*, aber nun verschmelzen sie zum *„Primat der Genitalität"*, d.h. der Schwerpunkt liegt nun auf der Sexualität und den Genitalien. Durch diese letzte Phase wird bestenfalls aus einem Kind bzw. Heranwachsenden eine reife Persönlichkeit. Der *„genitale Charakter"* ist also an sich ein *reifer, liebevoller, freundlicher und kontaktbereiter* Mensch. Die *Nichtbefriedigung* der für die Phasen jeweils charakteristischen Bedürfnisse ist ein *traumatisches Erlebnis*, das zur *sog. Fixierung* führt, also dem *Stehenbleiben auf dieser Entwicklungsstufe*. Die *Latenz- und genitale Phase* hat Freud zu seiner Zeit allerdings nur kurz behandelt. Von der *modernen experimentellen Psychologie* konnten die Erkenntnisse und Ideen Freuds zwar nicht bestätigt werden, weil hier das typische *naturwissenschaftliche und analytische Weltbild* vorherrscht. Innerhalb des *analogen Weltbildes des Enneagramms* lassen sich Freuds Ideen aber durchaus bestätigen. Die Arbeiten des bedeutenden *Enneagrammlehrers und -forschers* **Dr. Claudio Naranjo, Vaters der modernen (psychologischen) Enneagrammlehre** *(und zugleich Mediziner, Psychiater, Gestalttherapeut und Meditationslehrer)* bestätigen allerdings die Beobachtungen und lebendigen Erfahrungen Freuds sehr deutlich und eindrücklich. So können die *neun Charaktere* des Enneagramms mit ihren *spezifischen Motivations-, Handlungs- und Verhaltensmustern* dem Gedanken der Fixierung im Sinne einer *Charakterfixierung* zugeordnet werden, wie wir es bei jeweils allen 9 Enneagrammtypen unter diesem Punkt sehen werden. Ergänzend dazu finden wir im **17. Kapitel** am Ende dieses Buches die **Übersicht über die Temperamentenlehre der Antike**. Danach gibt es *vier* klassische Temperamente: *1. den cholerischen*

Ü
112
115
116
128
129
130

Charakter oder den Choleriker (= *schnell verärgert, heftig, leicht aufbrausend, reizbar, erregbar, zornig, jähzornig*) **2. den melancholischen Charakter oder den Melancholiker** (= *trübsinnige Gemütsverfassung, Grübelneigung, labile Verstimmung, gehemmt, mutlos, schlaflos, irritiert, nachdenklich, traurig*) **3. den phlegmatischen Charakter oder den Phlegmatiker** (= *langsam, schwerfällig, ruhig, unemotional, passiv, gleichgültig, teilnahmslos, mitunter leukophlegmatisch = blass, gedunsen aussehend*); nach der Entwicklung der modernen Psychologie Anfang des 19. Jhd. konnte diese antike Lehre in Bezug auf den Phlegmatiker noch sinnvoll ergänzt werden durch die Qualität **4. den angustischen Charakter oder den Angustiker** (= *ängstlich, besorgt, fürsorglich, freundlich*), also einem Menschen, dessen Antrieb die Angst ist (= *Typ 6 des Enneagramms*), auch die Angst keinen Erfolg zu haben (= *Typ 3 des Enneagramms*) oder die Angst, nicht gesehen zu werden und unwichtig zu sein (= *Typ 9 des Enneagramms*) **5. den Sanguiniker** (= *„das Blut betreffend", bluthaltig, blutreich, heftig, ungestüm, impulsiv, lebhaft, reaktionsschnell, mutig, hoffnungsvoll, heiter, aktiv*).

Ü
117
118
119

X.7 Weiterhin werden unter diesem Punkt die **energetische (zwischenmenschliche) Ausstrahlung** sowie die **sog. primäre Blickqualität** und die **Energiepunkte** der einzelnen Patienten behandelt.

Ü
108
109
110
111

X.8 Hier werden kurz stichpunktartig die **Persönlichkeiten des Enneagramms** vorgestellt, damit man anhand dieser Kurzbeschreibungen einen prägnanten Eindruck für die Vielfältigkeit des möglichen *Ausdrucks der Enneagrammtypen* bekommt, insbesondere für die bereits im **ersten Band** kurz dargestellten Untertypen. In meinem Buch ***„Die 27 Persönlichkeiten des Enneagramms"*** werden diese dann genauestens und in aller Ausführlichkeit beschrieben.

Ü
126
146

X.9 Die **Dynamik von Gesundheit & Krankheit** bzw. **Bewusstheit & Unbewusstheit:** Jeder Enneatyp hat im Rahmen der *Polaritäten des Lebens* sowohl Tendenzen *Richtung Gesundheit bzw. Bewusstheit* als auch in *Richtung Krankheit bzw. Unbewusstheit*. Man spricht in diesem Zusammenhang auch von der *sog. Dynamik des Bewusstseinsgrades*.

Ü
120
121
122

X.10 Hierbei geht es um die **positiven Eigenschaften** der Patienten des jeweiligen Typs.

X.11 Darauf folgt dann die Darstellung der **negativen Eigenschaften** der Patienten.

X.12 In der Kombination mit der Übersicht im **Kapitel 27** (*27. Übersicht am Ende des Buches auf Seite 122*) werden in diesem Abschnitt die wichtige **Mimik & Gestik** besprochen.

Ü
123
124

X.13 Die **Ego-Fixierungen** (Fallen) werden unter diesem Punkt als mentale Haltungen verstanden, eine Art *fixer und daher verzerrter Idee* darüber, wie das Leben zu organisieren sei, um das durch den *Seinsmangel hervorgerufene Gefühl der Leere* zu überwinden. Die Ego-Perspektive ist letztlich die *Illusion eines getrennten Ich`s*, in Wahrheit ist alles mit der *Ganzheit des Seins* verbunden, aber ohne diese Täuschung als Grundlage des dualistischen Menschseins wäre eine *Entwicklung zum ganzheitlichen Sein* nicht vorstellbar in einer dualen und polaren Welt.

Ü
125

X.14 In diesem Abschnitt werden die verschiedenen **spezifischen Grundängste (Hauptängste)** der 9 Patienten im Rahmen der **Enneagramm-Homöopathie** aufgeführt. Allgemein lässt sich an dieser Stelle bereits sagen, dass die *Angehörigen der Herztriade*, die Typen **2, 3** und **4,** primär **Angst vor Liebesentzug** in irgendeiner Form haben, die *Angehörigen der Kopftriade,*

die Typen **5, 6** und **7** primär **Angst vor Unsicherheit und Zweifel** besitzen, während bei *Angehörigen der Bauchtriade* mit den Typen **8, 9** und **1** primär die **Angst vor Machtverlust und Ohnmacht** zentral ist.

X.15 Hierbei geht es um die Beschreibung des **Krankheitszustandes** der einzelnen Typen.

X.16 Danach schließt sich die Beschreibung des **Gesundheitszustandes** der einzelnen Typen an. Gesunde Anregungen für die einzelnen Patienten wären hier schon einmal: *Typ 1: Du wirst dir selbst und anderen mit deinen hohen Ansprüchen nicht gerecht! Typ 2: Du bist nicht so selbstlos wie du immer glaubst, erwarte also von anderen keine Gegenleistung für deine Liebe und Fürsorge! Typ 3: Du wirst um deiner selbst willen geliebt! Typ 4: Verhindere dein wahres Glück nicht durch deine ständige Sehnsucht nach etwas nicht Vorhandenem! Typ 5: Hab keine Angst vor Nähe und intensiven Beziehungen, deine Bedürfnisse sind o.k.! Typ 6: Phobisch: Fasse Vertrauen in dich und die Welt! Kontraphobisch: Gib den permanenten Kampf auf! Typ 7: Blende nicht immer alles Negative aus! Typ 8: Du musst nicht immer den Ton angeben! Typ 9: Nimm dich selbst und deine Bedürfnisse wichtig!*

X.17 In diesem Abschnitt geht es um **therapeutische Tipps im Umgang mit den Patienten**.

X.18 Dann schließt sich die ausführliche Darstellung des jeweiligen **psychologischen Abwehrmechanismus** der **9 Patiententypen** an. Der *psychologische Abwehrmechanismus* ist ein Begriff aus der **Psychoanalyse**, mit dem psychische Vorgänge bezeichnet werden, die den Zweck haben, miteinander in Konflikt stehende psychische Impulse und Tendenzen (*Triebe, Wünsche, Motive, Werte*) mental, gefühlsmäßig und instinktiv so zu bewältigen bzw. zu kompensieren, dass die resultierende seelische Verfassung konfliktfreier ist. Diese Vorgänge erfolgen meistens *unbewusst* und *unwillkürlich*. Jeder Enneagrammtyp verfügt primär über einen spezifischen für ihn typischen *Abwehrmechanismus*, der sein gesamtes menschliches Dasein wie ein roter Faden durchzieht. Dieser jeweilige Abwehrmechanismus ist dem Betroffenen am wenigsten bewusst und bildet den ***sog. blinden Fleck*** *für die eigenen seelischen Schattenanteile.*

X.19 In diesem Kapitel werden die **Ausdrucksformen der einzelnen Grundleidenschaften** in Verbindung mit der **36. Übersicht** am Ende des Buches sowie die zu bearbeitenden Themen für die Patienten genauestens dargestellt. Die *Leidenschaften* werden in diesem Sinne sowohl als *Gefühlszustände* als auch als ***motivierende Triebe*** *des menschlichen Handelns* verstanden.

X.20 In diesem Abschnitt geht es jeweils um die **erlösenden Aufforderungen** an die Patienten, siehe dazu auch die entsprechende **37. Übersicht auf Seite 132** am Ende des Buches.

X.21 In diesem jeweils immer vorletzten Abschnitt geht es in Bezug auf jedes der 9 Enneagramm-Heilmittel um die wichtige Darstellung der **Bewusstseinsstufen**. Dazu zunächst allgemein zur Erklärung: Jeder Mensch entwickelt sich seinem Enneatyp entsprechend im Laufe seines Lebens von mehr oder weniger starker ***Unbewusstheit*** *zu immer mehr* ***Bewusstheit***. Wir erkennen darin den *eigentlichen Sinn unseres Lebens*, wobei wir verschiedene insgesamt *9 Entwicklungsstufen* zu durchlaufen haben, um nach und nach unsere *Fixierungen, Leidenschaften, Laster und Hauptabhängigkeiten* zu erlösen, damit wir die nächste Stufe der Bewusstseinsentwicklung

Ü
105
106
107
110
111
112
113
115
119
126

Ü
127

Ü
124
128
129
130

Ü
131

Ü
132

Ü
133
134
135
136
137
138
139
140
141

in unserem Leben emporsteigen. Bewusstheit steht hier auch synonym für *Gesundheit*, Unbewusstheit für *Krankheit*. Einige Menschen sind in ihrem Wesen/ihrer Persönlichkeit unter Umständen so eingeschränkt und eng, dass schon die *auf einer einzigen Stufe ihres Typs auftretenden charakterlichen Merkmale* beispielhaft für sie sind. Die überwiegende Anzahl der Menschen bewegt sich allerdings auf den Bewusstseinsstufen *permanent entweder mehr nach oben oder nach unten* in Form eines *sich kontinuierlich verändernden Bewusstseinsprozesses*, also über sämtliche neun Bewusstseinsstufen hinweg. Dabei machen sie gelegentlich eine starke Bewegung *in die Richtung der 1. Stufe*, also in Richtung *Unbewusstheit*, die immer auch eine *deutliche neurotische Störung* bedeutet, manchmal aber auch stark *in Richtung der 9. Stufe*, also in Richtung *Bewusstheit*. Auf der gesamten Bandbreite menschlichen Bewusstseins von **Stufe 1 bis Stufe 9** treten bei jedem Enneatypen *verschiedene Charakterzüge und Abwehrmechanismen* in Erscheinung und verbinden sich mit den bereits vorhandenen Grundzügen des jeweiligen Menschen zu *äußerst komplexen Mustern*, die dann seine eigentliche Individualität ausmachen. So ist auch zu erklären, dass man keineswegs durch eine kurze Beschreibung dieser Bewusstseinsprozesse auf neun Ebenen *den ganzen Facettenreichtum eines Individuums* beschreiben kann. Aber dennoch geben uns diese Wegweiser in Form prägnanter Begriffe eine *gute Struktur des menschlichen Bewusstseinsprozesses* jedes einzelnen Enneatyps. Eine stufenweise Bewegung in Richtung Bewusstheit bedeutet immer auch zugleich eine *Verbesserung der psychischen Gesundheit und Ausgeglichenheit*, in Folge natürlich auch eine *Verbesserung der körperlichen Symptomatik*, falls vorhanden. Eine Entwicklung in Richtung Unbewusstheit ist aber gleichwohl möglich, sowohl im Laufe von Minuten, Stunden, Tagen, Jahren und Jahrzehnten. Je weiter wir uns in Richtung Unbewusstheit vom Zentrum unseres Seins zur Peripherie entwickeln, *desto stärker werden unsere neurotischen Verhaltensweisen* in unserem täglichen Alltag, wobei wir uns selbst dieser krankhaften Züge auf dem Weg in Richtung Unbewusstheit immer weniger bewusst sind und schließlich in tiefer Unbewusstheit immer unglücklicher und unzufriedener werden. **Bewusstheit** ist also der *Schlüssel zum Glück jedes einzelnen Enneatyps.* Wir sollten natürlich nicht vergessen, dass diese Entwicklungsschritte zwar die Möglichkeit bieten, die grobe Bewusstseinsentwicklung der einzelnen Enneatypen analytisch zu erfassen und einzuordnen, aber letztlich ein gedankliches Konstrukt bleiben: Echte Menschen sind eben am Ende nicht so voraussagbar und genau definiert wie solche relativ kurzen Darstellungen schnell vermuten lassen. Und doch enthalten diese abstrakten Beschreibungen eine *aussagekräftige Generalisierung*, die vor allem dann hilfreich ist, wenn man die vorläufige Einordnung in einen bestimmten Enneatyp noch ein wenig deutlicher definieren/erkennen möchte. Die *einzelnen Bewusstseinsstufen* in diesem *Stufen-Modell* lassen sich auch unabhängig vom jeweiligen Enneatyp abstrakt beschreiben: Zunächst befindet sich jeder Enneatyp auf den **Stufen 7 – 9** im Bereich der **gesunden Entwicklung**, auf den **Stufen 4 – 6** im Bereich der **durchschnittlichen Entwicklung** und auf den **Stufen 1 – 3** im Bereich der **gestörten Entwicklung** seiner Persönlichkeit. **Stufe 9** ist das **Stadium der Befreiung**, indem der Mensch sein *falsches Selbst überwunden hat* und indem er beginnt, *sich wahrhaft selbst zu verwirklichen* im tieferen Sinne des Wortes „*Selbstverwirklichung*". **Stufe 8** stellt das **Stadium der psychischen Möglichkeiten** dar, hier erkennen wir *erste Anzeichen des egoistischen Handelns* aufgrund von Abwehrmechanismen in gesundem

Maße. **Stufe 7** ist das **Stadium der sozialen Werte**, die jeweilige *Ego-Fixierung wird hier aktiver* und erzeugt eine *charakteristische Persönlichkeit im Rahmen sozialer und interpersonaler Fähigkeiten*, der Mensch agiert hier immer noch im gesunden Bereich. **Stufe 6** ist das **Stadium des Ungleichgewichts**, indem die *Eigeninteressen* einer gesunden, bewussten Entwicklung zuwiderlaufen. Die Abwehrmechanismen verstärken sich zunehmend, sodass ein Ungleichgewicht auftritt. **Stufe 5** ist das **Stadium der sozialen Kontrolle**, bei dem das *Ego sich noch mehr aufbläht*, während der Mensch versucht, seine Umgebung auf typische Weise unter Kontrolle zu bringen. Auf **Stufe 4**, dem **Stadium der Überkompensation**, beginnt der Mensch, *Konflikte und Ängste*, die allmählich immer mehr zunehmen, *übermäßig zu kompensieren*, um doch noch das zu erlangen, was er *mit extremen Verhaltensweisen* ersehnt, die im Allgemeinen auf andere sehr belastend wirken. Mit **Stufe 3**, dem **Stadium der Gewalt**, gelangen wir in den *Bereich der gestörten Entwicklung*. Die *Abwehrmechanismen haben* aus den verschiedensten Gründen *versagt* und *schwerwiegende Reaktionen* sind die Folge mit *tiefgreifenden zwischenmenschlichen Konflikten*. **Stufe 2** ist das **Stadium der Wahnvorstellungen und zwanghaften Verhaltensweisen** mit *schwerwiegenden innerpsychischen Konflikten*. Der Mensch schafft sich seine *eigene realitätsferne Wirklichkeit* und *blendet die wahre Realität des Lebens vollständig aus*. **Stufe 1** stellt schließlich das **Stadium der pathologischen Zerstörungswut** dar, einen *schwer neurotischen Zustand*, in dem *zerstörerisches Verhalten offen zutage tritt*. Der Mensch möchte (tief unbewusst) nur noch sich selbst und / oder andere zerstören. Er flieht dadurch von sich selbst und entgeht dabei der Notwendigkeit, aus sich heraus sein Leben neu aufzubauen, denn er *hat sich innerlich schon längst vom Leben verabschiedet* und *geht in Richtung Leid und Tod*.

X.22 Im letzten Abschnitt geht es jeweils um die **heiligen *(erlösenden, ja auch heilsamen)* Ideen** der einzelnen Enneagrammtypen. Die *9 heiligen (erlösenden) Ideen* stellen das *Gegenstück zu den* **Ego-Fixierungen** *(siehe unter X.13)* dar. Es sind gewissermaßen *Ahnungen von heiligen Qualitäten* des *wahren, „essentiellen" Lebens*; sie eröffnen den Zugang zur Erfahrung des *wahren Selbst* und damit zu *innerem Frieden und Glück*.

Ü
142
143

Am Ende des Buches befinden sich als **Bonusmaterialien** auf den Seiten 144 - 148 noch **fünf** weitere mehr allgemeine **Übersichten** zum tieferen Verständnis des Enneagramms: *1. Die 9 Sinne des Menschen und Hochsensibilität* (49. *Übersicht auf Seite 144*) *2. Erfolgreiche Menschen & Schlüsselqualifikationen* (50. *Übersicht auf Seite 145*) *3. Gleichgewichtspunkte und Zentren* (51. *Übersicht auf Seite 146*) sowie *4. Die Bagua-Zonen im Feng Shui* (52. *Übersicht auf Seite 147*) sowie *5. Die Neun-Jahres-Zyklen des (ewigen) Lebens* (53. *Übersicht auf Seite 148*).

Ü
144
145
146
147
148

1. Das homöopathische Heilmittel für Enneatyp 1: Platinum metallicum (metallisches Platin)

Platin ist ein Edelmetall wie Gold und Silber. Vom Erscheinungsbild ist es dumpfer und unscheinbarer als Silber. **Platin** zeigt, wie auch die anderen Metalle der Platingruppe, ein widersprüchliches Verhalten. Einerseits ist es edelmetalltypisch als Schwermetall chemisch träge, andererseits hochreaktiv, katalytisch-selektiv gegenüber bestimmten Substanzen und Reaktionsbedingungen. Auch bei hohen Temperaturen zeigt **Platin** ein stabiles Verhalten. Es ist daher für viele industrielle Anwendungen interessant, weil **Platin** chemisch betrachtet praktisch unantastbar ist. Verglichen mit allen Übergangsmetallen des periodischen Systems *(Gruppe 3 - 12)* neigt **Platin** am stärksten dazu, eine direkte Verbindung mit Kohlenstoff einzugehen *(die wichtigsten Kohlenstoffproduzenten sind lebende Organismen!)*. Eine Legierung aus 90 % **Platin** und 10 % Iridium wurde im 19. Jahrhundert zur Herstellung eines Kilogramm-Prototyps und des Ur-Meters benötigt. Der **Ur-Meter**, der Abstand zwischen zwei Marken auf dem Platin-Iridium-Stab, repräsentiert den Meter, die fundamentale Längeneinheit im metrischen System. Die Inschrift des Stabes lautet: *„Für alle Zeiten, für alle Menschen."* **Platin** ist das Maß aller Dinge, ein Status, den es erst 1960 durch das noch genauere Krypton verlor. **Platin** ist ein hervorragender *Katalysator*, weil es als chemische Substanz zwar aktiv an chemischen Prozessen beteiligt ist und dabei Zwischenverbindungen eingeht, aber dennoch am Ende der chemischen Reaktion unverändert vorliegt. Es ist also einerseits in gewisser Weise so „tot", dass es nicht mehr in der Lage ist, irgendwelche chemischen Verbindungen zu anderen Stoffen einzugehen, bei denen sich seine Struktur nachhaltig verändern würde. Dafür aber ist es gewissermaßen umgeben von einer Aura chemischer Energie, welche viele chemische Reaktionen - die ansonsten nicht stattfinden würden - einleiten und beschleunigen kann, ohne dass es dabei selbst als Stoff irgendwie verändert würde. Wird **Platin** mit Kobalt legiert, erhöht es die magnetischen Eigenschaften des Kobalts in der Festplatte der Computer, wodurch Daten schneller gelesen und geschrieben werden können. Als „weißes Gold" übertrifft es in der Juweliersarbeit Gold an Wert und Härte. Ein *„Platin-Album"* stellt einen noch größeren Verkaufserfolg als die *„goldene Schallplatte"* dar. Eine *Platinkreditkarte* verleiht ihrem Besitzer Kreditwürdigkeit. Für Schmuckzwecke und zur Fertigung von Uhrengehäusen ist **Platin** in Japan seit Jahrhunderten sehr beliebt. **Platinsalze** *(Cisplatin, Carboplatin)* werden in der Schulmedizin in der Krebstherapie eingesetzt, vor allem bei *Lungen-, Brust-, Hoden und Eierstockkarzinomen*. Die Nebenwirkungen des *Cisplatins* sind enorm, es wirkt toxisch auf die Nieren, verursacht Übelkeit und Erbrechen, Ohrensausen und Gehörverlust *(vor allem für höhere Frequenzen)*, Hautausschläge, Zahnausfall und periphere Neuropathien. Beim *Carboplatin* sind die allgemeinen Nebenwirkungen zwar geringer, doch beeinflusst es das Knochenmark stärker negativ. **Platin** besitzt genauso wie der **Platin-Patient** einen hohen Schmelzpunkt, d.h. dieser benötigt oft sehr lange Zeit, um im menschlichen Miteinander mit anderen zu „verschmelzen", meistens gelingt ihm das nicht wirklich gut. **Platin-Menschen** machen häufig einen kalten, unerbittlichen, distanzschaffenden und insgesamt harten Eindruck und können lange Spannungen aushalten, genauso wie das Metall **Platin**. Häufig kommt es zu psychischen und physischen Verkrampfungen, wenn es um echte Gefühle geht. **Enneatyp 1** benutzt häufig Begriffe wie „absolut" oder „perfekt", die häufig auf ein gewisses „irdisches Abgelöstsein" von den weltlichen Dingen

hinweisen. Manchmal klingt die Stimme des **Platin-Patienten** metallisch-kalt, gelegentlich tragen sie sehr kostbaren Schmuck.

1.1 Homöopathische Leitsymptome von Platinum metallicum

- Perfektionismus, Arroganz, Kritiksucht, Besserwisserei, Selbstüberhebung, Herrscher
- Verlorene visuelle und mentale Wahrnehmung für die Proportionen der Dinge
- Abwechslung von mentalen und körperlichen Symptomen, Einseitigkeit der Symptome
- Verkrampfung, Taubheit, Nichtfühlen, Gefühl, alles sei zu eng, sie/er sei ganz allein auf der Welt (finde keinen Platz in dieser Welt), man schätze sie/ihn nicht, sie/er sei verlassen, im Stich gelassen, glaubt sich im Recht, entdeckt jede Schwäche bei anderen, fühlt sich verkannt, nicht wertgeschätzt, abgekoppelt, nicht ernst genommen, ausgelacht, fremd in der eigenen Familie, isoliert von anderen, Frauen liegen beim Geschlechtsverkehr gern oben, elitär, autoritär, machtorientiert, pedantisch, verdienstvoll, sozial, rechtschaffen
- Selbstkontrolliert, überheblich, verächtlich, unabhängig, selbstsüchtig, egoistisch
- Unterdrückter Zorn, Groll, Wut, Ärger; Impulse zu töten, Zorn mit großer physischer Aktivität, Depression mit stillem Rückzug, Beziehungslosigkeit, hohe Ansprüche an sich selbst, verächtlich, unnachsichtig, Mangel an Reife, Kummer über vergangene Ereignisse, Traurigkeit durch Verrat, weint nur aus Wut, versucht seinen Zorn zu verbergen
- Vorstellung von Überlegenheit, Vorherrschaft, Adel, hochgestellter Persönlichkeit, religiöser Hochmut, innere Spannung, Hochachtung versus Verachtung, sachlich, nüchtern
- Stößt gegen ihren Willen Menschen von sich weg, ruhelose Unzufriedenheit, Unverschämtheit, Ernst abwechselnd mit Spaßen, qualvolle Angst infolge von Zorn, zwanghaft-ernst
- Verlangt erst Hilfe (Unterstützung), wenn eigene Bemühungen fehlgeschlagen sind, dann große Angst um die eigene Gesundheit, sucht bei gesundheitlichen Problemen Koryphäen (*„Anführer", die an der Spitze ihres Faches stehen, mit außergewöhnlichen Fähigkeiten auf ihrem Gebiet*) auf, Unfähigkeit zur Entspannung, ordentlich, reinlich, strebsam
- Allgemeine Aspekte: Wenig Wert - großer Wert, schwierig zu bearbeiten, unberührbar, das Maß aller Dinge, Katalysator, Mangel an Austausch, Absolutes, Beziehungslosigkeit, verschobenes Maß, unsichtbare Macht, Distanz, Vereinsamung, stiller Glanz, zu hohe Ansprüche, „Top of the world", nichts ist gut genug, gefasst, braucht einen Hofstaat, Understatement-Philosophie, stille Empörung, Zorn mit Entrüstung, graue Eminenz, platonische Liebe, Standesdünkel, aristokratisch, steif, unbeugsam, Neigung zu versteckten, symptomarmen, überschießenden oder auch degenerativen bis destruktiven Erkrankungen (*z.B. unkontrolliertes Wachstum von körpereigenen Zellen wie Krebs, gutartige und bösartige Neoplasien; Tumore, Geschwulste, Lipome, Karzinome, Sarkome, Leukämie etc.*)

1.2 Heilmittel für Typ 1 nach der sog. Signaturenlehre

Homöopathisches Arzneimittel Typ 1: Platinum metallicum (metallisches Platin): *Kühl, kalt, abweisend, wertvoll, edel, selten, exklusiv, Maßstab für höchste Werte, hohe innere Spannung, unantastbar, unangreifbar, stiller Glanz, platonisch, unnahbar, anspruchsvoll; Metall.*

1.3 Zentrale Sichtweisen, Motivationen und Vorstellungen des Platin-Patienten (Typ 1)

Jeder **Enneagrammtyp** und damit auch jedes **Enneagramm-Heilmittel** repräsentiert bestimmte *zentrale Sichtweisen, besondere Motivationen* und vor allem auch *spezifische Vorstellungen*, die sich in den jeweiligen Arzneimittelbildern der *9 homöopathischen Enneagramm-Heilmittel* ausdrücklich widerspiegeln. Vorstellungen dieser Art sind z.B. ein *subjektives Empfinden, ein inneres Gefühl, ein Eindruck, eine allgemeine Empfindung, eine Täuschung, Einbildung, Imagination, Halluzination, Illusion, Sinnestäuschung, falsche Wahrnehmung, ein falscher Glaube* oder *eine falsche Meinung; ein Gedankenprozess, ein Gedanke, welcher ein Produkt des Geistes ist und mit der Realität im Allgemeinen wenig oder nichts zu tun hat bis hin zu krankhaften, in der realen Umwelt mit nichts zu begründenden zwanghaften Vorstellungen und Ideen (sog. Wahnideen)*; manchmal entsprechen diese Vorstellungen den Tatsachen, oft aber entspricht dieses subjektive Empfinden des Menschen eben nicht der Realität, entspringt also der reinen irrealen Vorstellung des Enneatyps, die ihm aber häufig gar nicht bewusst ist, weil sie zum **sog. blinden Fleck** *für eigene seelische Bewusstseinsanteile* gehört. Erfahrungsgemäß können daher die Mitmenschen diese innere Vorstellung oft sehr gut erkennen, der Betroffene selbst aber bedauerlicherweise überhaupt nicht. Bei den nur in der Vorstellung des Patienten vorhandenen irrealen Wahnideen der einzelnen **Enneagramm-Heilmittel** unterteilt man *drei Formen innerer Vorstellungen:* **1. Imagination, Einbildung** = ein Gedankenprozess, d.h. ein Produkt des Verstandes, der keine Beziehung zur Wirklichkeit hat; **2. Halluzination** = eine innere Empfindung, die durch die Sinne erfahren wird und den Körper betrifft; **3. Illusion** = eine falsche Einbildung, die mit den Augen gesehen und den Ohren gehört wird. Manchmal geben uns einzelne dieser inneren Vorstellungen den Schlüssel zur schnellen Bestimmung des Enneagrammtyps, wenn wir es vermögen, Sinn und Bedeutung dieser inneren Vorstellung richtig zu verstehen, zu interpretieren und anschließend entsprechend auf den zu bestimmenden Menschen anzuwenden.

Wenn man sich die *zentralen subjektiven Vorstellungen (Wahnideen)* von **Platinum metallicum** bzw. des **Enneagrammtyps 1** anschaut, sind diese interessant und lehrreich, aber häufig gedanklich vor allem für den Laien nicht immer ganz nachvollziehbar. In der Tat bedarf es grundsätzlich eines mehrjährigen Studiums der Homöopathie, um sämtliche homöopathische Gemütsrubriken wirklich tiefgreifend verstehen zu wollen. Das gilt insbesondere für die *sog. Wahnideen,* bei denen es besonders schwierig ist, sie auf den ersten Blick und vom ersten Verständnis her wirklich in der Tiefe zu verstehen. Mit dem Enneagramm haben wir aber sehr häufig ein wunderbares Erklärungsmodell, um auch diese zentralen Vorstellungen / Wahnideen besser verstehen zu können, weil wir sie mithilfe des „Enneagramm-Tools" in einen zentralen Kontext der Grundleidenschaften und intrinsischen Motivationen als die wahren Ursachen jeglicher Erkrankung zu stellen imstande sind. Wenn man z.B. versteht, welche Motivationsrichtung die einzelnen Mittel bzw. Gemütszustände besitzen, wird die Zuordnung des Patientenverhaltens zu jeweils einer der 9 Arzneien im Rahmen der **sog. 9-Mittel-Therapie** deutlich leichter. Woher nun kommt so eine Motivation? Nun, es gibt bei jedem Enneagrammtyp neben den zahlreichen möglichen Vorstellungen auch eine zentrale Idee, aus der heraus dieser Mensch fühlt, denkt und handelt. Diese zentrale Idee, sie wird in bestimmten Enneagramm-Kreisen auch *"heilige Idee"* genannt *(siehe dazu die 47. und 48. Übersicht am Ende des Buches),*

gilt es zu erkennen und zu verstehen, damit wir die Gemütsrubriken und speziell dort auch die Wahnideen aus homöopathischer Sicht besser verstehen können. Jeder Mensch verkörpert in seinem Innersten diese zentrale Idee, aber im Laufe des Lebens kommt es zunehmend zu einem Kontaktverlust zu dieser Seins-Ebene des Menschen; der Mensch verliert sich selbst immer mehr, was dann auch auch mit zunehmender Unbewusstheit und Krankheit einhergeht *(siehe dazu die 28. und 29. Übersicht am Ende des Buches)*. Es gibt allerdings innerhalb jedes Typs mehr oder weniger bewusste (gesunde) bzw. mehr oder weniger unbewusste (kranke) Menschen. Das passendste **Enneagramm-Mittel** bringt den Patienten also wieder in Kontakt mit seinen innersten Strukturen, die immer da waren und sind, aber leider zunehmend verschleiert wurden durch den Weg des Menschen in die äußere Welt, der natürlich in gewisser Weise immer auch notwendig ist, denn es ist der Entwicklungsweg des Menschen hier auf dieser Erde: Von der unbewussten Verbundenheit mit seinem Seinskern als Kind über die Entwicklung seiner Persönlichkeit zur bewussten Seinsebene geht der Mensch seinen Weg durch diese Welt, immer wieder geprägt von Verlust, Leid und Krankheit und dabei stets bemüht, sein inneres energetisches Gleichgewicht wiederherzustellen in Form einer natürlichen Homöostase, einem gesunden, stabilen und ausgeglichenen Zustand der Lebenskräfte, einem Fließgleichgewicht zwischen den Polaritäten des Lebens! Draußen in der Welt versucht der Mensch auf seinem Weg mit allen Mitteln, seine ihm eigentlich nie verloren gegangene zentrale Idee bewusst wiederzufinden bzw. zu imitieren und stärkt damit sein fiktives, falsches Selbst (= *für seine Entwicklung notwendige Persönlichkeit!*) immer mehr. Und auch wenn er dabei noch so reich, berühmt, erfolgreich usw... wird, in den Erscheinungsformen der äußeren Welt wird er niemals dauerhaft diese Sicherheit finden, die letztlich in ihm selbst begründet ist, die er vielleicht als Kleinkind noch kannte und wonach er unbewusst bis heute sucht. Der jeweilige Enneagrammtyp muss sich also mit seiner zentralen Idee verbinden, dazu wieder Kontakt aufnehmen, vor allem mithilfe des homöopathischen Mittels, aber auch mit Unterstützung des Wissens um das Enneagramm, damit die energetischen inneren Blockaden abgebaut werden können und wieder ein energetisches Fließgleichgewicht der Lebenskräfte des Patienten entstehen kann. Auf diese Weise entspannt sich langsam das energetische System des Patienten, er findet letztlich wieder zu seiner zentralen Idee und Heilung findet auf einer sehr tiefen Ebene statt, allerdings nicht immer sofort, so wie wir es oft gern hätten ohne jegliche Erstreaktion usw.... . Denn viele Bewusstseinsprozesse sind häufig erst dadurch möglich, dass unangenehme, bislang erfolgreich verdrängte seelische Anteile in uns hochkommen und damit bewusst werden, damit diese dann in der Folge verarbeitet werden können. Wir können uns jedoch bei der Potenzwahl bemühen, zumindest zu Beginn einer homöopathischen Behandlung möglichst sanfte Heilungen durch nicht allzu hohe Potenzen zu bewirken. Daher beginnen wir in der **Enneagramm-Homöopathie** häufig mit einer **C6** oder **C30** bzw. unter speziellen Umständen auch mit einer **D3** als homöopathischer Dosierung, v.a. wenn wir merken, dass der Patient eine sehr geschwächte Lebenskraft besitzt, sprich, dass er im Laufe der Jahre im Rahmen seiner chronischen Erkrankung sehr weit von seiner zentralen Idee abgekommen ist und damit völlig den Kontakt zu sich selbst verloren hat, also schwer krank und auch unbewusst in der Hinsicht ist, dass er weit abgeschweift ist von seinem eigentlich für ihn vorgesehenen

Lebensweg. Ähnlich wie das Rotkäppchen in dem bekannten deutschen Märchen dem Wolf mit seinen zahlreichen Verheißungen gegenübersteht, die dem Menschen aber letztlich über kurz oder lang alle schaden, so wie die Verheißungen der äußeren Welt häufig auch den Menschen am Ende keinen großen Nutzen zu bringen vermögen, auch wenn es zunächst häufig immer den Anschein hat.

Was sind nun die zentralen Ideen des Heilmittels **Platinum metallicum**?

Vollkommenheit - Reinheit - Richtigkeit

Mit diesen drei Worten lassen sich die zentralen Ideen von **Platinum metallicum-Zuständen** sehr gut umschreiben. Da **Typ 1** schon oft in früher Jugend den Kontakt zu diesen seinen zentralen Ideen verliert, entsteht in ihm oft schon in jungen Jahren schnell das Gefühl, dass mit ihm etwas nicht stimmt. So bildet sich der Schattenanteil der Seele mit dem inneren Gefühl von Schlechtigkeit, Falschheit, als ob der Patient einen wesentlichen Makel hätte. Er fühlt sich dann zunehmend schlecht, defekt, fehlerhaft, unvollkommen, unrein, auch zuweilen unwichtig und im Unrecht und genügt sich selbst einfach nicht. Als Gegenreaktion dieses im Unterbewusstsein lauernden Schattenanteils der Seele formt sich dann das Selbstbild von **Typ 1**, dass er gut, perfekt, gerecht, ja im Recht sei und im Zweifel immer Recht habe. Die Rechthaberei ist wirklich ein zentrales stark ausgebildetes Charakteristikum bei **Typ 1**.

Das innere Gefühl, dass mit ihm was nicht stimme, wird nach außen projiziert in der Form, dass nun aus Sicht von **Typ 1** mit der Welt etwas nicht stimmt. Diese Projektion wird selbstverständlich vom **Platin-Patienten** nicht erkannt, da sie unbewusst ist und eben daher u.a. auch zu seiner Krankheit, seinem energetischen Ungleichgewicht geführt hat. Aus dieser verzerrten Sichtweise auf die Welt fühlt, denkt und handelt nun der Patient im Zustand des Mittels **Platin** nach bestem Wissen und Gewissen, indem er seine äußeren Lebensumstände ständig verbessert, kontrolliert und alles regeln möchte, damit im Außen die Vollkommenheit möglichst gut wiederhergestellt wird, die ihm im Innersten oft schon im Laufe der ersten Jahre seines Daseins auf dieser Welt verloren gegangen ist. Es ist der verzweifelte Versuch, die wahre innere Vollkommenheit, die ihm ja früher noch deutlicher bewusst gewesen war, aber zu der **Typ 1** im Laufe der Zeit den Kontakt verloren hat, zu imitieren. Wenn man sich diese innerpsychischen Mechanismen verdeutlicht, dann kann man auch die entsprechenden homöopathischen Wahnideen, welche in der Tat letztlich nur verzerrte Sichtweisen auf diese Welt darstellen, viel besser verstehen und nachvollziehen.

1.4 Darstellung des homöopathischen Arzneimittels Platinum metallicum

Der Begründer der Homöopathie, ***Dr. Samuel Hahnemann*** (1755 - 1843), beschreibt das **Heilmittel Platin** in seinem Werk *„Die chronischen Krankheiten - Ihr eigenthümliche Natur und homöopathische Heilung"* aus dem Jahre 1832 wie folgt: *„Das weiche Metall wird in Königswasser aufgelöst und mit Wasser verdünnt, so dass es homöopathisch benutzt werden kann. Die Gemütssymptome: Niedergeschlagen, traurig, still, fühlt sich ganz verlassen, wie allein in der Welt, Ängstlichkeit mit Hitzewallungen, kann nicht in Gesellschaft von anderen reden, Angst wie zum Sterben, als wolle die Besinnung vergehen, Angst ums Herz, verdrießlich, Unruhe, weiß nicht, wohin, mit Trübsinn, das Erfreulichste*

wird ihr verleidet, sie hat das Gefühl, sie passe nicht in diese Welt, ist des Lebens überdrüssig, aber scheut das Ende, missmutig und träge früh morgens, mürrisch und unzufrieden, verstimmt, durch geringen Ärger, spricht nur, wenn er muss, unfreundlich, abgebrochen, zankend, uneins mit der ganzen Welt, alles zu eng, mit Weinerlichkeit, empfindliches Gemüt, sitzt allein traurig und mürrisch, ohne zu reden und kann sich des Schlafes nicht erwehren, untröstliches Weinen, besonders wenn man sie anspricht, Stillschweigen und unwillkürliches Weinen, selbst nach der freundlichsten Zusprache, so dass sie sich selbst über sich ärgert, Weinen nach sanften Vorwürfen, weinerliche trübe Stimmung abends, Trübsinn und Weinerlichkeit wird im Freien besser, mal traurig und mal lachend wie die ganze Welt umarmend, ernst und einsilbig, am nächsten Tag kommt ihr alles spaßhaft und lächerlich vor, heiter wie zum Tanzen abwechselnd mit Weinerlichkeit, Neigung zum Pfeifen und Singen, geht es ihr psychisch gut, hat sie körperliche Beschwerden und umgekehrt, erhöhte Kraft, geistige Ruhe, gesteigertes Denkvermögen, ärgerlich und heftig, sie könnte Unschuldige prügeln, gereizt, könnte auf Freunde losgehen, wankelmütig, Dinge um sie herum erscheinen kleiner und geistig geringer, Zimmer sind dunkel und unangenehm, im Freien und bei Sonnenschein ist alles gut, verachtend und herabblickend, mit plötzlichem Heißhunger und gierigem hastigem Essen, Stolz, teilnahmslos, kalt, zerstreut, sie antwortet nur, wenn sie muss, antwortet spontan und denkt erst danach nach, was sie gesagt hat, gleichgültig, alles fühlt sich ganz anders an, sie gehört nicht in ihre Familie, hört sich Gespräche an, weiß danach aber nichts mehr, zerstreut und vergesslich, ist nicht im Hier und Jetzt."

1.5 Psychologisches Verhalten des Enneagrammtyps 1

Psychologisches Verhalten: *Zwanghaft-besessen: Typ 1* muss, in dem er sich in die gesunde Richtung seines Entspannungspunktes der 7 entwickelt lernen, auch einmal „Fünf gerade sein zu lassen", um insgesamt innerlich gelassener und geduldiger zu werden.

Projektionen im Streit: Hält andere für schlecht, defekt, fehlerhaft, unvollkommen, im Unrecht, ungenau, unwichtig, distanziert, respektlos.

Psychologisches Muster: Aus Verletzung sich über andere erheben, um unantastbar zu sein.

Psychologisches Lösung: *Zeige deine Verletzungen und ertrage Nähe! Erkenne, dass du dich aus vergangenenVerletzungen heraus über andere erhebst, um unantastbar zu sein!*

1.6 Charakterfixierung (wesentliche psychische Merkmale der Charakterstruktur) bei Typ 1

Anal-fixiert (fordernd) - *Zorn und Perfektionismus:* Versteckter Zorn, Hang zur Kritik, hohe Ansprüche, Dominanz, Perfektionismus, Überbeherrschtheit, Selbstkritik, Disziplin, Ehrgeiz, Rechthaberei als Ausdrucksform der Leidenschaft des Zorns.

1.7 Die energetische Ausstrahlung von Typ 1

Klar, sauber, rein, scharf, kantig, fest, beherrscht, kontrolliert, stark, korrekt, prüfend, arrogant, kühl, überheblich, „vornehm", aristokratisch, besserwissend, manchmal sehr angespannt, mürrisch, abweisend, verächtlich, unnahbar, zielgerichtet, selbstgerecht als Ausdrucksform der Leidenschaft des Zorns.

Ü
106
107
108

Ü
112
115
116
128
129
130

Ü
117
118
119

Blickqualität: Präzise, distanziert, kritisch, ernst-genau, arrogant - tendenziell kalt

1.8 Beschreibungen der Persönlichkeit von Typ 1

Der Prinzipienorientierte, der prinzipientreue Lehrer, der Perfektionist, der Reformer, der Richter, der Unternehmer, der Kritiker, der Moralist, der ethische Unterstützer, der Tüchtige, der (Welt-) Verbesserer, die „Moralapostel", der Besserwisser, der (ewige) „Klugscheißer", der Rechthaber, der Herrscher, der Grollende, der (stille) Verärgerte, der (innerlich) Wütende, der (wahre) Perfektionist (selbsterhaltender Untertyp 1), der Pionier (selbsterhaltender Untertyp 1), der Besorgte (selbsterhaltender Untertyp 1), der Gesetzgeber (sozialer Untertyp 1), der Nichtangepasste (sozialer Untertyp 1), der Unflexible (sozialer Untertyp 1), der Prediger (sexueller Untertyp 1), die Maßlosigkeit (sexueller Untertyp 1), der Eifersüchtige (sexueller Untertyp 1), der Eroberer (sexueller Untertyp 1), der Besitzergreifende (sexueller Untertyp 1)

1.9 Dynamik von Gesundheit & Krankheit bei Typ 1, der zornigen Persönlichkeit

Das *Bedürfnis, Recht zu haben* führt im normal bewussten Zustand zur Suche von *Typ 1* nach *Wahrheit und Richtigkeit*. Wenn der Fokus aber ständig auf *„Berichtigung"* gerichtet ist, geht der Weg von *Typ 1* auch sehr schnell in Richtung *Unbewusstheit (Krankheit)*, indem er *auch andere korrigiert* und damit seine Furcht, selbst verurteilt zu werden, zunimmt.

1.10 Positive Eigenschaften von Typ 1

Gelassenheit und Geduld: Verlässlich, ehrlich, produktiv, klug, weitblickend, fair, diszipliniert, organisiert, tüchtig, prinzipientreu, idealistisch, gerecht, moralisch hochstehend, ordnungsliebend, verantwortungsbewusst, loyal, hingebungsvoll, gewissenhaft, hilfsbereit, ausgeglichen, humorvoll.

1.11 Negative Eigenschaften von Typ 1

Grollend und unpersönlich: Bewertend, unflexibel, dogmatisch, zwanghaft, zwangsneurotisch, kritisch, überaus (zu) ernst, überwachend, ängstlich, eifersüchtig, wertend, (ver-)urteilend, beherrschend, übel nehmend, unnachsichtig, unnachgiebig, kritisch, streitsüchtig, mäkelt nur herum, hat zu hohe Erwartungen.

1.12 Gestik und Mimik von Typ 1

Gestik: *Bestimmende Gesten* = „pädagogischer Zeigefinger" = erhobener Zeigefinger, belehrend, hochmütig, „von oben herab", „Ich aber sage Euch!", imperativ, Gestik drückt letztlich immer auch die innerlich vorhandene Leidenschaft des (versteckten) Zorns aus.

Mimik: *Stirnrunzeln mit Zornesfalte* = vertikale einfache oder mehrfache Falte zwischen den Augen, mitunter kantige Gesichtszüge, kühl-sachliche, abschätzende Blickqualität, aristokratisch, unabhängig, arrogant, adlig, vornehm, würdevoll, ernst, kalt, edel, erstarrt, hochmütig, schulmeisterisch, ungeduldig, tendenziell gefühllos, versteckt den Groll.

1.13 Ego-Fixierung von Typ 1

Ego-Groll - Typ 1 Ist in der **Illusion der Perfektion** (= Falle) gefangen, in einem *grollenden Ressentiment*, womit er auf *die eigene Unvollkommenheit und die anderer reagiert.*

1.14 Spezielle Angst (Grundangst) von Typ 1

Grundangst *(Hauptangst)* **Typ 1:** *Verurteilt zu werden, nicht anerkannt und wertgeschätzt zu werden, einen Fehler zu machen, nicht gut genug zu sein, allein zu sein, missbraucht und erniedrigt zu werden, dass das Leben ihn bestraft!*

1.15 Krankheitszustand von Typ 1

Wird *neidisch und missgünstig* wie eine **ungesunde 4** (siehe Verbindung 1-4), *wird zum lästigen und manipulierenden „Helfer"* wie eine **ungesunde 2** (siehe 2er-Flügel der 1), *wird faul, träge und unbewusst* wie eine **ungesunde 9** (siehe 9er-Flügel der 1) sowie *ängstlich* wie eine **ungesunde 7** (siehe Verbindung 1-7)

1.16 Gesundheitszustand von Typ 1

Freudvolle und produktive Energie einer **gesunden 7** (siehe Verbindung 1-7), *Einfühlungsvermögen* einer **gesunden 4** (siehe Verbindung 1-4), *gelassene Art* einer **gesunden Neun** (siehe 9er-Flügel der 1), *liebevolle und mitfühlende Art* einer **gesunden 2** (siehe 2er-Flügel der 1).

1.17 Therapeutische Tipps im Umgang mit Patienten vom Typ 1

Im Gespräch nicht zu sehr auf den *„inneren Kritiker"* fokussieren, sonst blockiert **Typ 1** sehr schnell und fühlt sich herausgefordert; nicht zu große Empathie zeigen bei der oft überzeugend dargestellten Fallgeschichte von **Typ 1**, in der dieser beweist, wie Recht er hat; erkennen, das sich der Patient wahrscheinlich ungerecht behandelt fühlt; beim Patienten während der Anamnese den Wert des psychologischen Prozesses in den Vordergrund stellen und nicht zielgerichtet befragen; dem Patienten helfen, Gefühle zu deuten und auszudrücken, Geduld zu entwickeln und Mitgefühl für sich selbst zu erleben und zu lernen.

1.18 Psychologischer Abwehrmechanismus von Typ 1

Selbstkontrolle/Reaktionskontrolle/unbewusste Reaktionsbildung: Was ist richtig, was ist falsch, was lässt sich verbessern, was macht jemand (mache ich) richtig oder falsch? Gefühle und Impulse werden verleugnet, als ob sie nicht existieren würden. Tritt auf, wenn ein Impuls oder Bedürfnis entsteht, aber nicht ausgelebt, sondern sofort unterdrückt wird. Stattdessen wird etwas anderes getan. Das Unterdrücken von Impulsen trägt dazu bei, unkontroliertes Verhalten und damit Fehler zu vermeiden. Das ist nützlich, um immer und überall akzeptabel und beherrscht zu reagieren. Dank dieser Reaktionsbildung kann das ideale Selbstbild aufrechterhalten werden: *„Ich bin ein guter, korrekter Mensch!"*

1.19 Die Ausdrucksformen des Zorns und die zu bearbeitenden Themen von Typ 1

Die **Ausdrucksformen** *des Zorns, der Wut, des Ärgers, des Grolls* beim **Platin-Patienten** sind a) Hang zur Kritik b) hohe Ansprüche c) Dominanz d) Perfektionismus e) Überbeherrschtheit f) Selbstkritik g) Disziplin.

Die **zu bearbeitenden Themen** bei **Typ 1** sind: Innerer Kritiker (Richter), Mitgefühl, Vergebung, Kontakt mit eigenen Impulsen, Selbstkontrolle, Reaktionskontrolle, unbewusste Reaktionsbildung (vgl. auch unter 1.18).

1.20 Erlösende Aufforderung an Patienten vom Typ 1 und Anregungen zur Entwicklung

Erlösende Aufforderung: Sei vollkommen unvollkommen (nobody is perfect)!

Anregungen zur Entwicklung: Suche nach den positiven Aspekten bei den Mitmenschen, ihren Handlungen und in allen sonstigen Lebenslagen, vorurteilsfreie Wahrnehmung der eigenen und fremden Lebensumstände, Akzeptieren unterschiedlicher Betrachtungsweisen und Standpunkte der Mitmenschen, Wertschätzung auch kleiner Schritte, Relativierung der eigenen Wichtigkeit/Bedeutsamkeit, Geduld und Gelassenheit entwickeln, Humor *(nicht alles so ernst nehmen und Fünfe auch mal gerade sein lassen!)*, Ausbalancieren von Pflicht und Freude, sich anfreunden mit den eigenen Begrenzungen und Unzulänglichkeiten - *„Du wirst dir selbst und anderen mit deinen hohen Ansprüchen nicht gerecht!"*

1.21 Die Bewusstheitsstufen des Platin-Patienten (Typ 1)

Verborgene Thematik: *Zorn, Recht haben* - **1. Gnadenloser Rächer** (= *total unbewusst: Bestrafungsverlangen & Vergeltungsabsicht*) **2. Zwanghafter Heuchler** (= *sehr unbewusst: Besessenheit & Widersprüchlichkeit*) **3. Intoleranter** (= *normal unbewusst: Selbstgerechtigkeit & Intoleranz*) **4. Besserwisserischer Perfektionist** (= *leicht bewusst: Perfektionismus & Dogmatismus*) **5. Ordnungssüchtiger** (= *normal bewusst: Emotionale Kontrolle & strenge Ordnung*) **6. Idealist, Reformer** (= *stärker bewusst: Ideale & persönliche Verpflichtung*) **7. Prinzipientreuer Lehrer** (= *deutlich bewusst: Prinzipien & Objektivität*) **8. Vernunftsbegabter** (= *sehr bewusst: Rationalität & Vernunft*) **9. Weiser Realist** (= *total bewusst: Einsicht & Toleranz*)

1.22 Die heiligen (erlösenden) Ideen des Enneagrammprinzips des Enneatyps 1

Heilige *(erlösende)* **Idee Typ 1:** Die *heilige Vollkommenheit* besteht in der Einsicht, dass die eigene Essenz bereits vollkommen ist und befreit daher von der fanatischen Jagd nach Perfektion in der Außenwelt. Die Wahrheit ist eine untrennbare Einheit, ist vollkommen und perfekt. Es muss nichts verbessert werden.

2. Das homöopathische Heilmittel für Enneatyp 2: Hyoscyamus niger (schwarzes Bilsenkraut)

Das Aufkeimen der Samen von **Hyoscyamus niger** kann eine ganze Saison oder länger auf sich warten lassen, manchmal findet es gar nicht statt. Aufgekeimte Pflanzen variieren ohne erkennbaren Grund und sterben manchmal schon als Pflänzchen wieder ab. **Bilsenkraut** ist in ganz Europa, in Nordafrika sowie in West- und Zentralasien beheimatet, wo es auf trockenem und sandigem Untergrund, an Wegen, auf Schutthaufen und Müllplätzen wächst. Der deutsche Name „**Bilsenkraut**" ist vom indogermanischen „**bhel**" abgeleitet, was soviel wie „Phantasie" bedeutet und die berauschende Giftwirkung zum Ausdruck bringt. Die mysteriöse Pflanze fasziniert den Menschen sowohl im positiven als auch im negativen Sinne seit Jahrtausenden. Schon an ihren grauen Blättern und weiß-gelblichen, blau geäderten trichterförmigen Blüten erkennt man die typische Giftpflanze. Düster, üppig wachsend, klebrig, übel oder auch betäubend riechend und dicht beharrt scheint diese ein wenig unheimlich wirkende Pflanze ausschließlich auf menschlichem Unrat, auf den Leichen des Friedhofs oder dem Abfall, der um die menschlichen Ansiedlungen herumliegt, zu wachsen. **Bilsenkraut** saugt förmlich das Gift aus seiner Umgebung auf und hält es fest. Die Frucht ist eine Kapselfrucht, die sich über ein Deckelchen öffnet. So wie die botanisch nächsten Familienangehörigen **Stramonium** *(Mittel für Typ 5)* und **Belladonna** *(Mittel für Typ 7)* hat **Hyoscyamus** eine lange Geschichte medizinischen und rituellen Gebrauchs. Der Name der Pflanze besteht aus den griechischen Wörtern „*Hyos*" für „*Schwein*" und „*Cyamos*" für „*Bohne*". Der Gattungsname kann also mit „*Schweinebohne*" übersetzt werden. Damit ist die Kapselfrucht gemeint, deren Wirkung auf Schweine unterschiedlich gedeutet wird. Eine Deutung ist, dass sie für Schweine besonders giftig ist, eine andere Deutung besagt, dass Schweine die Kapsel fressen können, ohne Schaden zu nehmen. Jedenfalls ist es auch eine Tatsache, dass sich Wildschweine und Eber in der Wildnis vom betörenden Duft des **Bilsenkrautes** zum Fraß verführen lassen, auch daher könnte die Pflanze zu ihrem Beinamen „*Schweinebohne*" gekommen sein. Sobald aber die Tiere durch die Giftstoffe wie betrunken im Freien herumtorkeln, benützen sie instinktiv als Gegengift die *Silberdistel* oder den *Eberwurz* und sind dadurch schon bald wieder gesund und munter. Der Artname „**niger**" *(schwarz)* weist zum einen auf den alten Aberglauben, dass von der Pflanze berührte Körperteile schwarz würden und absterben, zum anderen nimmt er auf die dunkelrot-violetten Flecken im Rachen der weiß-gelben Blüten Bezug. „*Pythonion*" und „*Apollinaris*" sind die alten griechischen Namen für das **Bilsenkraut** als Orakelpflanze. Das Einatmen des Rauches schwelender Pflanzen oder Samen verlieh die Gabe der Prophezeiung. Priesterinnen des *Orakels von Apollo auf Delphi* waren bekannt als „*Pythonessen*", ein Name, der später auf die Hexen überging. Um die rauschfördernden Effekte zu steigern, versetzten früher germanische Stämme ihr Bier mit **Hyoscyamus niger**. In dieser Eigenschaft hieß das Kraut „*Bilsa*", „*Pilsen*" oder „*Pilsenkrut*", Wörter wie „*Pils*" und „*Pilsener*" wurden später hiervon abgeleitet. Die Zugabe von **Bilsenkraut** zum Bier wurde mit dem Deutschen Reinheitsgebot von 1516 offiziell verboten. **Hyoscyamus** wurde traditionell als *Aphrodisiakum* verwendet. In mittelalterlichen Badehäusern wurden **Bilsenkrautsamen** ins Feuer geworfen, sodass Szenen fröhlicher Enthemmung entstanden. Durch den zunehmenden Einfluss der Kirche wurde das **Bilsenkraut** später ins dunkle Reich des Satans verbannt und seiner Gefolgschaft, den Hexen. Christliche Verhaltensnormen wurden seither

nur noch von Hexen überschritten. Diese haben oft mit ihrem Leben dafür bezahlen müssen, doch sie erreichten damals auch Bahnbrechendes. Der Hexenkult geht auf uralte Fruchtbarkeitsriten und matriarchalische Strukturen zurück und ist der Vorläufer der modernen Frauenbewegungen. **Hyoscyamus** spielte in dieser Hinsicht unbestreitbar eine Hauptrolle bei der (Wieder-)Entdeckung der Körperlichkeit und der Sexualität. In der Gegend von Mecklenburg schläferten zu Beginn des 20. Jahrhunderts manche Mütter ihre Kinder mit einer Abkochung von Bilsenkrautsamen ein, in der Art von „Ruhesäften", die den Müttern Bequemlichkeit auf Kosten ihrer Kinder verschafften. Vor allem das Öl aus den Samen des **Bilsenkrautes** wurde *(neben Opium = Arzneimittel für Typ 6, weil es im Gegensatz zu diesem weniger verstopfend wirkte)* als Schmerzmittel eingesetzt, etwa bei Zahnschmerzen oder gegen rheumatische Schmerzen. Im Mittelalter war das **Bilsenkraut** neben dem *Stechapfel* und der *Tollkirsche* ein wesentlicher Bestandteil der mythischen Hexensalbe, die Flugfähigkeit verleihen sollte. Die Gifte dieser Pflanzen wurden durch Einreiben über die Haut angewendet und bewirkten einen halluzinogenen Rauschzustand mit dem Gefühl, man würde durch die Luft fliegen oder sich auch in Tiere verwandeln können. Die Nachtschattengewächse wurden als „Teufelskräuter" gebrannt markt, weil sie von ihrer Wirkung den Menschen förmlich ins Körperliche und Instinktive hinunterdrückten. Im Gegensatz zu den Halluzinogenen *Opium* oder *Cannabis*, die ein Gefühl des Glückes hervorrufen, lassen Nachtschatten mitunter gruselige, verzerrte Bilder auftauchen. Zugleich besteht eine erhöhte physische Aktivität wie Bewegungsdrang, manisches Verhalten *(tanzen, singen, gestikulieren)*, Raserei, ungezügelter Geschlechtstrieb etc., Entrückungserscheinungen *(fliegen, schweben)* treten ebenso auf, sind aber immer auch mit angsterfüllenden Empfindungen gekoppelt, der Körper würde auseinander fallen. Die Bestäuber der Pflanze **Hyoscyamus niger** sind Hummeln, aber auch andere Blütenbesucher. Außerdem kann es zur Selbstbestäubung kommen. Die Samen sind Wärmekeimer und bleiben über 600 Jahre keimfähig.

2.1 Homöopathische Leitsymptome von Hyoscyamus niger

- Stolz, schmeichlerisch, Vorstellung, sie/er sei verraten und verkauft worden, Geziertheit, Affektiertheit, fühlt sich abgelehnt, biedert sich an, Beschwerden durch enttäuschte/nicht erwiderte Liebe, sanguinisches Temperament, zudringlich, aufdringlich, emotional verletzlich, verwundbar, brav, spielerisch, sagt vorbehaltlos/rücksichtslos die reine Wahrheit, lächerliches oder albernes Spaßen, zudringlich/aufdringlich mit den Händen
- Neigung zum anstacheln/aufhetzen/anstiften anderer, zupfen an Nase und Lippen, anfallsweise erotisch, Unverschämtheit in Handlungen, intrigant, verleumderisch, neugierig, wissbegierig, schamlos, rabiat tobend, schmutzig, verführerisch, versteckt sich, sagt sie/er sei gesund, obwohl sehr krank, naiv, aber sehr intelligent
- Argwöhnisch, misstrauisch, Angst beobachtet zu werden, beklagt sich über angebliches Unrecht, fühlt sich um sein Leben betrogen, Angst, man wolle ihr/ihm alles wegnehmen
- Ausgeprägte wahnsinnige streitsüchtige Eifersucht, die zur Raserei/zum Töten treiben kann, verrät Geheimnisse, möchte nackt sein (v.a. wenn betrunken)

- Vorstellung, sie/er stehe unter einem mächtigen Einfluss, sie/er würde von wilden Tieren gefressen, sie/er sei ein Harlekin, Männer seien Schweine, sie/er sei sexuell nicht attraktiv genug, Furcht, ständig durch seine Umgebung verletzt zu werden
- muss sich anbiedern, um geliebt zu werden, entwürdigen sich selbst, verkaufen sich unter Preis, schnüffeln herum, suhlen sich, spionieren alles aus, machen andere lächerlich, erzählen viel von sich, sogar die intimsten Dinge, entwürdigende Abhängigkeit, erniedrigt andere, Angst vor Mobbing und Gefühl, sie/er würde gemoppt

- Vorstellung, sie/er würde bald die Ehe schließen (Hochzeit feiern), der Partner sei untreu, sie/er würde (mit Medikamenten) vergiftet werden
- Gefühl, man wolle sie/ihn loswerden, sie/er habe gelitten, sie/er würde beobachtet, man wolle ihr/ihm ein Leid zufügen, der Teufel sei hinter ihr/ihm her
- Furcht, betrogen zu werden, Vorstellung, ein Unrecht begangen oder erlitten zu haben
- Muss sich andauernd entschuldigen, macht Komplimente, Schöntuerei, Geschwätzigkeit, Exhibitionismus, schamlose Sexualität, sexuelle Enthemmung, Nymphomanie, Verlangen, lange im Bett zu bleiben, zupft an den Lidern, reibt sich die Nase, jüdische Mütter als Repräsentantin des Mutterprinzips *(die Rolle des Helfers ist allerdings viel typischer für Typ 9)*, die Liebende, die Verführerin, romantisch-emotionaler Charakter, emotional unterstützend, überschießende Gefühlsenergie drückt sich sanft bis aggressiv aus, Ausbeutertum und Selbstsucht hinter der Maske falscher Liebe, leidenschaftlich, verspricht mehr, als sie/er am Ende halten kann, fröhlich, humorvoll, wild, invasiv, respektieren nicht die Grenzen anderer, disziplinlos, unpünktlich, Hunger nach Aufregung, Kaufsucht, Verlangen nach emotionaler Befriedigung, Konsumzwang als Ausdruck der persönlichen Freiheit, möchte alles in sich aufnehmen und verschlucken *(z.B. Essen, Getränke, Zigaretten, Menschen, Bücher, Vorträge, Filme etc., einhergehend mit einer stolzen Haltung des Überflusses)*

2.2 Heilmittel für Typ 2 nach der sog. Signaturenlehre

Homöopathisches Arzneimittel Typ 2: Hyoscyamus niger (schwarzes Bilsenkraut): *Stolz, schmeichelnd, aufdringlich, lieblich, erregbar, emotional, gefühlvoll, zugewandt, offen, empfänglich, verführerisch, üppig, bedürftig, beeinflussbar; Nachtschattengewächs)*

2.3 Zentrale Sichtweisen, Motivationen und Vorstellungen des Hyoscyamus-Patienten (Typ 2)

Was sind nun die zentralen Ideen von **Hyoscyamus niger**, dem **schwarzen Bilsenkraut**?

Liebe - Einssein - Anerkennung durch andere - sich betrogen, verraten und verkauft fühlen

Mit diesen wenigen Worten lassen sich die zentralen Themen dieses Mittels zunächst gut umschreiben. *Typ 2* verliert oft schon in der frühen Kindheit den Kontakt zu dem Gefühl der anerkennenden Eigenliebe, dem Einssein in Form der liebevollen Verbundenheit mit allem. Schon früh entsteht das Gefühl im Innersten, nicht liebenswert zu sein, oft verbunden mit einem Gefühl der Bedeutungslosigkeit. Der **Hyoscyamus-Patient** hat dann aus seiner Sicht das Empfinden, unwichtig zu sein, keinen Platz und keine Bedeutung im Leben zu haben, fühlt sich ausgestoßen vom Universum und richtungslos treibend ohne Zugehörigkeit. Aus

dem Empfinden, nicht liebenswert zu sein, entsteht das besonders starke Bedürfnis nach Liebe und Anerkennung durch andere Menschen, zunächst durch die unmittelbaren Bezugspersonen, später dann auch gegenüber jedem, den der **Hyoscyamus-Patient** zu seinem Leben zählt. In dieser Welt bekommt man aber meistens die liebende Anerkennung, die der **Enneagrammtyp 2** braucht, recht selten durch seine Mitmenschen und so versucht der Mensch mit dieser innerpsychischen Struktur, diese Liebe durch Schmeichelei, Manipulation, Verführung und allzu oft auch durch (einseitiges) Dienen einzufordern. So signalisiert **Typ 2** nach außen seine Liebesbereitschaft, um letztlich die so dringend benötigte Liebe und Anerkennung durch andere zu erhalten. Je bewusster der **Enneatyp 2** dabei vorgeht, desto besser funktioniert diese Strategie, allerdings merkt die Umwelt in sehr unbewussten Phasen bald, dass hier im Hintergrund ein ungestilltes Liebesbedürfnis Grundlage für das äußerlich oft sehr freundliche, gebende, liebesspendende Verhalten von **Typ 2** ist. Die Mitmenschen merken dann recht schnell, dass dieses nach außen extrem liebevoll erscheinende Verhalten den verzweifelten Versuch darstellt, das wahre liebende Einssein mit sich selbst, was ja durch den Kontaktverlust in der Kindheit verloren gegangen ist, zu imitieren. **Typ 2** stellt sich dann womöglich nach außen selbstlos, verständnisvoll, sensibel, mitfühlend, mitunter großzügig, freundlich und eben liebevoll dar, doch die dahinterliegende Motivation ist letztlich das Gefühl, nicht liebenswert und bedeutungslos zu sein. Aufgrund dieser nach außen gezeigten liebevollen Art von **Typ 2** ist es daher nicht einfach, diesen Mechanismus zu erkennen, denn wer ist schon gefeit gegen Freundlichkeiten, Schmeicheleien und sonstige Verführungen. Wenn man aber das zentrale Thema von **Typ 2** erkannt hat, versteht man auch Rubriken wie *„Täuschung, sie (er) sei ein (e) Bettler/in; Wahnidee - von einer Hochzeit; Wahnidee - der Partner sei käuflich; Wahnidee - man will sie/ihn loswerden; Wahnidee - ist verkauft worden"* mit einem Mal deutlich besser. Überhaupt ist das ja die große Stärke der **Enneagramm-Homöopathie**, dass wir im Rahmen der Anwendung homöopathischer Arzneimittel nicht richtungslos zwischen den homöopathischen Rubriken hin- und hertreiben, sondern aufgrund der spezifischen Motivationslage und des daraus folgenden Antriebsmusters jedes Typs ein viel tieferes Verständnis für das Verhalten des Patienten einerseits und für seine Erkrankung und seine Symptomatik andererseits erhalten. Patienten vom **Enneagrammtyp 2** sind sozusagen die liebenden, gebenden Mütter dieser Welt, die alles im Namen der Liebe und Hingabe an Menschen oder Situationen unternehmen. Da ist eine tiefe Furcht in ihnen, nicht zu genügen, zu versagen, dieses Gefühl wollen sie auf jeden Fall vermeiden. Das zentrale Gefühl beim **Hyoscyamus-Patienten** ist, dass er sich plötzlich im Stich gelassen fühlt, enttäuscht und getäuscht von demjenigen Menschen, von dem er (vor allem emotional) völlig abhängt. Die Situation von **Hyoscyamus-Patienten** ist z.B. die eines Mannes, der seine Frau sehr liebt; sie aber hat eine andere Affäre. Er befürchtet, sie verlasse ihn und er werde einsam und allein zurückbleiben. Dennoch herrscht aufgrund der innerlich empfundenen *Leidenschaft des Stolzes* bei diesen Patienten insgesamt das *Prinzip des falschen Überflusses*, also das innere Empfinden eines überfließenden Reichtums in allen möglichen Lebensbereichen.

2.4 Darstellung des homöopathischen Arzneimittels Hyoscyamus niger

Der Begründer der Homöopathie, ***Dr. Samuel Hahnemann*** (1755 - 1843), beschreibt das **Heilmittel Hyoscyamus niger** in der Ur-Quelle aller homöopathischen Arzneimittellehren, seinem Werk *„Reine Arzneimittellehre - Band 4"* aus dem Jahre 1825 wie folgt: *„Gänzlicher Mangel des Gedächtnisses, er redet wachend irre, es solle ein Mann da gewesen sein, der doch nicht da war, er ist still in sich gekehrt, höchste Furchtsamkeit, er hält sich für einen Verbrecher, er macht sich selbst Vorwürfe und Gewissensskrupel, er macht anderen Vorwürfe und beklagt sich über vermeintlich ihm angetanes Unrecht, Zänkerei, Wut, Bedürfnis, anderen Beleidigungen zuzufügen und sie zu verletzen, erblindet schweift er in der Stadt umher, er antwortet nicht, er verliert die Sprache, er erkennt die Anverwandten nicht, er träumt von wütend auf ihn losspringenden Katzen, schwatzt im Schlafe vom Krieg, stampft mit den Füßen, sie plappert fast alles aus, was ein Kluger sein Leben lang verschwiegen haben würde, beim Lesen mischt er unschickliche Wörter und Redensarten ein, Geistesverwirrung mit abwechselndem Gerede, lebhaft, unruhig, übereilt, übergeschäftig, hält sich für kräftiger und munterer, als er wirklich ist, sieht Menschen für Schweine an, seines Verstandes beraubt, wusste er nicht, was er tat, törichte Handlungen, er singt Liebeslieder und Gassenhauer, sie begehen allerlei lächerliche Handlungen, wie Affen, macht lächerliche Gebärden wie ein Narr, wie ein Harlekin, er tappt um sich her, ohne zu wissen, wohin, er umfasst den Ofen und will an ihm wie an einem Baum hochklettern, als ob die nahen Gegenstände fallen würden und er greift nach ihnen, rennt an alles an, Wahnsinn, als wäre er vom Teufel besessen, er macht sich nackt, liegt nackt im Bett und schwatzt, streift nackt umher, mit Wut untermischte, lächerlich feierliche Handlungen in einer unschicklichen Bekleidung, Abwechslung von Ruhe und Wut, wütend und nackt bei Schlaflosigkeit, gewalttätig schlägt er auf die Leute, geht mit Messern auf sie zu, glaubt, man hätte ihn vergiftet, Furcht, von Tieren gebissen zu werden, mürrisch, traurig, verzweifelnd, will sich ins Wasser stürzen, ungeduldig, er glaubte zu verstehen, da er auf etwas ganz Unbedeutendes warten musste."*

2.5 Psychologisches Verhalten des Enneagrammtyps 2

Psychologisches Verhalten: *Abhängig, theatralisch: Typ 2 muss, in dem er sich in die gesunde Richtung seines Entspannungspunktes der 4 entwickelt lernen, wahre Hilfsbereitschaft, Warmherzigkeit und Mitgefühl („ohne Hintergedanken oder Absichten dabei") zu zeigen, um insgesamt demütiger zu werden.*

Projektionen im Streit: Hält andere für lieblos, stolz, hochmütig, bedeutungslos, unwichtig, ausgeschlossen, richtungslos, manipulativ, betrügerisch.

Psychologisches Muster: Sich um sein Leben betrogen fühlen.

Psychologische Lösung: *Löse dich aus äußerer und innerer Abhängigkeit! Erkenne, dass du dich um dein Leben betrogen fühlst!*

2.6 Charakterfixierung (wesentliche psychische Merkmale der Charakterstruktur) bei Typ 2

Oral-rezeptiv (emotional) - *Stolz und histrionische Persönlichkeit:* Stolz, das Bedürfnis nach Liebe, Hedonismus, Verführerisch-Sein, anspruchsvolle Haltung, Fürsorglichkeit, falsche Fülle (falscher Überfluss), histrionischer (= *1. starkes Streben nach Beachtung 2. überbetriebene Emotionalität*

Ü
13

TYP
2

Ü
106
107
108

Ü
112
115
116
128
129
130

TYP
2

Ü
117
118
119

Ü
108
109
110
111

Ü
126
146

Ü
120

Ü
121

3. *Inszenierung sozialer Beziehungen)* Einsatz des Selbstideals, leicht beeinflussbare Emotionalität als Ausdruck der Leidenschaft des Stolzes.

2.7 Die energetische Ausstrahlung von Typ 2

Fordernd, bedürftig, sich zu wichtig nehmend, weich, offenherzig, einladend, zugewandt, warmherzig, verständnisvoll, liebenswürdig, gefühlvoll, verbindend, erotisch, „appetit-anregend", mitunter zu emotional, flirtiv, manipulativ, stolz, misstrauisch als Ausdrucksform der Leidenschaft des Stolzes.

Blickqualität: Liebevoll, umsorgend, verbindend, emotional-theatralisch, nach außen gerichtet - tendenziell warm

2.8 Beschreibungen der Persönlichkeit von Typ 2

Der Liebesorientierte, der fürsorgliche Geber, der Gebende, der Liebende, der Helfer, der Stolze, der Hochmütige, die göttliche Mutter, der Altruist, der Seelsorger, der Manipulator, der liebevolle Ernährer (selbsterhaltender Untertyp 2), der Privilegierte (selbsterhaltender Untertyp 2), die „Ich zuerst-Mentalität" (selbsterhaltender Untertyp 2), die Matriarchin (selbsterhaltender Untertyp 2), der Botschafter (sozialer Untertyp 2), der Diplomat (sozialer Untertyp 2), der Ehrgeizige (sozialer Untertyp 2), der Liebhaber (sexueller Untertyp 2), der Romantiker (sexueller Untertyp 2), der (leidenschaftliche) Verführer (sexueller Untertyp 2), die (manipulative) Aggression (sexueller Untertyp 2)

2.9 Dynamik von Gesundheit & Krankheit bei Typ 2, der stolzen Persönlichkeit

Das *Bedürfnis, geliebt zu werden* führt im normal bewussten Zustand dazu, dass *Typ 2* anderen hilft. Wenn der Fokus aber ständig auf *„Liebe"* gerichtet ist, geht der Weg von *Typ 2* auch sehr schnell in Richtung *Unbewusstheit (Krankheit)*, indem er *nachtragend wird, seine Mitmenschen manipuliert* und damit die Furcht, nicht geliebt zu werden, zunimmt.

2.10 Positive Eigenschaften von Typ 2

Geborgenheit und Mitgefühl: Fürsorglich, einfühlsam, selbstlos, altruistisch, schenkt „bedingungslose" Liebe, mitfühlend, freundlich, anwesend, sich hingebend, warmherzig, großzügig, hilfsbereit, behilflich, ermutigend, anpassungsfähig, einsichtig, liebevoll, begeisternd, aufmerksam, lobend, verspielt, fürsorglich, umsorgend.

2.11 Negative Eigenschaften von Typ 2

Stolz, schmeichelnd und verurteilend: Leicht verletzbar, manipuliert, um geliebt zu werden, fühlt sich unentbehrlich, gönnerhaft, besitzergreifend, „Opferlamm", indirekt, hysterisch, überschwänglich, selbstgefällig, herrschsüchtig, unsicher, unaufrichtig.

2.12 Gestik und Mimik von Typ 2

Gestik: *Verbindende Gesten* = nimmt z.B. häufig unbewusst mit den Händen Kontakt zum Gegenüber auf, Gestik drückt letztlich immer auch die innerlich vorhandene Leidenschaft des (versteckten) Stolzes aus.

Mimik: *Mütterlich-warm, sich kümmernd* = weiche und weibliche Gesichtszüge, gefühlsoffene Gesichtszüge, liebevolle Blickqualität, besorgt, gefühlvoll, mitunter erotisch-anziehend, sanft, empfänglich, bedürftig, sozial-verbindend, mitunter misstrauisch, zeigt verstärkt Gefühle, versteckt den Stolz.

2.13 Ego-Fixierung von Typ 2

Ego-Schmeichelei - Typ 2 glaubt *durch* **Schmeichelei die Gunst seiner Audienz zu gewinnen**, seine mentale Falle ist die einer *illusionären Idee von Freiheit* (= Falle).

2.14 Spezielle Angst (Grundangst) von Typ 2

Grundangst *(Hauptangst)* **Typ 2:** *Ungeliebt zu sein, nicht geliebt zu werden, vor emotionaler Ablehnung, zurückgewiesen zu werden, die anderen geschenkte Liebe und Aufmerksamkeit nicht zurückzubekommen, vor emotionalem Betrug und Verrat, vor emotionaler Einsamkeit!*

2.15 Krankheitszustand von Typ 2

Vertraut nicht mehr seiner eigenen natürlichen Güte, will alles kontrollieren und wird aufdringlich/ zudringlich wie eine **ungesunde 8** (siehe Verbindung 2-8), *hat nur noch seine eigenen Belange im Kopf* wie eine **ungesunde 3** (siehe 3er-Flügel der 2), *lebt in einer Welt des Selbstmitleids* wie eine **ungesunde 4** (siehe Verbindung 2-4) und *ist erfüllt von Selbstgerechtigkeit* wie eine **ungesunde 1** (siehe 1er-Flügel der 2).

2.16 Gesundheitszustand von Typ 2

Spürt eigene Bedürfnisse, wird wirklich einfühlsam, entwickelt echtes Verständnis für die Mitmenschen wie die **gesunde 4** (siehe Verbindung 2-4), *entwickelt wahres Selbstbewusstsein* und die *Aufrichtigkeit* einer **gesunden 3** (siehe 3er-Flügel der 2) und die *Versöhnlichkeit* einer **gesunden 1** (siehe 1er-Flügel der 2) sowie das *sanfte Durchsetzungsvermögen* und die *Unabhängigkeit* einer **gesunden 8** (siehe Verbindung 2-8).

2.17 Therapeutische Tipps im Umgang mit Patienten vom Typ 2

Gibt dem Therapeuten mit *ausgefeilter Schmeicheltechnik* das Gefühl, wunderbar und etwas Besonderes zu sein, als Therapeut muss man dabei auf der Hut sein vor Gegenübertragungen und möglichst neutral bleiben; wichtig ist hier das Festhalten an professionellen Grenzen in der Patienten-Therapeuten-Beziehung; auch wenn der Patient den Eindruck macht, es ginge ihm emotional gut, sollte man verstärkt nachfragen, wie *Typ 2* sich wirklich fühlt und Themen erfragen, über die der Patient nicht von selbst spricht; man sollte *Typ 2* erkennen lassen, wie wichtig es für ihn ist, primär an sich selbst zu denken, sich selbst zu helfen, so, wie er sonst

immer anderen hilft; man sollte dem Patienten bewusst machen, dass er dazu neigt, sich in dem anderen Menschen zu verlieren und er damit den Boden bereitet für spätere Enttäuschungen.

2.18 Psychologischer Abwehrmechanismus von Typ 2

TYP
2

Ü
124
128
129
130

Unterdrückung, Verdrängung, Hilfsbereitschaft, Geben, Liebe schenken, Manipulation: Gefühle und Impulse werden zwar wahrgenommen, aber verdrängt. Der eigene Wille, die eigenen Wünsche und Bedürfnisse werden unbewusst unterdrückt, was man auch Verdrängung nennt, denn sie werden ins Unterbewusste verdrängt. Dadurch ist es leicht möglich, die Bedürfnisse anderer in den Vordergrund zu stellen, sie zu erfüllen und dadurch mit anderen in Beziehung zu sein. Dank der Unterdrückung der eigenen Bedürfnisse kann das ideale Selbstbild aufrechterhalten werden: *„Ich bin ein gebender, netter Mensch!"*

2.19 Die Ausdrucksformen des Stolzes und die zu bearbeitenden Themen von Typ 2

Ü
131

Die **Ausdrucksformen** *des Stolzes, des Hochmuts, der Selbstgefälligkeit, der Schmeichelei* beim **Hyoscyamus-Patienten** sind a) Bedürfnis nach Liebe b) Hedonismus c) Verführerisch-Sein d) Bestimmtheit e) Fürsorglichkeit f) emotional leicht beeinflussbar.

Die **zu bearbeitenden Themen** bei **Typ 2** sind: Stolz, Unterdrückung eigener Gefühle, Kontakt mit dem eigenen Willen und den eigenen Bedürfnissen (vgl. auch unter 2.18).

2.20 Erlösende Aufforderung an Patienten vom Typ 2 und Anregungen zur Entwicklung

Ü
132

Erlösende Aufforderung: Kümmere dich erst einmal um dich selbst!

Anregungen zur Entwicklung: Demut statt Selbstgefälligkeit, geben ohne nehmen zu wollen, eigene Bedürfnisse erkennen und ausleben, auch sich selbst lieben lernen, wohlwollende Akzeptanz von gesundem Egoismus und einer gewissen Eigennützigkeit, andere loslassen, ihnen Unabhängigkeit gewähren, andere nicht mit *„überschießenden Liebesbemühungen"* überhäufen, die eigene Bedürftigkeit erkennen und akzeptieren, allein sein ohne einen unmittelbaren Bezug zu einem anderen Menschen, eine Verbindung zu und mit sich selbst aufbauen, den eigenen Stolz erkennen! - *„Du bist nicht so selbstlos wie du glaubst, erwarte also von anderen keine Gegenleistung für deine Liebe und Fürsorge!"*

2.21 Die Bewusstheitsstufen des Hyoscyamus-Patienten (Typ 2)

Ü
134

Verborgene Thematik: *Stolz, geliebt werden* - 1. **Psychosomatisches Opfer** (= *total unbewusst*) 2. **Dominanter Erpresser** (= *sehr unbewusst*) 3. **Selbstbetrüger, Manipulierer** (= *normal unbewusst*) 4. **Überheblicher Heiliger** (= *leicht bewusst*) 5. **Besitzergreifender Intimfreund** (= *normal bewusst*) 6. **Großsprecherischer Freund** (= *stärker bewusst*) 7. **Fürsorglicher** (= *deutlich bewusst*) 8. **Einfühlsamer** (= *sehr bewusst*) 9. **Uneigennütziger Altruist** (= *total bewusst*)

2.22 Die heiligen (erlösenden) Ideen des Enneagrammprinzips des Enneatyps 2

Ü
142
143

Die *heilige Freiheit (heiliger Wille)* ist die Idee, die den schmeichelnden Geist von *Typ 2* aus seiner Abhängigkeit von der Gunst anderer erlöst. Mein Wille ist in Harmonie mit dem Universum.

3. Das homöopathische Heilmittel für Enneatyp 3: Tarentula hispanica (spanische Tarantel)

Das homöopathische Heilmittel **Tarentula hispanica** *(in Deutschland unter dem Namen Tarantula in Apotheken erhältlich)* wird durch die Verreibung (sog. Trituration) einer ganzen lebenden spanischen Tarantel hergestellt. Diese *(**Tarentula hispanica**, auch **Lycosa tarentula**)* gehört zu den Wolfsspinnen, die so genannt sind, weil ihr Jagdmethoden an die eines Wolfes erinnern. Die Jagdmethode besteht aus Warten *(stundenlang und völlig unbeweglich)*, Lauschen, Verfolgen und Anspringen. Die Spinne geht dabei ähnlich zu Werk wie der Gepard, ein Tier, das als Sprinter, nicht als Steher, berühmt ist. Im Eilzugtempo beschleunigt die Tarantel mit einem fliegenden Start. Neben dem Merkmal der Schnelligkeit wird der Überfall auf die Beute mit großer Präzision ausgeführt, denn gerade bei Wolfsspinnen kommt es genau darauf an, weil sie ihre Opfer in Ermangelung an Webseide nicht zuerst festbinden und später ihr tödliches Werk vollenden können. Ihr Biss muss sofort tödlich wirken und darum präzise am richtigen Platz im Bereich des Nackens des Opfers platziert sein. Der Name leitet sich von der süditalienischen Stadt *Taranto* ab, wo sich vor vielen Jahrhunderten eine Art rhythmischer Tanzwut, genannt *Tarantismus*, ereignete, die dem Biss einer spanischen Wolfsspinne zugeschrieben wurde. Der Stich/Biss der Tarantel hat die ähnliche Wirkung und Gefährlichkeit wie die eines Bienenstichs. Verwechslungen mit Skorpionstichen sollen immer wieder vorgekommen sein, was die vorliegenden Überschätzungen der Giftigkeit der Taranteln erklären kann. Es wird angegeben, dass der Stich heftige, stechende Schmerzen hervorruft. An der entsprechenden Stelle bildet sich ein roter, brauner oder gelber Hof, manchmal eine Erhebung. Es folgt Jucken, und vor allem Taubheit, die sich schnell über den ganzen Körper ausbreitet. Heftige, erst lokale, dann sich ausbreitende Kälte folgt, weiterhin Angst, heftige Schmerzen, beklommene Atmung, Herzklopfen, verkleinerter Puls, Prostration *(= Erschöpfung)* bis zur Ohnmacht, große Unruhe, Stimmlosigkeit, Ohnmachtsanfälle, Erbrechen, Priapismus *(= dauerhafte schmerzhafte Erektion des Penis, die länger als zwei Stunden anhält)*, Brennen im Bauch, venöse Kongestionen *(= lokaler Blutandrang)*, kataleptische Zustände *(Katalepsie = anhaltendes Verharren in einer passiven Körperhaltung)*. Damit gehen Schwellung und dunkler Verfärbung des Gesichts und der Glieder einher. Angst vor dem Tod mit Jammern und Klagen wurden beobachtet. Heftige Schmerzen der Nieren und Blase sollen vorkommen. Hört der Gebissene Musik, so ist er dazu gezwungen zu tanzen. Dann scheint er gesund und nicht mehr unter Schmerzen zu leiden *(siehe das homöopathische Leitsymptom „Musik verbessert")*. Sobald die Musik aufhört, kehrt der schmerzhafte Zustand wieder zurück. Die vollständige Genesung des am sogenannten *Tarantismus* Leidenden erfolgt nur durch das hemmungslose, wilde Tanzen. Zu diesem Zwecke wurde in Gegenden wie Apulien eine spezielle Musikkultur gepflegt, die sich *Tarantella* nennt. Versäumt man diese "Heilung" durch die wilde Musik, so kehren die Beschwerden periodisch jährlich wieder zurück. Dieses Bild scheint dem der Hysterie sehr ähnlich. Alle Wolfsspinnenarten haben einen haarigen Körper und haarige Beine. In Westeuropa kommen ungefähr 50 Arten vor, die offene, trockene, unkultivierte Gegenden mit viel Sonne bevorzugen. Es sind aushöhlende *(„ganggrabende")* Spinnen, die sich mit großer Vorliebe in Erdgängen oder unter Steinen aufhalten. Das *Paarungsverhalten* der spanischen Tarantel ist eine Mischung aus Geräuschen, Vibrationen und visuellen rhythmischen Signalen. Nach dem Schlüpfen der Eier erklimmen die jungen Spinnen den Rücken

ihrer Mutter und werden darauf ca. ein halbes Jahr lang herumgetragen; das ist ein Alleinstellungsmerkmal der Wolfsspinnen. Gerät eine hungrige Mutter mit Jungen mit einer anderen mit Jungen beladenen Mutter in Streit, dann gibt es einen Kampf auf Leben und Tod. Die Gewinnerin verspeist die Verliererin und die Jungen der verspeisten Mutter steigen auf die siegreiche Mutter zu den anderen „Passagieren" hinüber. Eine für Spinnen sehr ungewöhnliche Eigenschaft ist, dass Wolfsspinnen ihre Körpertemperatur konstant halten können. Wie die Spinne das fertigbringt, ist bis heute unbekannt. Die oben bereits erwähnte Tanzwut, auch *Choreomanie* genannt, trat in Europa nach den großen Pestepidemien auf. In einer fremdartigen Besessenheit tanzte man sich in einen Zustand der Verzückung, der über Stunden anhielt. So kam es damals zu regelrechten Tanzprozessionen. Tarantismus und Musik gehörten zusammen und für jeden Besessenen mussten die Musiker mit Flöte, Mandoline, Gitarre und Tamborin, unterstützt durch bunte farbige Tücher in rot, gelb und grün den richtigen Rhythmus finden, nur dieser wirkte heilbringend. Musik verbindet also vor allem im Sinne einer rhythmischen Vibration auch den Tarantismus und die Wolfsspinne. Musik kann den Menschen krank und sogar wahnsinnig machen, andererseits hat sie eine beruhigende und unter Umständen heilsame Wirkung auf Menschen und Tiere. Die Griechen verehrten *Äskulap* als den Sohn von *Apollo (u.a. der Gott der Musik)*. In ihrer Mythologie stammte der Gott der Heilkunde also direkt vom Gott der Musik ab. Schon die alten Griechen waren Meister auf dem Gebiet der Musiktherapie, heute ist diese ein anerkannter Zweig und eine eigenständige Heilmethode in der Medizin. Durch den gezielten Einsatz von Musik wird in der heutigen Musiktherapie wie damals therapeutische Wirkung erzielt. Die weltweite Rapper-Szene ist ohne das Dreierprinzip undenkbar. Denn worum geht es genau beim Rap? „To rap" („klopfen" bzw. „pochen", „plaudern", „schwatzen") deutet die Art der Musik in Form eines schnellen, rhythmischen Sprechgesangs an. Es handelt sich hierbei also um ein stakkatoartiges dem Gesang angenähertes rhythmisches abgetrenntes Sprechen, welches ein hohes Maß einer speziell ausgeprägten Atemtechnik erfordert, bei der mangels Zeit für eine normale Atmung eine gewisse „Schnappatmung" notwendig wird, wie sie interessanterweise in der Medizin regelmäßig bei schwerer Herzinsuffizienz *(Dreierprinzip mit blockierter Herzenergie)* oder auch bei Überdosierung mit Opiaten *(direkte Verbindungslinie zum Enneagrammpunkt 6 bzw. dem Heilmittel Opium)* auftritt. Diese Musikrichtung erinnert merkwürdigerweise insgesamt an das oben beschriebene Paarungsverhalten der Wolfsspinne.

3.1 Homöopathische Leitsymptome von Tarentula hispanica

- Eitelkeit, Effizienz, Schnelligkeit, Präzision (gute zeitliche Koordination / Timing)
- Fleißig, betriebsam, hoher Energiepegel, liebt Musik, wilden Tanz und Farben, hysterisches Benehmen, Hast, Eile, Impulsivität, Ungehorsam, extreme Ruhelosigkeit, Nervosität, Bedürfnis nach Attraktivität und Anerkennung, äußerlich ewig jung wirkend, gern unter enormem Stress, ständig beschäftigt, vergesslich, vergisst den Beruf, versteht an sie/ihn gerichtete Fragen nicht, Furcht vor einem Überfall, vor Verletzung, in eine Falle zu geraten, vor dem Ersticken
- Gefühl unerwiderter Liebe oder Zuneigung, schlimme Folgen unerwiderter Liebe, drohender Erstickung mit Beengungsgefühl auf der Brust, Gefühl des Schwebens

- Rastlosigkeit der Gliedmaßen, gebessert durch (vor allem rhythmische) Musik (und die dadurch entstehende Vibration), unwiderstehlicher Drang zu tanzen, Verlangen nach harter, schneller, rhythmischer Musik, hastige Bewegungen, empfindlich gegen Geräusche und Berührtwerden, Abneigung gegen Licht, Traurigkeit morgens, extremer Bewegungsdrang, mitunter starke Sexualität, Nymphomanie (bei Frauen) bzw. Satyriasis (bei Männern)
- Unterdrückte Herzenergie, Falschheit, Lüge, Mutwilligkeit, Geschwindigkeit
- Fruchtlose Aktivitäten, rastlose Hände, verspielt, gerissen, listig, hinterlistig, clever, schlau, frech, Aufmerksamkeitsdefizitsyndrom (ADHS)
- Klagen und drohen, Zorn durch Widerspruch oder Langsamkeit, simuliert Krankheit, Ohnmacht anfallsweise, Traurigkeit nach sexueller Erregung, entblösst schamlos den Körper, bewegungssüchtig, ruhelose Beine, wringt die Hände, arbeitet ohne Erschöpfung, übermenschliche Kräfte, Besserung durch rhythmische Tätigkeiten, Impuls, Gegenstände zu zerstören, sich selbst zu schlagen, Verstohlenheit, Verstellung, Weinen, wenn getröstet, Trost verschlimmert, Schwäche, Ohnmacht, Stöhnen bei Widerspruch, Periodizität der Beschwerden
- Spielen und Koitus verbessern, Impuls zu Gehen, zu Laufen, zu Singen, zu Tanzen, zu Weinen, ruhelos, ungeduldig, tatkräftig, läuft hierhin und dorthin, meidet Licht,
- Macht Gesten, also würde sie/er stricken, Berührung und Druck sind unerträglich
- Leistungsmensch, Erholung dient nur als Mittel zum Zweck, Marketing-Orientierung, Gewinnstreben, Verkäufermentalität, Verkaufstalent, gepflegte Erscheinung, ausgefeilte Strategien, Werbung, Marktwert vor innerem Wert, Imagepflege, aktiv, wachsam, strebsam, läuft immer vor sich weg, Stresssymptome, muss immer etwas tun, um die Zeit zu füllen, kein Platz für innere Stille, manchmal kalt und berechnend, präzise und direkt, schneller, wendiger und umsichtiger Verstand, Täuschung versus Wahrhaftigkeit, Chamäleon, Schönredner, Angeber, Schönling

TYP 3

3.2 Heilmittel für Typ 3 nach der sog. Signaturenlehre

Homöopathisches Arzneimittel Typ 3: Tarentula hispanica (spanische Tarantel): *Netz spinnen, vortäuschen, einfallsreich, effizient, berechnend, Eigenwerbung, ehrgeizig, manipulativ, anziehend, skupellos, wachsam, Jagdinstinkt, aussaugen, auf eine günstige Gelegenheit wartend, verharrt still und leblos, aber ängstliche Flucht bei unmittelbarer Gefahr, stark, robust, getarnt, zum Sprung bereit, frisst das Männchen nach dem Geschlechtsakt auf; Gattung der Wolfsspinnen)*

Ü 13

3.3 Zentrale Sichtweisen, Motivationen und Vorstellungen des Tarentula-Patienten (Typ 3)

Die **6 zentralen Vorstellungen** des Heilmittels **Tarentula hispanica** sind:

Ü 108 109 113 114

Vorstellung (Wahnidee) - angegriffen, sie/er werde
Vorstellung (Wahnidee) - fallen - etwas würde auf sie/ihn
Vorstellung (Wahnidee) - Gesichter, sieht - teuflische Gesichter bedrängen sie/ihn
Vorstellung (Wahnidee) - Körper - kleiner, sei
Vorstellung (Wahnidee) - Luft, sie/er käme in kalte
Vorstellung (Wahnidee) - unsichtbaren Dingen, von

Man ist hier zunächst verwundert, warum es bei diesem homöopathischen Arzneimittel nur um sechs zentrale Vorstellungen (Wahnideen) geht. Das lässt sich u.a. dadurch erklären, dass dieses Spinnenmittel in unseren homöopathischen Gemütsrepertorien *(Nachschlagewerken für professionelle Homöopathen)* ein wenig unterrepräsentiert ist. Daher kommt man bei einer normalen klassisch-homöopathischen Auswertung nach Gemütsrubriken anhand einschlägiger Nachschlagewerke (sog. ***Repertorisation,*** *z.B. mit Rathmer`s Repertorium, dem mit Abstand umfangreichsten homöopathischen Nachschlagewerk der Welt in Bezug auf die homöopathischen Rubriken des Gemüts)* nur recht selten auf dieses Mittel, die sog. Mittelriesen wie Sulphur, Nux vomica, Lycopodium, Sepia, Arsenicum album, Calcium carbonicum etc. mit allgemein größerem Anwendungsbereich „drängen" sich dann immer sehr vor und so erwägt man als Homöopath oft nicht allzu schnell, dieses tierische Mittel mangels weiterer eigener Kenntnis zu verordnen.

Die Hauptrubrik dieses Mittels ist wohl die Rubrik *"**Wahnideen - unsichtbaren Dingen, von**"*, welche die Thematik des Mittels recht deutlich macht: Da macht sich jemand was vor, baut als **Typ 3** und damit als zentraler Imagetyp des Enneagramms gegenüber anderen und auch sich selbst gegenüber ein besonders überzeugendes fiktives Selbstbild auf, was gekennzeichnet ist durch Aktivität, ständigem Tun/Handeln und einem Anschein von Erfolg und Leistung. Dahinter steckt aber das zentrale Gefühl, leer und substanzlos zu sein, nichts in sich zu haben, was wertvoll, wahr und echt ist. So müssen im Außen um jeden Preis Dinge erschaffen, kreiert werden, die im Innersten dieses Menschen überhaupt keine Entsprechung haben *(mehr Schein als Sein!)*, was dann dieser Hauptwahnidee der Unsichtbarkeit von Wert und Substanz entspricht. Im Innersten fühlt sich das heranwachsende Kind oft mit nichts und niemandem verbunden, als habe es versagt und sei unecht, wertlos. Man sollte sich da einmal hinein fühlen: Da ist ein Mensch, der im Innersten leer ist, dort nichts fühlt *(sog. blockierte Gefühlsenergie des Enneagrammtyps 3)*, denn Gefühle werden bei **Typ 3** des Enneagramms nicht nur nicht gezeigt, weil es nicht zum Image passt, sondern weil dort ein völlig brachliegender Emotionalkörper vorhanden ist, der überhaupt nicht mehr zugänglich erscheint. Und so werden die verdeckten Gefühle einfach nicht mehr persönlich wahrgenommen. Daher sprechen wir bei **Typ 3** auch von einer Blockade auf emotionaler Ebene. Die Folge der „inneren emotionalen Unsichtbarkeit" ist dann, dass der **Tarentula-Patient** im Außen versucht, dieses fehlende Emotionale, dieses Gefühl der inneren Unechtheit und Täuschung zu kompensieren durch vermehrtes Tun und Aktivität, durch Verstellung bis hin zur Lüge, immer mit dem Ziel, von anderen anerkannt zu werden, um von ihnen einen äußeren Wert zu erhalten. So ähnelt hier **Typ 3** in gewisser Weise dem *Typ 1*, dem es ja in gewisser Weise auch Zeit seines Lebens um Anerkennung geht. Beide sind ja in gewisser Weise Leistungstypen, beide können sehr ziel-, wettbewerbs- und erfolgsorientiert sein und Tendenzen zum Workaholic zeigen. Doch *Typ 1* wird im Innersten mehr von seinem inneren Kritiker verfolgt, der ihn zu Höchstleistungen motiviert sowie von seinen sehr hohen Maßstäben, die er sich und anderen auferlegt. **Typ 3** hingegen wird primär von dem Ziel getrieben, Erfolg zu haben und wechselt dabei sein Image und seine Herangehensweise. Mitunter sucht er sich wenn nötig den leichtesten Weg, passt sich geschickt und gekonnt den jeweiligen Umständen zum Zwecke der Verwirklichung seiner Ziele und Leistungen an, nur um am Ende seine Ziele zu erreichen und damit anerkannt und wertgeschätzt zu werden.

Dann strahlt **Typ 3** über beide Ohren und lässt sich mitunter für seine Erfolge feiern, während *Typ 1* eher zurückhaltend ist und der leichteste Weg für ihn oft eben nicht der beste Weg ist. *Typ 1* macht es sich mit seinen zahlreichen Vorstellungen von Recht und Moral oft unnötig schwer, während **Typ 3** in der Welt viel opportunistischer und zielorientierter vorgeht. Aufgrund dieses inneren Empfindens von Leere, Wertlosigkeit, Oberflächlichkeit und Substanzlosigkeit kann **Typ 3** sich auch als Versager fühlen oder auch als Blender. Aber diese Gefühle schlummern mehr als Schattenanteil seiner Seele im Unbewussten, werden aber zum Treibstoff für den Aufbau des fiktiven Selbstbildes, dass man alles erreichen kann und wird, dass man ein aktiver, erfolgreicher und cleverer Macher ist, sogar, dass man eigentlich ein warmherziger Mensch sei. Dieses Bild wird nach außen getragen und in den westlichen Nationen und Wirtschaftssystemen gibt es zur Entfaltung dieses fiktiven Selbstbildes von **Typ 3** mannigfaltige Betätigungsfelder. Die Gesellschaft unterstützt in besonderem Maße solche Aktivitäten von Angehörigen des **3er-Typs** bzw. des **Tarentula-Zustandes** und bildet auf diese Weise eine nahezu perfekte Ergänzung und Rechtfertigung für das umtriebige Verhalten dieses Enneagrammtyps. Leider entfernt sich der **Typ 3** selbst dadurch immer mehr von seiner immer noch im Kern seines Wesens vorhandenen Wahrhaftigkeit, Echtheit und Authentizität, was dann im Laufe seines Lebens zu eben den Krankheiten und Symptomen führt, weshalb uns diese Patienten dann in unseren Praxen aufsuchen. Beim klassischen Homöopathen erhalten sie dann in der Regel Mittel wie *Nux vomica*, *Lycopodium*, *Sepia* oder gar *Platinum metallicum*. Daher ist es differenzialdiagnostisch so wichtig, diesen inneren Mechanismus des Mittels **Tarentula hispanica** zu erkennen. Die Situation des **Tarentula-Patienten** ist die eines Menschen, der bemerkt werden möchte, aber aus seiner Sicht nicht wird, wenn jemand also erfolglos jemandes Aufmerksamkeit auf sich lenken möchte. Damit einher geht ein Gefühl der persönlichen Wertlosigkeit und des nicht gebührend Belohntwerdens, ob der Patient das nun nach außen hin kundtut oder auch nicht, ob es ihm bewusst ist oder nicht.

3.4 Darstellung des homöopathischen Arzneimittels Tarentula hispanica

Aus der Arzneimittellehre für den homöopathischen Praktiker von **Dr. Shankar Raghunath Phatak** (1896 - 1981), einem zuverlässigen Standardwerk der Homöopathie, folgender Auszug zum homöopathischen Heilmittel **Tarentula hispanica**: *„Abneigung gegen oder Verlangen nach bestimmten Farben: Schwarz, Rot, Gelb oder Grün. Springt auf und ab. Nervöse Lachanfälle, dann lautes Schreien. Plötzlicher Wechsel: der Stimmungen, der Phantasien, der Körperkräfte. Keine Kontrolle über die eigenen Handlungen. Unberechenbar. Impulsiv. Moralische Depravation (= Verschlechterung einer medizinischen Symptomatik), Raffiniert, hinterlistig, schlau. Selbstsüchtig, egozentrisch. Destruktiv, zerstört alles, was sie zu fassen bekommt, zerreißt ihre Kleider usw... . Voller Hass und Boshaftigkeit. Gewandt, schnell. Springt vom Bett auf und zerschlägt alles, was sie zu fassen bekommt, so schnell, dass man sie nicht davon abhalten konnte. Wirft mit Gegenständen, die er zufällig gerade in der Hand hat oder in seiner Reichweite befindet. Simulanten; wenn niemand zuschaut, gibt es auch keine hysterischen Anfälle; wenn die Patientin aber im Zentrum der Aufmerksamkeit steht, beginnt sie zu zucken, stellt sich ohnmächtig und bewusstlos - doch beobachtet sie aus den Augenwinkeln die Wirkung auf die Umstehenden. Verlangen, sich selbst oder andere zu schlagen. Lachen, Spotten, Umherrennen, Tanzen, Gestikulieren, Scherzen, Weinen, Singen bis zur Heiserkeit oder Erschöpfung, Kleptomanie. Zorn mit*

Verzweiflung. Todeskampf. Undankbarkeit und Unzufriedenheit. Melancholie. Gemütssymptome besser abends, nach dem Essen."

3.5 Psychologisches Verhalten des Enneagrammtyps 3

Psychologisches Verhalten Typ 3: *Typ A-Persönlichkeit* (= sehr ehrgeizig, leistungsorientiert, tendiert zum sich überarbeiten, zur Feindseligkeit und Aggressivität, erhöhtes Herzinfarktrisiko), **Workaholic: Typ 3** muss, in dem er sich in die gesunde Richtung seines Entspannungspunktes der **6** entwickeln lernen, *loyal, mutig und auch einmal grenzsetzend zu agieren, ehrlich fürsorglich und mitfühlend zu sein und Mitmenschlichkeit vor Effizienz und Erfolg zu setzen, um insgesamt echter und authentischer zu werden!*

Projektionen im Streit Typ 3: Hält andere für wertlos, erfolglos, unehrlich, zu leistungsorientiert, imagebesessen, eitel, für einen Versager, einen Blender, einen Betrüger.

Psychologisches Muster: In Überaktivität sich selbst vernichten.

Psychologische Lösung: *Nimm die (Selbst-) Unterdrückung wahr und habe den Mut, sie aufzulösen! Erkenne, dass du dich in Überaktivität selbst vernichtest!*

Ü
112
115
116
128
129
130

3.6 Charakterfixierung (wesentliche psychische Merkmale der Charakterstruktur) bei Typ 3

Phallisch (emotional) - *Eitelkeit, Unechtheit und die „marketingorientierte" Persönlichkeit:* Bedürfnis nach Aufmerksamkeit und Eitelkeit, Leistungsorientierung, Fähigkeit, Dinge effizient und korrekt zu tun, gewisses Ausmaß an Skrupellosigkeit (wenig Rücksichtnahme), Dominanz im Willen, sich und andere zu beherrschen, Konkurrenzverhalten, Furcht und Spannung (wegen des Strebens nach Erfolg), gesellschaftliche Erfahrenheit und soziales Geschick, Pflege der Attraktivität (Verschönerung des eigenen Aussehens), Vortäuschung und manipulative Imagepflege, Ausrichtung an anderen Menschen, aktive Wachsamkeit, Oberflächlichkeit, anerkannt werden wollen als Ausdruck der Leidenschaft der Eitelkeit.

3.7 Die energetische Ausstrahlung von Typ 3

Unecht, glatt, poliert, wach, interessiert, kontaktfreudig, aufgeschlossen, begeisterungsfähig, belastbar, kommunikativ, aalglatt, kühl und unnahbar „wie ein Model", „gewinnend", fokussiert, anziehend, fit, cool, mitunter ruhelos, umtriebig, emotionslos, magisch als Ausdrucksform der Leidenschaft der Eitelkeit.

Blickqualität: Fokussiert, siegessicher, erfolgreich, emotionslos, nach außen gerichtet - tendenziell kalt

3.8 Beschreibungen der Persönlichkeit von Typ 3

Der Erfolgsorientierte, der Magier, der Macher, der strahlende Statusmensch, der Dynamiker, der Tüchtige, der Leistungsmensch, der liebenswürdige Gewinner, der geltungsbewusste Verhandler, der Ehrgeizige, der Zielstrebige, der Performer, der Initiator, der Erfolgreiche, der eitle Pfau, der Pragmatiker (selbsterhaltender Untertyp 3), der Sicherheitsorientierte (selbsterhaltender Untertyp 3), der Tugendhafte (selbsterhaltender Untertyp 3), die „Firma Frau

oder Mann" (selbsterhaltender Untertyp 3) der angesehene Politiker (sozialer Untertyp 3), das Prestige (sozialer Untertyp 3), der Super- oder Filmstar (sexueller Untertyp 3), die ideale Weiblichkeit bzw. Männlichkeit (sexueller Untertyp 3), die Feminine (sexueller Untertyp 3), der Maskuline (sexueller Untertyp 3)

3.9 Dynamik von Gesundheit & Krankheit bei Typ 3, der eitlen Persönlichkeit

Das *Bedürfnis, bewundert zu werden* führt im normal bewussten Zustand dazu, dass *Typ 3 sich permanent selbst verbessern möchte.* Wenn der Fokus aber ständig auf *„Bewunderung"* gerichtet ist, geht der Weg von *Typ 3* auch sehr schnell in Richtung *Unbewusstheit (Krankheit)*, indem er *in einen starken Wettbewerb zu anderen tritt* und damit die Furcht vor Zurückweisung zunimmt.

3.10 Positive Eigenschaften von Typ 3

Wahrhaftigkeit und Ansehen: Authentisch, energiegeladen, selbstsicher, antriebs- und anpassungsfähig, besitzt bewundernswerte Eigenschaften, energisch, leistungsfähig, fleißig, arbeitsam, tüchtig, beliebt, erfolgreich, optimistisch, praktisch, schnell, zuversichtlich, selbstsicher, wertschätzend, verspielt, akzeptierend, verantwortungsbewusst, gebefreudig.

3.11 Negative Eigenschaften von Typ 3

Eitel und großspurig: Hinterlistig, berechnend, eigensüchtig, oberflächlich, rachsüchtig, aggressiv, selbsttäuschend, statusbewusst, arrogant, selbstdarstellend, Angst vor dem Scheitern, imagebesessen, konkurrierend, völlig mit sich beschäftigt, ungeduldig, unaufrichtig, herrschsüchtig, abwehrend, lieblos, flieht in die Arbeit.

3.12 Gestik und Mimik von Typ 3

Gestik: *Kommunikative Gesten* = repräsentierend, aber auch schnelle, zackige, fahrige Gesten, Gestik drückt letztlich immer auch die innerlich vorhandene Leidenschaft der (versteckten) Eitelkeit aus.

Mimik: *Kühl-unnahbar, freundlich-gewinnend* = kalte, gefühlversteckende etwas angespannte Gesichtszüge, manchmal „Strahleaugen", ansonsten oft eher kühle, straffe, unergründliche Blickqualität, selbstdarstellerisch, faltenlos, emotionslos, listig, clever, gestylt, jung, unabhängig, zielorientiert, maskenhaft, „Pokerface", versteckt tendenziell Gefühle, versteckt die innere Eitelkeit.

3.13 Ego-Fixierung von Typ 3

Ego-Eitelkeit - Ein *eitler Geist* treibt den (verlogenen) *Typ 3* dazu, *Auszeichnungen, wichtige Positionen und Macht über andere anzustreben*, er verwechselt *wahres Sein mit Effizienz* (= Falle).

3.14 Spezielle Angst (Grundangst) von Typ 3

Grundangst *(Hauptangst)* **Typ 3:** *Vor der Bedeutungslosigkeit der eigenen Person, nicht anerkannt zu werden, sich wertlos zu fühlen, vor Versagen und Misserfolg, in den Augen anderer schlecht dazustehen und den Kontakt zu ihnen dauerhaft zu verlieren!*

Ü
105
106
107
110
111

TYP
3

112
113
115
119
126

Ü
127

Ü
124
128
129
130

Ü
131

3.15 Krankheitszustand von Typ 3

*Verliert wie eine **ungesunde 9** jegliches Gefühl für sich selbst* (siehe Verbindung 3-9), *ist von seinem Selbstgefühl abgeschnitten, gibt sich elitär, unabhängig und selbstbefreit nach außen* wie eine ***ungesunde 4*** (siehe 4er-Flügel der 3), *entwickelt die arrogante, manipulative Selbstsucht* einer ***ungesunden 2*** (siehe 2er-Flügel der 3) und *wird grausam wie eine **ungesunde 6*** (siehe Verbindung 3-6).

3.16 Gesundheitszustand von Typ 3

Spürt seine ihm angeborene Güte und seinen Fleiß, integriert sich gut in die Gesellschaft, fühlt sich anderen gegenüber verpflichtet und zeigt Loyalität wie eine ***gesunde 6*** (siehe Verbindung 3-6), *wird sensibel, einfühlsam, mitfühlend gegenüber den Gefühlen anderer* wie eine ***gesunde Vier*** (siehe 4er-Flügel der 3), *zeigt sich kooperativ und hilfsbereit* wie eine ***gesunde 9*** (siehe Verbindung 3-9), *wird selbstlos, großzügig und liebevoll* wie eine ***gesunde 2*** (siehe 2er-Flügel der 3).

3.17 Therapeutische Tipps im Umgang mit Patienten vom Typ 3

Man sollte das vom Patienten *nach außen demonstrierte Erfolgsbild* nicht akzeptieren, sondern lediglich neutral durchschauen, denn ***Typ 3*** will es auch in der Therapie aufrechterhalten; als Therapeut sollte man erkennen, dass ***Typ 3*** eher emotionale Sicherheit benötigt als Bewunderung oder Bestätigung; man sollte als Therapeut rechtzeitig bemerken, dass ***Typ 3*** aus der Gewohnheit seines fiktiven Selbstbildes heraus die Rolle des „besten Patienten" spielt und damit den Abwehrmechanismus der Identifikation mit Erfolg und Ansehen aufrechterhält; man sollte ***Typ 3*** also viel emotionale Sicherheit bieten, damit er es wagt, seine Maske abzulegen und emotional verletzlich wird; durch wiederholtes geduldiges Nachfragen, was nun Image und was Realität ist, baut man während der Anamnese nach und nach die Maske des falschen Selbstbildes von ***Typ 3*** ab.

3.18 Psychologischer Abwehrmechanismus von Typ 3

Identifikation, Selbst- und Fremdtäuschung: Man ist mit den Gefühlen und Impulsen vollkommen identifiziert. Die eigene Identität wird unterdrückt bzw. es besteht kein Kontakt mit ihr. Stattdessen entsteht eine neue Identifikation in eine neue erfolgreiche Rolle. Das hilft beim Übernehmen der Eigenschaften des jeweils gewünschten, erfolgreichen Images, es fühlt sich energetisch wie die eigene Identität an. Es neutralisiert das Gefühl, nicht erfolgreich zu sein und nicht geschätzt zu werden. Dadurch kann das ideale Selbstbild weitergelebt werden: *„Ich bin ein erfolgreicher Mensch!"*

3.19 Die Ausdrucksformen der Eitelkeit und die zu bearbeitenden Themen von Typ 3

Die **Ausdrucksformen** *der Eitelkeit, der Selbsttäuschung, der Fremdtäuschung, der Lüge* beim **Tarentula-Patienten** sind: a) Leistungsorientierung b) Erfolgsorientierung c) soziales Geschick, d) sexuelle Attraktivität e) Täuschung f) Manipulation g) Oberflächlichkeit.

Die **zu bearbeitenden Themen** bei **Typ 3** sind: Ehrlichkeit und Wahrheit, Erfolg/Misserfolg, Identifikation (vgl. auch unter 3.18).

3.20 Erlösende Aufforderung an Patienten vom Typ 3 und Anregungen zur Entwicklung

Ü 132

Erlösende Aufforderung: Du musst nichts erreichen, du bist schon so gut, wie du bist!

Anregungen zur Entwicklung: Sich der eigenen Täuschungsmanöver bewusst werden, sich der Realität stellen (mehr Sein statt Schein!), mehr Natürlichkeit zeigen, Nutzen und Erfolg angemessener einschätzen, die Möglichkeit des Scheiterns bewusst machen und akzeptieren lernen, Arbeitswelt und private Lebensumstände unterscheiden, Gefühle eingestehen und zulassen, (Selbst-) Täuschungen erkennen und Wahrhaftigkeit lernen, Eitelkeit im Inneren erkennen und akzeptieren, nicht vollständig den materiellen Verlockungen dieser Welt verfallen als Ersatz für echte Gefühle - *„Du wirst um deiner selbst willen geliebt!"*

TYP 3

3.21 Die Bewusstheitsstufen des Platin-Patienten (Typ 3)

Ü 135

Verborgene Thematik: *Eitelkeit, bewundert werden* - **1. Rachsüchtiger Psychopath** (= *total unbewusst*) **2. Böswilliger Verräter** (= *sehr unbewusst*) **3. Ausbeuterischer Opportunist** (= *normal unbewusst*) **4. Durchsetzungsstarker Narzisst** (= *leicht bewusst*) **5. Imageorientierter Pragmatiker** (= *normal bewusst*) **6. Statusbesessener** (= *stärker bewusst*) **7. Großes Vorbild** (= *deutlich bewusst*) **8. Selbstsicherer Mensch** (= *sehr bewusst*) **9. Authentische Persönlichkeit** (= *total bewusst*)

3.22 Die heiligen (erlösenden) Ideen des Enneagrammprinzips des Enneatyps 3

Ü 142 143

Die *heilige Hoffnung (heiliges Gesetz, heilige Harmonie)* zur Erfahrung der eigenen Essenz rettet *Typ 3* aus dem Wahn, alles hinge nur von seiner Effizienz und Leistungsstärke ab. Strukturiertes Handeln im Ablauf der Zeit, Verwandlung in der Seele & Frieden mit der Realität.

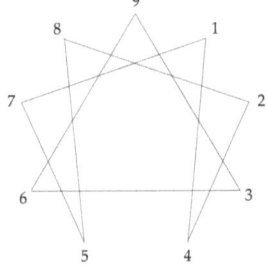

4. Das homöopathische Heilmittel für Enneatyp 4: Ignatia amara (Ignatiusbohne)

Ignatia amara, beheimatet auf den Philippinen und in einigen Gebieten Südostasiens, ist als Pflanze aus der Familie der Brechnussgewächse *(Loganiaceae)* verwandt mit anderen bekannten homöopathischen Arzneimitteln wie z.B. *Nux vomica*, *Gelsemium*, *Spigelia* und *Curare*. Die beiden am engsten verwandten sind *Nux vomica* und *Ignatia*. Beide gehören zur Gattung *Strychnos*, wobei hier mehrere Arten wie auch **Ignatia** das tödliche Gift *Strychnin* enthalten. In niedriger Dosierung wirkt Strychnin stimulierend, insbesondere auf das Sehvermögen und die Farbwahrnehmung. In der Vergangenheit hat man Strychnin als *Antiseptikum* (= Wundinfektionsmittel) verwandt, als *Purgiermittel* (= Abführmittel) und als *Tonikum* (= kräftigendes Mittel) für Magen, Kreislauf und Nervensystem. Etwa vor einem halben Jahrhundert machte es als Dopingmittel im Sport Furore, aber die häufig auftretende Nebenwirkung von Krämpfen ließ es in Vergessenheit geraten. Heutige Anwendungen beschränken sich auf die Herstellung tödlicher Köder für Säugetiere (Rattengift), Vögel und Insekten. Südamerikanische Indianer stellen aus der Rinde von Strychnos-Arten ihr berühmtes *Pfeilgift Curare* her. In Malaysien wurde ein Absud der Samen von **Ignatia amara** als Pfeilgift unter dem Namen „Upas radja" als „königliches Pfeilgift" bekannt genutzt, um übergeordnete Personen aus dem Weg zu räumen. Der dornlose Kletterstrauch kommt nur auf wenigen Inseln der Philippinen vor und wächst mit Hilfe von hakenförmigen, holzigen Ranken bis in die höchsten Spitzen der Bäume hinauf, wobei der Stamm jedoch nur etwa 10 cm dick wird. Die weißen, gelben bis jasminfarbigen Blüten hängen von den glatten Ästen herab, die Früchte zeigen die Form und die Größe einer mittelgroßen Birne. Die Samen sind etwa 3 cm lang und außerordentlich bitter. Die Artbezeichnung „amara" charakterisiert diese äußerst bitter schmeckenden toxischen Früchte. Die einheimische Bevölkerung trug die Samen als Amulett gegen allerlei Krankheiten. Die Oberfläche der Blumenkrone ist mit Haaren bedeckt. Die orange-gelbe, vielsamige Frucht ist eine mehrsamige, kugelige Beere mit harter Schale mit einem Durchmesser von 10-13 cm. Die knochenharte Schale ist ebenfalls mit Samen bedeckt. Die Samen werden zur Arzneigewinnung verwendet. Strychninvergiftungen haben allgemein Ähnlichkeit mit der Symptomatik bei *Tetanus* und *Botulismus*. Das Alkaloid blockiert die Wirkung der *Aminosäure Glycin*, die als hemmender Transmitter besonders im Rückenmark vorkommt und Muskelkontraktionen reguliert. Die Vergiftung erfolgt rasend schnell. Innerhalb von 15 - 30 Minuten zeigen sich die ersten Symptome: Krämpfe, Unruhe, Angst, Muskelzuckungen, herabgesetzte Reizschwelle für Sinneswahrnehmungen sowie Muskelversteifungen im Gesicht, dem Nacken und den Beinen. Rasch steigert sich das Bild zu heftigen und schmerzhaften, krampfenden und zuckenden Bewegungen der Glieder oder des ganzen Körpers, die nur für kurze Zeit anhalten, aber jeweils durch leichte Reize - vor allem Berühren und Geräusche - reaktiviert werden. Die Pupillen sind erweitert. Tetanische Krampfzustände folgen, die Augen treten hervor, die Hände sind zu Fäusten geballt, das Gesicht ist greisenartig verzogen. Die Atmung stockt schließlich und das Vergiftungsopfer wird blau (zyanotisch). Zwischen den Anfällen tritt vollständige Muskelentspannung mit kaltem Schweiß und verengten Pupillen auf. Das Bewusstsein bleibt bis zum Tod erhalten, der schließlich durch Atemlähmung eintritt. **Ignatia amara** wurde im 17. Jahrhundert von einem Missionar zu Ehren des *hl. Ignatius von Loyola* (1491 - 1556), dem Begründer des Jesuitenordens, benannt. Auf

wundersame Weise und Fügung kam dieser Name zu einer Pflanze, von der das homöopathische Heilmittelbild verblüffende Ähnlichkeiten mit dem Charakter und dem Leben des Namensgebers zeigt, der wiederum daher nicht zufällig dem **Enneagrammtyp 4** entspricht. Das ist umso bemerkenswerter, wenn man bedenkt, dass unter den vielen Pflanzen, die von den Jesuiten in die Medizin eingeführt wurden (*u.a. auch* **China officinalis**, *die Chinarinde, das erste von dem Begründer der Homöopathie* **Dr. Samuel Hahnemann** *geprüfte Heilmittel der Homöopathie!*) gerade dieses nach *Ignatius* benannt wurde. Das Studium der heute bekannten Lebensgeschichte des *hl. Ignatius* eignet sich also in hervorragender Weise, exemplarisch für **Typ 4** des Enneagramms seine vierertypischen Lebensumstände nachzuvollziehen.

4.1 Homöopathische Leitsymptome von Ignatia amara

- Neid, Sehnsucht, Drama, Melancholie, feinfühlig, feingliedrig, aufgewühlt, schnell entrüstet und empört, verbittert, romantisch, theatralisch, unlogisch, kreativ, kapriziös, mondän, künstlerisch veranlagt, sehr eigene Sichtweise, zickig, klischeehaft, Idealismus, Enttäuschung, emotionale Härte, unerfüllte Sehnsucht nach dem Unerreichbaren, tragisch, verletzlich, wechselhaft, Folgen von emotionalem Schock (*hervorgerufen durch Verluste jeglicher Art - geliebte Menschen, Besitz, einzelnen Dingen, Ansehen, Ruf etc.*), Weinkrämpfe (nicht öffentlich), nörgeln, kritisieren viel, uneinig mit sich selbst, unzufrieden mit allem, launenhaft, reizbar, weint leicht oft grundlos, emotionale Knoten und Verwicklungen, Hunger nach Liebe, Sehnsucht nach dem Ideal, Diskrepanz zwischen Realität und Wunsch, Feinheit in grober Welt
- Paradoxe, widersprüchliche Symptome, z.B. Zahnschmerzen besser durch Kauen, Magenschmerzen besser durch Essen, Leeregefühl im Magen, welches nicht besser durch Essen wird, Übelkeit, besser durch Essen, Leichtverdauliches wird nicht vertragen, Schwerverdauliches hingegen gut, Lachen bei ernsten Angelegenheiten, trinkt bei Hungergefühl und isst bei Durstgefühl etc., auch abwechselnd geistige und körperliche Symptome, können sich manchmal nicht beherrschen (z.B. bei bestimmten Süchten) und schämen sich deshalb sehr, sehr empfindlich und sensitiv, **ign**oriert viele unschöne Situationen, manchmal im Ausdruck stark extrovertiert (starker Dreier-Flügel), manchmal stark introvertiert (starker Fünfer-Flügel)
- Wechselseitigkeit von körperlichen und psychischen Symptomen des Gemüts
- Folgen von Kummer und emotionalen Enttäuschungen, hysterische Symptome, Parästhesien, Paralyse, Taubheitsgefühle, Krämpfe, beißt sich häufig schmerzhaft in die Innenseiten der Wange, Überempfindlichkeit, gesteigerte Erregbarkeit der Gefühls- und Sinnesnerven oder der Haut bei Berührung, Reizbarkeit bei geringstem Widerspruch, Wildheit über Kleinigkeiten, hysterische Heulkrämpfe
- Kummer mit Elementen von Spastizität und Hysterie, zwanghaft und hysterisch, sucht nach dem Märchenprinzen/-prinzessin, schmollend, liebeskrank, verächtlich, Unzufriedenheit mit dem Partner (*enttäuscht über die Änderungsunwilligkeit des Partners*), perfektionistisch-anspruchsvoll, innere Zerbrechlichkeit, Hang zum Seufzen, Schluchzen, Klagen, stöhnt häufig mit tiefer Einatmung, entmutigt, verzweifelt, langgezogene Seufzer, melancholisch, Schwäche nach Kränkung

- Umgewandelte Gefühlsenergie, hohe Ansprüche an sich und andere, was regelmäßig zu Enttäuschung führt; Probleme, seine Enttäuschung nach außen hin zu äußern, erduldet vieles und hält sich bis auf gelegentliche Ausbrüche zurück, ohne sich allerdings zwischenzeitlich mit der Situation abfinden zu können, was an ihr / ihm nagt, resigniert auch im Stillen nicht, sondern entwickelt ständig innere emotionale Widerstände, kann sich mit seiner Lebenssituation nicht abfinden
- Fassungslosigkeit: Äußert sich nicht, sondern hält sich bis zum Verlust der Fassung zurück, fühlt sich oft unverstanden, übersehen, respektlos und würdelos behandelt
- Sehnsucht nach dem Fehlenden im Vorhandenen, nichts ist am Ende wirklich gut genug, erfüllt die inneren hohen Ansprüche, Touch von Widerspenstigkeit (braucht und sucht Widerstand), kleben manchmal am Therapeuten, sprechen oft ungern über ihr Leiden, schweigsam, behält den Kummer lieber für sich, Verlangen nach Prunk, übertrieben höflich
- Stürmisch verlaufende Liebesbeziehungen, die mit Gegenbeschuldigungen durchsetzt sind, Missverhältnis zwischen Anlass und Wirkung, Pseudo-Blindheit, Pseudo-Lähmung, Pseudo-Stummheit etc., Neigung zu Übertreibungen, häufiges Auffahren, Bestrafungen verschlechtern die Gemütssymptomatik, Beschwerden durch lang anhaltenden Kummer, geistige Arbeit abends unmöglich
- Hang zum Harmonisieren, Ästhetisieren (z.B. „die Kindheit war herrlich…"), dauerhafte Disharmonie ist allerdings unerträglich, brütet, sieht alles schwarz
- Angst, bedeutungslos zu sein, Selbstvorwürfe, zurückziehende Haltung, unsicheres Selbstbild, Selbstmitleid, Opferhaltung

4.2 Heilmittel für Typ 4 nach der sog. Signaturenlehre

Homöopathisches Arzneimittel Typ 4: Ignatia amara (Ignatius-Bohne): *Krampfhaft, Kletterpflanze, Schlingpflanze, emotional anhänglich, Bitterkeit, Nervengift, attraktive, haltlose Pflanze, duftet betörend, benebelnde Wirkung, heilsam, „verhängnisvoller Liebeszauber"; Brechnussgewächs*

4.3 Zentrale Sichtweisen, Motivationen und Vorstellungen des Ignatia-Patienten (Typ 4)

Die *zentralen Sichtweisen, Motivationen und Vorstellungen* dieses Enneagramm-Heilmittels **Ignatia amara** kommen insgesamt in den sechs nachfolgenden Themen zum Ausdruck:

1. Melancholie/Depression, z.B. anhand dieser homöopathischen Gemütsrubriken erkennbar: *Vorstellung - sie/er würde elend aussehen beim Blick in den Spiegel; Vorstellung - in der Falle zu sitzen; Vorstellung - sie/er habe ein Verbrechen begangen; Vorstellung - sie/er sei verdammt und ihre/seine Seele könnte nicht gerettet, erlöst werden, mit Weinen und Rasen; Vorstellung - alles sei verloren; Vorstellung - sie/er sei verloren; Vorstellung - sie/er sei ein Versager; Vorstellung - sie/ihn verstehe niemand* **2. Dramatik:** *Vorstellung - der andere mache alles falsch; Vorstellung - sie/ er würde ihr/sein Gelübde (= Versprechen!) brechen; Vorstellung - der Körper würde in Stücke zerfallen* **3. Sehnsucht/ Nostalgie:** *Vorstellung - sie/er sei schwanger - durch Flatus (= Blähungen, Leibwind) mit Auftreibung des Abdomens (= Bauchs, Bauchraums!); Vorstellung - sie/er sei schwanger, nach den Menses; Vorstellung - sie/er sei verheiratet (der unerfüllte Wunsch, die Sehnsucht nach Beziehung und Bindung!); Vorstellung -*

von Wasser (Wasser steht für die Gefühle, die herbeigesehnt werden!) **4. Anspruch:** *Vorstellung - sie/er sei verheiratet; Vorstellung - sie/ er würde ihr/sein Gelübde (= Versprechen!) brechen; Vorstellung - stark sein zu müssen* **5. Neid:** *Vorstellung - von einer weißen Schlange (die weiße Schlange steht hier symbolisch für versteckte Eifersucht bzw. versteckten Neid!)* **6. Beziehungen:** *Vorstellung - meint ausgelacht, verspottet zu werden; Vorstellung - betrogen, getäuscht worden zu sein; Vorstellung - sie/er sei verheiratet; Vorstellung - das Leben sei ungerecht, unfair zu ihr/ihm Vorstellung - niemand verstehe sie/ihn.*

Typ 4 ist wohl der *individuellste Typ im gesamten Enneagramm.* In der Kindheit war er noch verbunden mit dem individuellen Ausdruck seines Seins, mit seiner Quelle, mit seinem heiligen Ursprung. Doch schon bald kam es zum Kontaktverlust von diesem Ursprung im Innern und daraus resultierte schnell das Gefühl von Verlassenheit, der Abgetrenntheit von allem. Häufig finden wir in den ersten Lebensjahren z.B. entsprechend einen längeren Krankenhausaufenthalt, bei dem der Patient von seiner Familie getrennt wurde und dies auch innerhalb der Anamnese betont oder andere prägende Situationen in Form von Verlassenheit. Dieser Umstand ist ihm in aller Regel erinnerlich, auch wenn er damals erst 2 oder 3 Jahre alt gewesen sein sollte, wie eine alte Wunde, die noch immer Beschwerden macht. Das zentrale Gefühl dabei ist nach wie vor, egal wie alt nun der Patient heute sein mag: *„Ich bin damals verlassen worden, ich bin abgetrennt von allem, ich trage diese alte Wunde immer noch mit mir (Gefühle haben keine Halbwertzeit, genauso wenig wie Gedanken!) und ich spüre damals wie heute diesen emotionalen Verlust auf besondere (schmerzhafte) Weise."* So entsteht im Innersten das Gefühl eines wesentlichen Makels, ein Gefühl, dass es keine Hoffnung mehr gibt, dass man es nie wirklich schaffen wird, dass man nie wieder verbunden sein wird mit sich oder auch mit den Menschen im Umfeld, dass man letztlich einsam ist und bleibt und vielleicht auch, dass man als Mensch so nicht viel taugt. Diese Gefühle sind allerdings mehr oder weniger unbewusst, zunächst kann man also nicht erwarten, dass jeder **Ignatia-Patient** sich so oder ähnlich äußert, es sei denn, er hat schon viel Selbsterkenntnisarbeit hinter sich gebracht. Aus diesen eben genannten Gefühlen der innerlichen Unzulänglichkeit und mangelnden Verbundenheit mit anderen entsteht kompensatorisch das fiktive Selbstbild des **Typs 4**, welches diametral entgegengesetzt ist, also in etwa: *Ich bin etwas ganz Besonderes, ich bin besser als andere oder ich fühle tiefer als meine Mitmenschen, ich bin sehr kreativ, habe Klasse und Stil.* Das im Innersten vorhandene Gefühl der Verlassenheit und des Abgetrenntseins führt im Rahmen der Projektion dazu, dass der Patient im **Ignatia-Zustand** das Gefühl entwickelt, vom Verlust gezeichnet und deshalb einzigartig, ja etwas Besonderes, sozusagen ein besonderes Individuum zu sein. Daraus resultieren die zahlreichen Ansprüche gegenüber dem Leben und die ständige Sehnsucht nach dem Ideal. So versucht **Typ 4** ständig, den damals verlorenen individuellen Ausdruck seines Seins zu imitieren, was natürlich nicht möglich ist. Wir werden ja alle, unabhängig vom Enneagrammtyp, als Originale geboren und sterben allzu häufig als Kopien, das gilt insbesondere für **Typ 4**, der dies auch in lichten Momenten seines Daseins genauso empfindet. Ist man als Therapeut aufmerksam, kann einem diese besondere Art des **Ignatia-Patienten** eigentlich nicht entgehen. Er gibt sich vielleicht oberflächlich oft anspruchslos, ja selbstlos, hält sich emotional bedeckt. Doch schon bald spürt man hinter der Fassade dieses Anspruchsdenken, dieses Gefühl, etwas ganz Individuelles oder Außergewöhn-

liches zu sein, diese Sehnsucht nach allen möglichen idealen Lebensumständen (dem idealen Partner, der idealen Lebensweise, der idealen Ernährungsweise, der idealen Suche nach Erleuchtung usw…, vgl. dazu die entsprechenden Gemütsrubriken *„Wünsche", „Wunscherfüllung" und „Wunschwelt")*. Dahinter steckt immer der unbewusste Versuch, sich selbst zu erkennen und wieder eine Verbindung zum eigenen Ursprung herzustellen. Ich behandelte eine Patientin und hatte den Verdacht auf einen **Ignatia-Zustand**. Ich fragte sie, ob sie sich wohl als anspruchsvoll bezeichnen würde. Sie blickte mir unschuldig und tief in die Augen und erwiderte, das sei überhaupt nicht ihr Stil, sie würde im Gegenteil sehr anspruchslos sein. Dann fragte ich sie, wie viele Kleidungsstücke und Schuhe sie besäße und wo sie diese regelmäßig kaufen würde. Daraufhin meinte sie, das sei ja ein anderes Thema, natürlich besäße sie schöne Kleidung und auch viele Schuhe, aber sie sei halt eine Frau! Nun, sie kaufe aber alles immer sehr bedacht und überlegt, aber bei Schuhen würde sie sich - so gab sie schließlich zu - durchaus in den Schaufenstern die teuren Markenschuhe anschauen, die sie sich eigentlich nicht leisten könne. Aber dann würde sie immer einmal wieder im Laufe der Monate an diesen Geschäften vorbeigehen, bis diese teuren Schuhe schließlich vom Preis deutlich heruntergesetzt würden. Dann würde sie zuschlagen! Da würde sie also sehr wohl auf Qualität achten! Es stellte sich im Laufe des Gesprächs heraus, dass sie eigentlich immer nur sehr hochwertige Artikel kaufe, was aber für sie so normal erschien, dass sie sich trotzdem eher als anspruchslos bezeichnen würde. Hätte sie aber mehr Geld zur Verfügung, würde sie dementsprechend auch wertvollere Artikel kaufen. Man sieht, dass man Informationen von Patienten immer auch hinterfragen und in eine gewisse objektive Relation setzen sollte und nicht alles für bare Münze nehmen kann, was der Patient im Rahmen der Anamnese äußert, denn er macht dies aus seiner unbewussten verzerrten Sichtweise auf die Welt heraus, die ihren Ursprung eben in seiner ihm verborgenen Grundleidenschaft findet. **Ignatia** war in diesem Falle das Mittel der Wahl und heilte die jahrelange Migräne dieser Patientin dauerhaft. Der **Ignatia-Patient** kommt häufig zu spät, sieht einen oft (längere Zeit) nicht direkt an, hat oft eine exaltierte Sprache sowie eine übertriebene extravagante Gestik, sitzt im Praxisstuhl meist zurückgelehnt oder aber rückt den Stuhl so weit wie möglich zurück, neigt seinen Kopf oft leicht zur Seite, runzelt ähnlich wie *Typ 5* auffällig oft seine Stirn *(Rubrik: Neigung zum Stirnrunzeln, „bewölkte Stirn")* und verliebt sich leicht in den Therapeuten. Es herrscht bei diesen Patienten aufgrund der *Leidenschaft des Neides* insgesamt das *Prinzip des falschen Mangels*, also das innere *Empfinden eines Zuwenighabens* in allen möglichen Lebensbereichen.

4.4 Darstellung des homöopathischen Arzneimittels Ignatia amara

Dr. Samuel Hahnemann (1755 - 1843), der Begründer der Homöopathie, beschreibt das **Heilmittel Ignatia amara** in der Ur-Quelle aller homöopathischen Arzneimittellehren, seinem Werk *„Reine Arzneimittellehre - Band 2"* aus dem Jahre 1825 anhand von Prüfungssymptomen wie folgt: *„Angst, als wenn man etwas Böses begangen hätte, Ängstlichkeit, geht ganz offen, verdutzt, verblüfft einher, kann nicht reden vor Angst, kann nicht so, wie er will, will alles besser machen, viel geschäftig, nimmt sich mal dies, mal jenes vor, unruhig, stumpfsinnig, mit Neigung zur Eile, denkt, er könne nicht fort, könne nicht gehen, furchtsam, zaghaft, traut sich nichts zu und hält alles für verloren, Furcht vor Dieben nachts, ungemein schreckhaft, fürchtet sich vor jeder Kleinigkeit, vor allem vor sich*

ihm nahenden Gegenständen, Dreistigkeit, geringer Tadel oder Widerspruch erregt ihn bis zum Zanke und er ärgert sich selbst dabei, von geringem Widerspruch wird er aufgebracht und böse, schnell vorübergehende Verdrießlichkeit und Böse sein, abends unzufrieden, mürrisch, eigensinnig, man kann ihm nichts recht machen, tadelt und macht Vorwürfe, Unbeständigkeit, Ungeduld, Unentschlossenheit, Zank, unglaubliche Veränderlichkeit des Gemüts, bald spaßt und schäkert er, bald ist er weinerlich, verlangt unschickliche Dinge und weint laut, wenn man sie ihm versagt, wenn man ihr etwas verweigert, weint sie laut, vernunftwidriges Klagen über allzu starkes Geräusch, heimliche, leise Stimme, kann nicht laut reden, Verlust der gewöhnlichen Heiterkeit und Munterkeit, vermeidet, den Mund aufzutun und zu reden, eine Art Apathie oder Schlummer, Gleichgültigkeit gegen alles, stille, ernsthafte Melancholie, zu keiner Aufheiterung oder Unterredung zu überreden, still vor sich hin, innerlich, ärgerlich und grämlich, sitzt scheinbar in tiefen Gedanken, ist aber völlig gedankenlos dabei, fixe Ideen von Musik und Melodien abends vor und nach dem Niederlegen, fixe Ideen in Gedanken und reden, denkt wider Willen kränkende, ärgerliche Dinge und hängt ihnen nach, zärtliches Gemüt mit sehr klarem Bewusstsein, Feinfühligkeit mit zarter Gewissenhaftigkeit, wehmütig."

TYP
4

4.5 Psychologisches Verhalten des Enneagrammtyps 4

Psychologisches Verhalten Typ 4: *Depressiv: Typ 4 muss, in dem er sich in die gesunde Richtung seines Entspannungspunktes der 1 entwickelt lernen, sein inneres Gefühlschaos zu ordnen und diszipliniert sein Leben zu meistern, um insgesamt weniger emotional und innerlich strukturierter zu werden!*

Ü
106
107
108

Projektionen im Streit Typ 4: Hält andere für verloren, hoffnungslos, missgünstig, neidisch, untauglich, einsam, traurig, abgeschnitten vom Leben.

Psychologisches Muster: Emotionen werden ins Gegenteil verkehrt und unterdrückt.

Psychologische Lösung: *Zeige deine wirklichen Gefühle und Verletzungen! Erkenne, wie du deine Emotionen ins Gegenteil verkehrst und unterdrückst!*

4.6 Charakterfixierung (wesentliche psychische Merkmale der Charakterstruktur) bei Typ 4

Ü
112
115
116
128
129
130

Oral-aggressiv (masochistisch) - *Neid und der depressiv-masochistische Charakter:* Neid, schlechtes Selbstbild, Konzentration auf Leid, auf andere zugehend, fürsorglich, emotional, streitbare Arroganz, Vornehmheit, starkes Über-Ich, künstlerische Interessen, sich selbst verstehen wollen als Ausdruck der Leidenschaft des Neides.

4.7 Die energetische Ausstrahlung von Typ 4

Traurig, unzufrieden, unerreichbar, feinnervig, schwermütig, seufzend, melancholisch, überspannt, elitär, anspruchsvoll, freundlich, sentimental, sensibel, „nicht von dieser Welt", „rühr-mich-bitte-an-aber-nur-aus-der-Ferne", mürrisch, kapriziös, in sich gekehrt als Ausdrucksform der Leidenschaft des Neides.

Ü
117
118
119

Blickqualität: Melancholisch, traurig, verloren, tief-emotional, nach innen gerichtet, tiefträumerisch - tendenziell warm

4.8 Beschreibungen der Persönlichkeit von Typ 4

108
109
110
111

Der Selbstorientierte, der außergewöhnliche Individualist, der Ästhet, der Anspruchsvolle, der Romantiker, der Außergewöhnliche, der sensible Betroffene, der Neidische, der Missgünstige, der sensible Künstler, der kreative Idealist, der Besondere, der kreative Individualist (selbsterhaltender Untertyp 4), der Kunsthandwerker (selbsterhaltender Untertyp 4), die Furchtlosigkeit (selbsterhaltender Untertyp 4), der Unerschrockene (selbsterhaltender Untertyp 4), die Zähigkeit (selbsterhaltender Untertyp 4), der Kritiker (sozialer Untertyp 4), der diskriminierende Beurteiler (sozialer Untertyp 4), der kritische Kommentator (sozialer Untertyp 4), die Scham (sozialer Untertyp 4), der Dramatiker (sexueller Untertyp 4), die „Drama-Queen" bzw. der „Drama-King" (sexueller Untertyp 4), der Wettstreit (sexueller Untertyp 4), die Rivalität (sexueller Untertyp 4), der Hass (sexueller Untertyp 4)

TYP
4

4.9 Dynamik von Gesundheit & Krankheit bei Typ 4, der neidischen Persönlichkeit

126
146

Das *Bedürfnis, sich selbst zu verstehen* führt im normal bewussten Zustand dazu, dass *Typ 4 sich permanent selbst untersucht.* Wenn der Fokus aber ständig auf *„Selbstverständnis"* gerichtet ist, geht der Weg von *Typ 4* auch sehr schnell in Richtung *Unbewusstheit (Krankheit),* indem er *sich zu stark mit anderen vergleicht,* „Nabelschau" betreibt, *in Phantasien schwelgt* und damit die Furcht, mangel- oder fehlerhaft zu sein, zunimmt.

4.10 Positive Eigenschaften von Typ 4

120

Selbstachtung und Schönheit: Warmherzig, intuitiv, hilfsbereit, mitfühlend, verinnerlicht, ausdrucksvoll, schöpferisch, differenziert, sensibel, authentisch, tiefgehend, Sinn für Stil und Ästhetik, selbstbewusst, ernsthaft und witzig, emotional stark, sanft, verspielt, leidenschaftlich, offen, geht leicht Bindungen ein.

4.11 Negative Eigenschaften von Typ 4

121

Neidisch, melancholisch und rätselhaft: Deprimiert, schuldbeladen, emotional unsicher, in sich gekehrt, stur, launenhaft, moralpredigend, nur mit sich selbst beschäftigt, hasst sich selbst, hat zu hohe Erwartungen, Gefühl von Leere und Verlassenheit, verzweifelt, zu gefühlsintensiv, selbstgerecht, betreibt Nabelschau, übermäßig kritisch.

4.12 Gestik und Mimik von Typ 4

122

Gestik: *Extravagante Gesten* = elegante Handbewegungen, ausladende Handgesten, ausdrucksstarke Bewegungen, die aber etwas verloren wirken, Gestik drückt letztlich immer auch die innerlich vorhandene Leidenschaft des (versteckten) Neides aus.

Mimik: *Gefühlsintensiv, „tiefer" emotionaler Blick* = „tiefer", emotionaler Blick, sehnsüchtig, ästhetische, ebenmäßige Gesichtszüge, Blickqualität sensibel-verletzlich, verloren, geheimnisvoll, verzweifelt, traurig, versteckt aggressiv, wirkt oft „nahe am Wasser gebaut", verzogen, gefühlsverwirrt, mitunter emotional chaotisch, melancholisch, sentimental, unnahbar, sehnsüchtig, verborgene Gefühle ahnen lassend, stellt Gefühle umgewandelt dar, versteckt den Neid.

4.13 Ego-Fixierung von Typ 4

Ego-Neid - Zwanghafter Neid führt bei *Typ 4 dazu, nie mit dem Gegenwärtigen zufrieden zu sein*, sondern *stets einer glücklichen Zukunft nachzujagen*, befindet sich in der *Sackgasse eines trügerischen Ideals von Authentizität* (= Falle).

4.14 Spezielle Angst (Grundangst) von Typ 4

Grundangst *(Hauptangst)* **Typ 4**: *Vor der eigenen Unzulänglichkeit, defekt, fehlerhaft, unvollständig und mangelhaft zu sein, verlassen zu werden, sich selbst nicht mehr zu verstehen, vor emotionaler Entgleisung, schlechter dazustehen als andere, sich individuell nicht ausdrücken zu können, verloren und abgeschnitten vom Leben zu sein!*

4.15 Krankheitszustand von Typ 4

Im emotional-verwirrten Zustand zieht er sich enttäuscht von den Menschen zurück wie eine **ungesunde 2** *(siehe Verbindung 2-4), stellt sich nach außen falsch dar* wie eine **ungesunde 3** (siehe 3er-Flügel der 4), *wird einseitig selbstgerecht und rechthaberisch* wie eine **ungesunde 1** (siehe Verbindung 1-4) und *fühlt eine innere Leere* wie eine **ungesunde 5** (siehe 5er-Flügel der 4).

4.16 Gesundheitszustand von Typ 4

Verliert die Bestrebungen, sich selbst verstehen zu müssen, glaubt an seine Güte, erzeugt für sich selbst moralische Prinzipien und Richtlinien wie eine **gesunde 1** (siehe Verbindung 1-4), *zeigt sich nach außen selbstbewusst und ausdrucksstark* wie eine **gesunde 3** (siehe 3er-Flügel der 4), *entwickelt eine sich um andere sorgende und hilfsbereite Einstellung* wie eine **gesunde 2** (siehe Verbindung 2-4) sowie *spontane Kreativität und die Fähigkeit, über seine Emotionen zu reflektieren* wie die **gesunde 5** (siehe 5er-Flügel der 4).

4.17 Therapeutische Tipps im Umgang mit Patienten vom Typ 4

Dieser Typ fühlt sich oft nicht verstanden vom Therapeuten, entweder 1. dadurch, dass ihm der Therapeut seines Erachtens zu schnell Interpretationen anbietet, zusammenfasst oder ähnliches in Bezug auf sein Leiden, sodass er zu dem Schluss kommt, *nicht gesehen und nicht verstanden zu werden*, denn *Typ 4* erlebt in seinem Inneren so viel Komplexität und Widersprüchlichkeit, dass das nicht leicht und schnell zu verstehen ist, auch nicht von einem Therapeuten oder aber 2. der Therapeut die Introspektion, Tiefe und das Leid von *Typ 4* empathisch miterlebt, denn das ist oft „das Spannende" für Therapeuten und *Typ 4* wie ein „rohes Ei" behandelt, was auch nicht sehr förderlich für eine professionelle Therapie ist. Vielmehr sollte man als neutraler, rein wahrnehmender und emotional-unbeteiligter Beobachter des Geschehens agieren, viel Geduld aufbringen, auch beim Aufbau eines stabilen Patienten-Therapeutenverhältnisses; *Typ 4* sollte dabei die emotionale Gesundheit und Stabilität des Therapeuten erkennen können, ebenso die emotionale Transparenz und Verfügbarkeit des Therapeuten und dessen Bereitschaft, eventuelle Fehler zuzugeben (die aus Sicht von *Typ 4* schnell gemacht sind).

Ü
123
124

Ü
125

TYP
4

Ü
105
106
107
110
111
112
113
115
119
126

Ü
127

4.18 Psychologischer Abwehrmechanismus von Typ 4

(Künstliche) Sublimierung/Introjektion! Gefühle und Impulse werden erhöht und verfremdet in Bildern und Metaphern. Die Introjektion besteht darin, idealisierte Bilder aus der Außenwelt in das eigene Gedanken- und Gefühlssystem aufzunehmen, sie als etwas Eigenes zu erleben und anzustreben. Dabei wird z.B. eine besondere, andere Person idealisiert oder aber ein Objekt, „ausgesprochene" oder vermutete Meinungen oder Urteile von (wertvollen) anderen Menschen. Dadurch kann das ideale Selbstbild aufrechterhalten werden: *„Ich bin ein besonderer, einzigartiger Mensch!"*

4.19 Die Ausdrucksformen des Neides und die zu bearbeitenden Themen von Typ 4

Die **Ausdrucksformen** des *Neides, der Missgunst, der Melancholie, der Trauer* beim **Ignatia-Patienten** sind a) Schlechtes Selbstbild b) Konzentration auf Leid-Masochismus c) anhänglich d) fürsorglich, emotional e) vornehm, arrogant künstlerisch.

Die **zu bearbeitenden Themen** bei **Typ 4** sind: Erdung, Abweisung und Verlangen, Scham, Melancholie und Depression, Introjektion (vgl. auch unter 4.18).

4.20 Erlösende Aufforderung an Patienten vom Typ 4 und Anregungen zur Entwicklung

Erlösende Aufforderung: Es fehlt dir überhaupt nichts - vertraue!

Anregungen zur Entwicklung: Seelische Balance wiederfinden, in der Gegenwart leben und dort verweilen, das Normale, Gewöhnliche akzeptieren, Selbstliebe sowie Nächstenliebe praktizieren, Wünsche als tatsächlich erfüllt ansehen, die eigenen Wunden sowie die allgemeine Sensibilität und Verletzlichkeit als Teil der menschlichen Verletzlichkeit an sich betrachten und nicht alles so persönlich sehen, Kunst und Alltäglichkeit in Verbindung bringen, die alten Verletzungen mit Gleichmut anschauen und innerlich mit der Vergangenheit abschließen, Authentizität entwickeln, Neid und Missgunst in sich erkennen und reflektieren! - *„Verhindere dein wahres Glück nicht durch deine ständige Sehnsucht nach etwas nicht Vorhandenem!"*

4.21 Die Bewusstheitsstufen des Ignatia-Patienten (Typ 4)

Verborgene Thematik: *Neid, sich selbst verstehen* - 1. **Selbstzerstörerischer** (= *total unbewusst*) 2. **Emotional Leidender** (= *sehr unbewusst*) 3. **Selbstentfremdeter Depressiver** (= *normal unbewusst*) 4. **Schwacher Ästhet** (= *leicht bewusst*) 5. **Selbstverliebter Introvertierter** (= *normal bewusst*) 6. **Phantasievoller Künstler** (= *stärker bewusst*) 7. **Sich Offenbarender** (= *deutlich bewusst*) 8. **Intuitiv Lebender** (= *sehr bewusst*) 9. **Inspiriert Schöpferischer** (= *total bewusst*)

4.22 Die heiligen (erlösenden) Ideen des Enneagrammprinzips des Enneatyps 4

Die *heilige Originalität (heiliger Ursprung)* ist die Einsicht des *Typs 4* in den vollendeten Ursprung des eigenen Seins; sie bereitet der neidischen Suche nach Authentizität ein Ende. Es gibt keine Trennung zwischen mir und dem Ursprung und den Dingen mit dem Ursprung.

5. Das homöopathische Heilmittel für Enneatyp 5: Stramonium (Stechapfel)

Stramonium wird aus dem **Stechapfel** gewonnen, der zur Familie der Nachtschattengewächse, Solanaceae, gehört. Weitere Arzneimittel dieser Familie sind u.a. **Hyoscyamus niger** *(Mittel für Enneatyp 2)* und **Belladonna** *(Mittel für Enneatyp 7)*. Nachtschatten stehen uns Menschen sehr nahe, es sind Menschenkräuter und sie leben nicht ohne Zusammenhang mit uns. Wir teilen ihnen unser Wesen mit, wie sie uns zuzeiten heimsuchen. Wir besitzen all das, was ihnen innewohnt. Was sie in den homöopathischen Arzneimittelprüfungen verursachen, kennen wir Menschen auch ohne die Giftwirkung und so wirken die Mittel gerade bei diesen außergewöhnlichen Gemütszuständen: Wutrausch, Beklemmungen, Delirien, Schmerzen und Ängste, die feurigen Wünsche, das wollüstige Verlangen. Blut, Leiden und Wunden wollen wir sehen, wir genießen den Schrecken und kennen die Leidenschaften in dem tiefen, glanzlosen Brunnen der Menschenseele. Wir kennen unsere inneren Dämonen oder die unserer Mitmenschen, diese
Tausendfüßler, diese Asseln und Kröten unseres Inneren - wir werden im Rahmen unseres Menschseins nicht davon verschont. Sie gehören zu uns wie auch die heitere erhabene Welt zu uns gehört, die aber im Rahmen der Polaritäten des Lebens nicht bestehen kann, wüssten wir nicht um die bitteren Schatten der Nacht. Die Größe von **Datura stramonium**, so ihr botanischer Name, ist in ihrer Größe sehr variabel, vom Zwergenformat von ca. 15 cm bis hin zur stattlichen Größe von ca. 1 m. Auf kalk- und stickstoffreichem Grund, wie Misthaufen, Müllkippen, Straßenböschungen und Bauernhöfen kann sich ihre Größe sogar verdoppeln. Die Blütenhülle endet in fünf spitzen Zipfeln. Diese eigentümlichen Spitzen sind den Zipfeln von Narrenkappen sehr ähnlich. Die Pflanze produziert eine überschießende Menge an Samen, die eine bemerkenswerte Überlebensfähigkeit besitzen, die Fruchtkapseln stehen aufrecht. Bei Testungen ergab sich, dass über 39 Jahre gelagerte Samen zu 90 % aufkeimten. „Datura", der Gattungsname, ist die arabische Bezeichnung des **Stechapfels**. „**Stramonium**", der Beiname, ist aus den griechischen Wörtern „**strychnon**" und „**manikon**" entstanden, was übersetzt „wahnsinnig machend" bedeutet und auf die Giftwirkung Bezug nimmt. **Stramonium** hat weiße, trompetenartige Blüten und die mit Stacheln bewährten Früchte erinnern an die Morgensterne der Schweizer Landsknechte, mit denen sie auf die Helme ihrer Gegner furchtbar schwingend einschlugen und sie samt des zu schützenden Schädels zertrümmerten. Das Mittel **Stramonium** hat also auch eine große Affinität zu *Gewalt* und auch zum *Wahnsinn*. Daran erinnert auch die Geschichte des großen Schweizer Homöopathen *Rudolf Flury*, als der kräftige Knabe Bruno zu ihm gebracht wurde, der seit Wochen an einem „wahnsinnigen" Husten litt, den bislang keine medizinische Kunst bändigen hatte können. Neunmal benutzten die berichtenden Eltern das Wort „Wahnsinn", sodass es nicht zu überhören war, dass hier offenbar das „wahnsinnigste" Mittel der Homöopathie infrage kam, was dann auch prompt den Husten auf, wie *Samuel Hahnemann* es von einer wirklichen Heilung forderte, *„kürzestem, zuverlässigsten und unnachteiligsten Wege"* besänftigte und schließlich heilte. **Stechapfel** findet man auch ziemlich häufig auf Friedhöfen, wo er in aller Regel umgehend ausgehackt wird. **Stramonium** hat von allen Nachtschattengewächsen die stärkste Beziehung zu den Dingen, die mit dem *Tod* zu tun haben: Tod, Scheintod, fast tot, Todesgefahr, Todesschreck, Todesangst, Todesbeklemmung, Totschlag, tot beißen, dem Tod in die Augen blicken etc. **Stramonium-Patienten** leben in einer beängstigenden Welt. Überall

drohen Gewalt und Gefahr. Angst ist ein Feind, ein gewaltiger Gegner und zugleich ein auch ein guter Lehrmeister. Nach einer Überlieferung war der **Stechapfel** ursprünglich der *Baum der Erkenntnis von Gut und Böse.* Die Schlange, die sich über ihre Vertreibung aus dem Paradies ärgerte, soll sich um den Baum geschlungen haben, wodurch dieser zu einem giftigen Zwergengewächs schrumpelte. Seine verführerischen Äpfel schrumpften ebenso und wurden so zu Stechäpfeln, wobei die Stacheln Zähne darstellten, mit denen die Schlange die Frucht vom Baum nahm und Eva gab. Das saftige Fruchtfleisch wurde verdörrt zum tödlich wirkenden Teufelsapfel. Die wirksamen Bestandteile von **Datura stramonium** sind die tropanen Alkaloide *Atropin, Scopolamin* und *Hyoscyamin.* Die Samen sind äußerst giftig. Die Symptome einer Stechapfelvergiftung erscheinen in aller Regel nach ca. 30 - 60 Minuten und können 1 - 2 Tage anhalten. Die ersten Symptome zeigen sich in trockenen Schleimhäuten, Durst, erschwertem Schlucken und Sprechen, Verschwommensehen und Lichtscheue. Dann folgen trockenes Fieber, Verwirrtheit, Agitiertheit, Urinretention, Krämpfe und Koma. In fast allen Fällen treten visuelle und taktile Halluzinationen (Insekten und andere Tiere, von krabbelndem Ungetier), unvernünftiges Verhalten und Gedächtnisverlust (Amnesie). Das unvernünftige Verhalten besteht aus komischen Absurditäten oder aus wahnsinniger Raserei. Indische Prostituierte benutzten die Pflanze zu ihrem Vorteil, indem sie es vortrefflich verstanden, die Dosierung genauestens auf die Zeit abzustimmen, für die der Kunde bezahlt hatte. So verschafften sie ihm Schlaf anstelle von Sex, der Gedächtnisverlust übernahm den Rest. Auf Haiti kennt man **Stramonium** als *„Concombre zombi"*, die *„Zombiegurke".* Man betäubte damit die Opfer und veränderte sie so zu willenlosen Sklaven (Zombies). Die berüchtigten *„endormeurs"* der französischen Revolution boten ihren Opfern Schnupftabak aus Stechapfelsamen an und raubten dann den Betäubten aus. In der westlichen Welt wurde **Stramonium** als *Teufelskraut* und *Hexenkraut* abgestempelt. Mexikanische Indianerstämme benutzen **Datura stramonium**, um bei Mädchen und Jungen in der Pubertät Visionen zu wecken, die ihnen für den Rest ihres Lebens helfen können. Das Tier, das während des Rausches gesehen wird, wird das geistige Vorbild oder das sog. *„Totemtier"* des Pubertierenden. Dieses Tier darf niemals getötet werden, weil es bei Krankheit oder Unfällen als Heiler oder Retter erscheinen kann. Die Mexikaner verwendeten die Pflanze auch als *Medizin* gegen verschiedene Erkrankungen, vor allem äußerlich gegen rheumatische Beschwerden, Schmerzen und Schwellungen. **Stechapfel** besitzt krampfstillende Eigenschaften und wurde daher in der alten Welt bei Krampfzuständen verschiedenster Art angewandt: Epilepsie, Bauchkrämpfe, Leber- und Nierenkoliken, spastischer Husten, Keuchhusten, Tetanus und Lachkrämpfe. Sehr bekannt ist die Verarbeitung der Blätter zu *Anti-Asthma-Zigaretten.* Der **Stechapfel** ist neben der *Tollkirsche* (Belladonna = *Typ 7-Heilmittel*) und dem *Schlafmohn* (Opium = *Typ 6 Heilmittel*) vor allem eine homöopathische Arznei gegen zahlreiche Ängste. Vor allem die *Kopftypen* des Enneagramms **Typ 5, Typ 6** und **Typ 7** produzieren unbewusst gewaltige Angstpotenziale in unsere Gesellschaft und damit eine verstärkte Angstresonanz, die von Jahr zu Jahr zunimmt. Nach dem homöopathischen Gesetz *„Ähnliches heilt Ähnliches"* sind die heutzutage immer beliebter werdenden *Horror- und Kriegsfilme* verständlich, in der die Welt immer bedrohlich und feindlich erscheint und die den verzweifelten letztlich zum Scheitern verurteilten Versuch der ängstlichen Menschen darstellen, die Angst zu bewältigen

oder zu überwinden. Denn die bedrohlichen Situationen werden durch die Ängste in uns erschaffen, nicht umgekehrt. Der Mensch aber fürchtet die Umwelt, anstatt sich selbst und seine irrationalen Ängste in sich zu erkennen. Erkennt der Mensch durch die Gabe des entsprechenden homöopathischen **Enneagramm-Heilmittels** nach und nach, dass in ihm selbst die Angst herrscht, kann er sich mit ihr vertraut machen und sie dadurch zur Auflösung und Heilung bringen. Stattdessen erschafft sich die Menschheit im außen z.B. durch die besagten Horrorfilme, aber auch sonst durch eine Welt des Schreckens, des Krieges und der Feinschaft eine immer größere Projektionsfläche für ihre unerlösten Ängste, wodurch diese tendenziell immer weiter ansteigen bzw. zunehmen, sowohl im Außen als auch in jedem einzelnen selbst.

5.1 Homöopathische Leitsymptome von Stramonium

- Starke Ängste (extrem ängstlich), Autismus, Depression, stereotypes Verhalten, extrem intellektuell, Introvertiertheit, Gefühle von Unzulänglichkeit, Einsamkeit und Verlassenheit, Zurückgelassenheit, Zurückgezogenheit, Gewalt, voller Aufregung und Wut, heftig wie ein Erdbeben, maskiert Gewalttätigkeit, Wut führt zu Untaten, glaubt, dass man ihn nicht liebt, Vorstellung, er stehe mit Gott in Verbindung, abergläubisch, fühlt sich von anderen aufgegeben, Gefühl, dass er immer allein sei, dass er ein Teufel sei, dass er verwundet wird
- Gefühl, sie/er sei allein in der Wildnis, die Welt erscheint bedrohlich und feindlich, Gefühl, arm zu sein, Verlangen nach Gesellschaft und Sonnenlicht, hilflos wie ein alleingelassenes Kind, kann die Umgebung nicht erkennen und klammert sich an Personen, Dingen und Situationen fest, Angst vor Dunkelheit und Verlangen nach Licht, innere Unsicherheit, Hoffnungslosigkeit, Resignation, Furcht vor drohender Verletzung oder Angriff, Entsetzen, Anhänglichkeit, Verschlossenheit, Tod, Leblosigkeit, Bedürfnis, sich zu verschließen, Verwirrung zwischen Realität, Leben und Tod; halb lebendig und halb tot, Gefühl, im Stich gelassen worden zu sein
- Verschlimmerung in der Nacht und durch Dunkelheit, nächtliche Panikattacken
- Furcht vor dem Bösen, vor Tieren, jagt eingebildeten Dingen nach, blickt zur Seite
- Gefühl, dass ihr/ihm viele Dinge fehlen (existenzielles Mangelgefühl), sie/er sei nicht geeignet für ihre/seine Stellung, zeigt ihre/seine Wünsche durch Gesten (nonverbal) an
- Tappen (Tasten) im Dunkeln, macht Gebärden seiner gewohnten Beschäftigung, ständiges Nicken des Kopfes wie bei einer Bejahung, der Kopf drängt sich nach vorn statt nach hinten, wilder Blick, erweiterte Pupillen nach Vorwürfen, Hitze im Gesicht, schwieriges Schlucken mit Stechen im Schlund, Neigung zum Stirnrunzeln
- Entfremdung, Isolation, mutterseelenallein, starke Gefühle von Dualität
- Will nicht angesehen werden und weicht den Blicken anderer aus, geistige Verwirrung (= „neben der Kappe sein!"), Weinen bei Berührung, Vorstellung, arm zu sein, Gefühl, sein Ehepartner sei untreu, Abneigung gegen alles Düstere
- Zurückgezogenheit nach Vernachlässigung oder Missbrauch, religiöses Verlangen, den ganzen Tag in der Bibel zu lesen, die ganze Nacht zu beten, Unverschämtheit in Handlungen, Gefühl, der Körper sei in zwei Teile zerschnitten, leblose Gegenstände seien Personen oder ihm würde nachgestellt von Feinden

- Schlaflosigkeit infolge Gedankenzudrangs (schon bei Kindern), Weinen in der Dunkelheit
- Hüftgelenksbeteiligung *(Arthritis, Arthrose, Verschleißerscheinungen etc.)*
- Aggression, Gewalt, Krämpfe, Ängste, Zuckungen und Empfindlichkeit gegen Licht und Dunkelheit, vergeistigt, emotionsarm, zieht sich in sich selbst zurück
- Kann nicht geben, hält alles zurück, Angst, ausgenommen zu werden, Gefühl, sie/er sei verdammt, Furcht vor Armut, klammern und horten beständig, verstecken sich, Neigung zum Rückzug und zu Resignation, Leben aus der Distanz, Second-hand-Leben, Kontaktverlust, Furcht, aufgefressen, verschlungen zu werden, soziale Distanz, bleibt auf dem Beobachterposten, Wissensdurst, voller Bücherweisheit, isoliert und entfremdet

5.2 Heilmittel für Typ 5 nach der sog. Signaturenlehre

Homöopathisches Arzneimittel Typ 5: Stramonium (Stechapfel): *Behaarung lässt an älteren Pflanzen kreisförmig nach, Stengel ist kahl, besitzt auch unbestachelte Kapseln, isolierter Standort, stachelig, entfremdet, abgehoben, kopfbetont, narkotisierende Wirkung auf den Geist, Samenkapsel zur Sonne gerichtet, solarische und lunarische Pflanzenqualitäten, Selbstbestäuber, nicht winterhart, hat große Ansprüche, zunächst braucht die Pflanze Sonne, danach wächst sie auch im Halbschatten, duftet unangenehm, häufig als Ackerunkraut zu finden, Neophyt - botanisch = gebietsfremde Pflanze, gehäuft auf früheren Schlachtfeldern, wo viel Blut geflossen ist und schreckliche Gewalttaten geschehen sind, zu finden; Nachtschattengewächs*

5.3 Zentrale Sichtweisen, Motivationen und Vorstellungen des Stramonium-Patienten (Typ 5)

Die zentrale Idee oder die zentralen Themen von **Typ 5 des Enneagramms** oder des Patienten im **Stramonium-Zustand** sind:

Wissen - Rückzug - Isolation, die in der Folge zur Autarkie führt - Beobachten - Habgier, die in der Folge zu Mangel und Resignation führen - geistige Überlegenheit

Häufig begegnen wir bei (reinen) gemütsorientiert arbeitenden Homöopathen *(siehe dazu auch die ausführliche Beschreibung dieser homöopathischen Richtung im 1. Band zur Enneagramm-Homöopathie)* dem Einwand, dass Patienten im **Stramonium-Zustand** doch ganz offen seien, sich nicht unbedingt zurückziehen würden und irgendwie freundlich daherkommen, nicht so griesgrämig und emotional zurückgezogen, wie es die zentralen Ideen des Mittels nach der **Enneagramm-Homöopathie** vermuten lassen. Allerdings kommt der **Stramonium-Patient** häufig zu uns in einer Stresssituation, in der **Typ 5** in Richtung *Typ 7* tendiert und dann in der Tat zahlreiche typischen *Belladonna-Symptome bzw. -verhaltensweisen* in Form z.B. einer vordergründig freundlichen Wesensart zeigt, sodass wir bei alleiniger Anwendung der gemütsorientierten Homöopathie ohne das Hintergrundwissen der **Enneagramm-Homöopathie** und ohne Berücksichtigung der Dynamik des Enneagramms an sich vorschnell nur nach den entsprechenden Rubriken des Gemüts *Belladonna* verordnen, was aber langfristig nicht heilend wirken kann, sofern wir es mit **Typ 5** im vordergründigen, akuten Kleid von *Typ 7* zu tun haben. Darüber hinaus sollten wir uns bewust machen, dass in vielen von uns im Rahmen der gemütsorientierten Homöopathie verwendeten Gemütsrubriken sowohl *Belladonna* als auch **Stramonium** verzeichnet sind genau aus diesem eben genannten Grunde und auch aufgrund der botanischen Ähnlichkeit und Verwandtschaft im Rahmen der gemeinsamen Gattung der

Nachtschattengewächse. Dementsprechend stehen beide Mittel auch häufig gemeinsam in denselben Gemütsrubriken unserer homöopathischen Repertorien. Daher werden diese eng verwandten homöopathischen Heilmittel außerhalb der **Enneagramm-Homöopathie** häufig miteinander verwechselt, denn nur in letzterer Art der Homöopathie kann eine deutliche und nachvollziehbare Differenzierung nach *Leidenschaft* und *Motivation* der trotz ähnlicher Gemütsrubriken doch sehr unterschiedlichen menschlichen Charaktere vorgenommen werden.

Aber nun zum **Stramonium-Thema** an sich: Wie wir wissen gehört **Typ 5** des Enneagramms zu den *sog. Angst-Punkten*. Bei Patienten im **Stramonium-Grundzustand** haben wir sozusagen den Prototypen des Denkers vor uns, der in der Regel hauptsächlich in seinem Kopf, also in der „obersten Etage" lebt, stark abgetrennt von seinen Gefühlen. Bei den Vorstellungen/ Wahnideen sehen wir viele, die genau dieses Gefühl der Abgetrenntheit widerspiegeln. Hintergrund dafür ist eine seit der Kindheit innerlich empfundene große Angst, mitunter ausgelöst durch ein *Kindheitstrauma*, manchmal ist diese große Angst aber einfach ohne erkennbaren Grund vorhanden. Wir alle haben als Kinder gewisse traumatisierende Erfahrungen gemacht, auch wenn es „nur" die Erfahrung war, von unseren Eltern nicht bedingungslos geliebt worden zu sein. Es gibt keinen Menschen, der dieses Gefühl der mangelnden Liebe und Zuneigung nicht ab und zu in seiner Kindheit erfahren musste, waren die Eltern auch noch so liberal, freundlich, zugewandt und bewusst anwesend. Aber die möglicherweise erlebten Traumata als Kind sind nur die eine Seite der Medaille, die andere ist das mitgebrachte „Gepäck" jedes einzelnen Kindes auf diese Welt. Jeder Mensch kommt schon zur Welt mit einem mehr oder weniger starken emotionalen Schmerzkörper und so kommt auch **Typ 5** schon mit einer im Herzen empfundenen großen Portion Angst in diese Welt. Der beste Weg, diese Angst nicht mehr zu spüren, besteht darin, sein Herz fest zu verschließen, um fortan nur noch oder fast ausschließlich im Kopf zu leben. Dort entwickelt der **Stramonium-Patient** schon in der frühen Kindheit vielfältige und ausgeklügelte Strategien des Überlebens gegenüber einer ihm „feindlichen", d.h. ihn nicht bedingungslos annehmenden und liebenden Umwelt. Die unbewusste Ablehnung des Herzenswissens, dass alles gut ist, wie es ist und dass man keine Angst zu haben braucht *(siehe dazu auch die 47. und 48. Übersicht zu der heilige Idee des Allwissens)*, gleicht dem Versuch, nun den Kontaktverlust zum eigenen Sein einzutauschen in ein äußeres profundes objektives All(gemein)wissen. Der Kopf wird fortan überfordert und die Folge ist häufig ein altkluges Kind, was den Eltern dann auch noch häufig viel Freude bereitet, weil es ja schon wie ein kleiner Erwachsener erscheint. Aber auch das muss nicht so sein, denn es gibt auch viele andere Ausdrucksformen von Lernbehinderung etc., bei dem der Versuch, das Intelligenzzentrum besonders stark zu belasten, nach hinten los geht und wir dann Krankheitsbilder wie AD(H)S etc. oder auch eine verzögerte geistige Entwicklung als Folge einer einseitigen Betonung und Überforderung des Verstandeszentrums eines Menschen vorfinden. Schon das Kleinkind fühlt sich als **Typ 5** innerlich leer und isoliert. Aus diesem Gefühl der Leere, des Mangels heraus zieht sich das Kind herzensmäßig immer mehr zurück und resigniert oft auch an seiner Umwelt und deren auf es einströmenden überwältigenden Anforderungen. Es fühlt sich abgeschnitten, allein, nicht dazu gehörend, überfordert, getrennt und entwickelt immer mehr das Gefühl, dass niemals etwas von außen kommen wird, was ihm

helfen kann, dass alles sowieso keinen Sinn hat, dass es völlig allein auf der Welt ist und dass es dem Leben nicht gewachsen sei. Die *innerlich empfundene Leere* wird nun in den folgenden Jahren der Kindheit und des Erwachsenwerdens durch *Wissen* gefüllt, denn diese Schattenanteile der Seele in Form der *Gefühle von Isolation* können so natürlich dauerhaft nicht ertragen werden. So entwickelt der **Stramonium-Patient** das fiktive Selbstbild eines Menschen, der alles weiß, alles versteht, der oft über den Dingen steht, der sich mitunter überlegen fühlt als *objektiver, oft analysierender Beobachter des Lebens.* Er kann in der Tat sehr objektiv beobachten, was die reinen Wissensbereiche des Lebens betrifft, da sein Herz und somit seine Gefühle fest verschlossen sind. Man findet die daraus entstehenden verstandesbetonten Fähigkeiten eines **Fünfers** daher häufig in *wissenschaftlichen Kreisen,* wo solche Qualitäten in besonderem Maße benötigt werden. Leider ist der Versuch, alles mental erklären zu können nur die Imitation des weitaus größeren *intuitiven Allwissens im Inneren des Herzens*, vor dem sich der Patient im **Stramonium-Zustand** aber im Laufe der *Persönlichkeitsentwicklung* sehr erfolgreich zugunsten des *objektiv-sachlichen Wissens* immer mehr verschlossen hat. Rein äußerlich finden wir sehr häufig z.B. eine frühe Glatzenbildung bei diesen Menschen oder/und auch unzählige horizontal verlaufende Querfalten (sog. Denkerfalten) auf der Stirn im späteren Lebensalter, ein oft deutlicher bereits äußerlicher Hinweis auf die gewaltigen Verstandeskräfte des **Stramonium-Patienten**, die sich damit durch seinen Körper Ausdruck verschaffen. Diese Patienten sitzen häufig in einem selbst erbauten Elfenbeinturm und schauen von dort herab, wissen unzählige Dinge und stehen über diesen. Im Alter allerdings holt sie dann dieses einseitig kopfbetonte Leben häufig ein und sie entwickeln sozusagen als Ausgleichsmechanismus des Lebens häufig ähnlich wie *Typ 6* Erkrankungen wie Demenz, Parkinson etc. Verstecken, Analysieren und Beobachten sind die Merkmale eines Kopfmenschen wie **Typ 5** und durch die Gabe von **Stramonium** wird der Patient nach und nach befähigt, seine lang unterdrückten Herzensbereiche und Gefühle wiederzuentdecken und wie die Pflanze in der Nacht (Nachtschattengewächs) wieder aufblühen zu lassen. Kognitives Wissen wird dann weniger wichtig und wird als „Second-hand-Wissen" entlarvt, der Rückzug vor Menschen und Gefühlen wird als kontraproduktiv und lebensverneinend erkannt und **Typ 5** bricht oft zum ersten Mal aus seiner selbstgemachten Isolation heraus. Die Aufgabe von **Typ 5** in diesem Leben ist es vor allem, seine Herzenskräfte wieder zu entdecken, indem er aus dem Kopf und in sein Herz und sein Gefühl springt. Er muss erkennen, dass das über so viele Jahre angesammelte Wissen letztlich nur der Versuch war, die innere Intuition zu finden, die immer schon in seinem Herzen vorhanden war, aber dort nur ein (Nacht)Schattendasein gefristet hat, weil schon in sehr früher Kindheit im Rahmen des typischen Überlebensmechanismus von **Typ 5**, der Isolation, sein Herz verschlossen wurde. In der Kindheit war dieser Mechanismus notwendig, denn jeder Enneagrammtyp muss ja seinen spezifischen Überlebensmechanismus in dieser frühen Zeit seines Lebens im Rahmen seiner Persönlichkeitsentwicklung entfalten. Doch spätestens, wenn der Patient im **Stramonium-Zustand** zu uns kommt, um behandelt zu werden, ist die Zeit reif für eine grundlegende Veränderung in Form einer Neuordnung der inneren Strukturen, um die ersehnte Gesundheit auf *allen Ebenen des Seins* zu erfahren. Die Zeit ist dann reif für die *Verordnung des Enneagramm-Heilmittels* Stramonium!

5.4 Darstellung des homöopathischen Arzneimittels Stramonium

Dr. Samuel Hahnemann (1755 - 1843), der Begründer der Homöopathie, beschreibt das **Heilmittel Stramonium** in der Ur-Quelle aller homöopathischen Arzneimittellehren, seinem Werk „Reine Arzneimittellehre - Band 3" aus dem Jahre 1825 anhand von Prüfungssymptomen wie folgt:
„Trunkenheit, die Gegenstände schienen immer eine schiefe Lage zu haben, vermindertes Gedächtnis, die Besinnungslosigkeit scheint mit einer inneren Unruhe verbunden zu sein und von ihr herzurühren, geschwätziger Wahnsinn, er klagt, ein Hund zerbeiße und zerfleische ihm die Brust, er glaubt zu sterben und den Abend nicht zu überleben, er freut sich zu sterben und macht Anordnungen zu seinem Begräbnis, bei übrigens gutem Verstande und ohne sich sonderlich übel zu befinden, abends nach dem Hinlegen, im Bette, sehr traurig, mit Todesgedanken und heftigem Weinen, Verzweiflung, große Verdrießlichkeit bis zur Heftigkeit, und gleich darauf Geneigtheit zum Lachen und Lautlachen, er erblickt im Zimmer Gegenstände, die gar nicht vorhanden sind, sie sieht feurige Erscheinungen vor den Augen, beständiges Murmeln, der Kranke schreit bis zur Heiserkeit, er schreit, bis ihm die Sprache vergeht, der Kranke stottert, er stammelt und lallt, eine Art Lähmung des Sprachwerkzeuges, er muss sich lange anstrengen, ehe ein Wort herauskommt, er ist stumm und antwortet nicht, deutet sein Verlangen mit Weisen auf die Gegenstände an, ohne Besinnung vergießt er Tränen, er erblickt im Zimmer Gegenstände, die gar nicht vorhanden sind, sie sieht feurige Erscheinungen vor den Augen, der Kranke schreit bis zur Heiserkeit, seiner Sprache fehlt es an der Modulation, Furcht oder Abscheu vor Wasser, Erregtheit, alle Bewegungen verrichtet er mit einer Emsigkeit, Hastigkeit und Kraft, dass es ihm ängstlich wird, wenn er nicht gleich damit zu Stande kommt, er nimmt beim Treppensteigen jedes mal zwei Stufen, weil er sie für eine hält und bemerkt es nicht eher als bis er fällt, Gefühl, als ob die Arme oder Beine abgetrennt wären, er kann nicht alleine gehen, er fällt um, wenn man ihn nicht hält, er kann nicht auf den Füßen stehen, erwachen aus dem Schlafe mit Schreien, er hört im Schlummer ein Paar Redende, weiß aber nicht, wer sie sind, nach dem Erwachen erkennt er nichts um sich, nimmt sein Buch und geht nach der Schule, geht aber zu einer unrechten Türe ein, alle Gegenstände sind nach dem Erwachen neu, selbst seine Freunde, als hätte er sie in seinem Leben nicht gesehen, er kommt sich sehr groß und erhaben vor, die Gegenstände umher aber erscheinen ihm zu klein, delirierende Geschwätzigkeit, seine Umgebungen kommen ihm ganz anders vor, ob er gleich in der ersten Minute weiß, dass seine Freunde um ihn sind, so vergisst er es doch schon in der zweiten Minute wieder und glaubt sich ganz allein in Wildnissen wie verlassen und fürchtet sich, es springen Gestalten von Tieren ihm zur Seite plötzlich aus der Erde empor, dass er auf die Seite fährt, wo ihn aber schon wieder ähnliche Gestalten verfolgen und er vorwärts läuft."

5.5 Psychologisches Verhalten des Enneagrammtyps 5

Psychologisches Verhalten Typ 5: *Schizoid (vermeidend, einzelgängerisch, zurückziehend):* **Typ 5** muss, in dem er sich in die gesunde Richtung seines Entspannungspunktes der *8* entwickeln lernen, wahre Stärke und Selbstvertrauen zu entwickeln und energetisch mehr im Körper als im Kopf zu leben, um insgesamt offener, freigiebiger und durchsetzungsfähiger zu werden!)

Projektionen im Streit Typ 5: Hält andere für intellektuell zu dumm, nicht dem Leben gewachsen, gedankenlos, nicht dazugehörend, isoliert, geizig, habgierig, habsüchtig, gewalttätig.

Psychologisches Muster: Das eigene Potenzial wird zurückgehalten.

Psychologische Lösung: *Hilf dir selbst und werde aktiv für dich! Erkenne, dass du dein eigenes Potenzial zurückhältst!*

5.6 Charakterfixierung (wesentliche psychische Merkmale der Charakterstruktur) bei Typ 5

Anal-fixiert (zurückhaltend) - *Habsucht und pathologische Absonderung:* Zurückhaltung, nicht geben, pathologische Absonderung, Angst davor, „verschlungen zu werden", Selbstständigkeit, das Fehlen von Gefühlen, das Aufschieben von Aktivitäten, kognitive Ausrichtung, Gefühl der Leere, gedämpfte Schuldgefühle, Starkes Über-Ich, Negativismus, Überempfindlichkeit, die Welt verstehen wollen als Ausdruck der Leidenschaft des Geizes.

5.7 Die energetische Ausstrahlung von Typ 5

Leer, trocken, schwach, verarmt, zart, heimlich-hell-wach, schüchtern, nach innen gerichtet, gedanklich abwesend, intellektuell, sachkundig, gebildet, distanziert, zurückziehend, emotionskarg, „dünn-flüssig-beweglich", „zum Übersehenwerden einladend", „punkt-genau-fokussiert", sachlich-nüchtern als Ausdrucksform der Leidenschaft des Geizes.

Blickqualität: Nachdenklich, intellektuell, leer, analysierend-objektiv, emotional distanziert - tendenziell kalt

5.8 Beschreibungen der Persönlichkeit von Typ 5

Der Erkenntnisorientierte, der Beobachter, der tiefgründige Denker, der neugierige Forscher, der Analytiker, der Experte, der Sachkundige, der Geizige, der mystische (einsame) Philosoph, der Burg-Verteidiger (selbsterhaltender Untertyp 5), das Zuhause (selbsterhaltender Untertyp 5), „My Home is my Castle-Typ" (selbsterhaltender Untertyp 5), der Heim-Suchende (selbsterhaltender Untertyp 5), der Archivar (selbsterhaltender Untertyp 5), der zerstreute Professor (sozialer Untertyp 5), das Totem oder Sinnbild (sozialer Untertyp 5), der Zauberer (sexueller Untertyp 5), der Geheimagent (sexueller Untertyp 5), die Vertraulichkeit (sexueller Untertyp 5), das Zutrauen (sexueller Untertyp 5)

5.9 Dynamik von Gesundheit & Krankheit bei Typ 5, der geizigen Persönlichkeit

Das *Bedürfnis, die Welt zu verstehen* führt im normal bewussten Zustand dazu, dass *Typ 5 vermehrt beobachtet und analysiert.* Wenn der Fokus aber ständig auf *„Weltverständnis"* gerichtet ist, geht der Weg von *Typ 5* auch sehr schnell in Richtung *Unbewusstheit (Krankheit),* indem er *sich zu stark abtrennt und loslöst von der Welt sowie seinen Mitmenschen* und damit die Furcht, von der Welt überwältigt („verschlungen") zu werden, zunimmt.

5.10 Positive Eigenschaften von Typ 5

Unabhängigkeit und Nicht-Anhaftung: Objektiv, sachlich, nüchtern, analytisch, intelligent, klug, schlau, tiefblickend, selbstgenügsam, empfindsam, einfühlsam, ausdauernd, visionär, fach- und sachkundig, originell, konzentriert, sorgfältig im Sprachgebrauch, Respekt vor dem Raum des anderen, liebenswürdig, offen, unabhängig, vertrauenswürdig.

5.11 Negative Eigenschaften von Typ 5

Geizig und blockiert: Überheblich, kritisch, stur, distanziert, negativ eingestellt, nicht durchsetzungsfähig, exzentrisch, irregeführt, isoliert, zynisch, arrogant, reserviert, engstirnig, zu spezialisiert, zu theoretisch, emotionskarg, streitsüchtig, zurückgezogen, negativ, Angst vor Vereinnahmung durch den anderen.

5.12 Gestik und Mimik von Typ 5

Gestik: *Intellektuelle Gesten* = häufig starke Kopfbewegungen *(z.B. zustimmendes Nicken)*, distanzierte Körperhaltung, ansonsten gestenarm und eher unbeweglich, Gestik drückt letztlich immer auch die innerlich vorhandene Leidenschaft des (versteckten) Geizes aus.

Mimik: *Intellektuell* = Denker-Falten = oft zahlreiche horizontal verlaufende Falten auf der Stirn, emotionskarg, analysierend, gelehrt, schlau, nachdenklich, älter wirkend, weltfremd, resignierend, abgeklärt, abgehoben, zurückgezogen, sachlich-nüchtern, Gesichtszüge unbeweglich, wissend, ruhig, emotionslose Blickqualität, versteckt Gefühle, versteckt den Geiz.

5.13 Ego-Fixierung von Typ 5

Ego-Geiz - Der *Geiz* sorgt dafür, dass sich *Typ 5 auf einen anonymen Beobachterposten zurückzieht, der ihm zugleich zur Falle wird.*

5.14 Spezielle Angst (Grundangst) von Typ 5

Grundangst *(Hauptangst)* **Typ 5**: *Unbegreiflichkeit, davor, überwältigt zu werden, etwas oder alles zu verlieren, vor den Anforderungen des realen Lebens, sich anderen Menschen wirklich zu öffnen und ihnen emotional nahe zu sein, nicht genug zu haben für das notwendige Überleben, immer allein zu sein!*

5.15 Krankheitszustand von Typ 5

Fühlt sich klein, wird immer kleinlicher, verfällt immer mehr in ein inneres Chaos und wird sehr geschäftig bis hin zur Hyperaktivität wie eine **ungesunde 7** (siehe Verbindung 5-7), *tritt in eine düstere, leere und karge Welt* wie eine **ungesunde 4** (siehe 4er-Flügel der 5), *isoliert sich immer mehr von seinen Gefühlen, zieht sich von der Gesellschaft zurück und wird arrogant* wie eine **ungesunde 8** (siehe Verbindung 5-8), *wird zunehmend reizbar und rasend* wie eine **ungesunde 6** (siehe 6er-Flügel der 5).

5.16 Gesundheitszustand von Typ 5

Findet Vertrauen in seine Intuition und die Funktionsweise der Welt, fühlt sich verbunden mit dieser, wird kreativ, erfinderisch, einfallsreich wie eine **gesunde 4** (siehe 4er-Flügel der 5), *wird großzügig, begeisterungsfähig und ist voller Energie* wie eine **gesunde 7** (siehe Verbindung 5-7), *entwickelt Herzenswärme und ist freundlich* wie eine **gesunde 6**, *nimmt Anteil an den Nöten anderer und setzt sich für diese ein* wie eine **gesunde 8** (siehe Verbindung 5-8).

5.17 Therapeutische Tipps im Umgang mit Patienten vom Typ 5

Der Patient setzt häufig ein emotional wenig bewegtes Gesicht auf („Pokerface") mit minimaler nonverbaler Kommunikation, das sollte man nicht nachahmen als Therapeut; ebenso sollte

Ü 121

Ü 122

TYP 5

Ü 123 124

Ü 125

Ü 105 106 107 110 111 112 113 115 119 126

Ü 127

man sich durch die *kommunikative Kargheit* von **Typ 5** nicht überwältigt fühlen und diese durch übermäßiges Reden auszugleichen versuchen, indem dann der Therapeut die meiste Zeit spricht; man sollte auch darauf achten, dass nicht zuviel emotionale Abhängigkeit in die Patienten-Therapeuten-Beziehung hineingebracht wird, denn **Typ 5** fühlt sich dadurch schnell verletzt und zieht sich im Zweifel emotional zurück; man sollte sich als Therapeut als zuverlässig erweisen, ohne viel Theater sein Wissen und seine Erfahrung unter Beweis stellen; in Gesprächspausen sollte man ruhig eine Lücke entstehen lassen, in die hinein **Typ 5** sprechen oder besser noch fühlen kann; vorteilhaft ist ebenso, wenn der Therapeut die eigene Autorität und Unabhängigkeit von **Typ 5** im Rahmen des Patienten-Therapeuten-Verhältnisses betont; man sollte **Typ 5** im Gespräch auf Dauer geduldig von der intellektuellen Ebene wegführen und erklären, dass das nicht der Ort sei, an dem Veränderungen und Entwicklungsschritte stattfinden.

5.18 Psychologischer Abwehrmechanismus von Typ 5

TYP
5

Ü
124
128
129
130

Isolation/Abkapselung/Rückzug/Segmentierung/Reduktion, Analyse: Gefühle und Impulse werden so reduziert, dass sie nicht mehr bedrohlich sind. Isolation von Affekten oder Gefühlen ist eine Art der Abspaltung. Sie trägt dazu bei, die eigenen Gefühle und Bedürfnisse vom Denken zu lösen und dadurch ihre Auswirkungen auf die eigene Person zu reduzieren. Das ist nützlich, um Chaos im Kopf zu vermeiden und um Ruhe zu bewahren. Auch die Auswirkungen von Gefühlen und Bedürfnissen anderer werden auf dieselbe Art und Weise verringert. Dadurch kann das ideale Selbstbild aufrechterhalten werden: *„Ich bin ein ruhiger, stabiler und verständiger Mensch!"*

5.19 Die Ausdrucksformen des Geizes und die zu bearbeitenden Themen von Typ 5

Ü
131

Die **Ausdrucksformen** der *Isolation, des Geizes, der Habsucht, der Habgier* beim **Stramonium-Patienten** sind a) Zurückhaltung b) nicht geben c) pathologische Absonderung d) Angst „verschlungen zu werden" e) Selbständigkeit f) emotionale Kälte g) kognitive Ausrichtung h) Leere.

Die **zu bearbeitenden Themen** bei **Typ 5** sind: Das emotionale Innenleben als andere, erweiternde Form des Wissens erkunden, Isolation (vgl. auch unter 5.18).

5.20 Erlösende Aufforderung an Patienten vom Typ 5 und Anregungen zur Entwicklung

Ü
132

Erlösende Aufforderung: Beobachte nicht nur, sondern wirf dich hinein ins Leben!

Anregungen zur Entwicklung: Weitergabe des eigenen Wissens ohne Furcht vor Verlusten, sich loslösen von Allwissenheitsphantasien, Akzeptanz von Meinungsvielfalt, Großzügigkeit üben und Geiz/Habsucht erkennen, frühzeitig lernen, Dinge und Situationen loszulassen, handeln statt nur zu denken, den eigenen Körper bewusst wahrnehmen, sich einbringen in Gruppen und Teamarbeit, Vertrauen zu den Mitmenschen entwickeln, sich dem Fluss des Lebens hingeben, Dankbarkeit äußern, sich aus dem „Elfenbeinturm", der Isolation begeben, sich dem Leben und der Liebe sowie den tief verschütteten Emotionen öffnen! - *„Hab keine Angst vor Nähe und intensiven Beziehungen, deine Bedürfnisse sind o.k.!"*

5.21 Die Bewusstheitsstufen des Stramonium-Patienten (Typ 5)

Ü 137

Verborgene Thematik: *Geiz, Habsucht, die Welt verstehen* - **1. Leerer Schizoider** *(= total unbewusst)* **2. Von Wahn Gequälter** *(= sehr unbewusst)* **3. Isolierter Nihilist** *(= normal unbewusst)* **4. Extremer Reduktionist** *(= leicht bewusst)* **5. Versponnener Theoretiker** *(= normal bewusst)* **6. Analytiker & Spezialist** *(= stärker bewusst)* **7. Kundiger Experte** *(= deutlich bewusst)* **8. Erkennender Beobachter** *(= sehr bewusst)* **9. Pionier & Visionär** *(= total bewusst)*

5.22 Die heiligen (erlösenden) Ideen des Enneagrammprinzips des Enneatyps 5

Ü 142 143

TYP 5

Die *heilige Wahrheit (heilige Allwissenheit, heilige Transparenz)* ist die Erfahrung der eigenen Essenz, indem *Typ 5* den Beobachterposten verlässt, um dort hinzugelangen. Innerhalb der Einheit gibt es die Vielfalt der Erscheinungen, die sich voneinander unterscheiden.

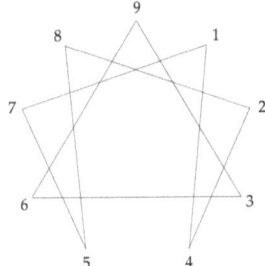

6. Das homöopathische Heilmittel für Enneatyp 6: Opium (Schlafmohn)

Der **Schlafmohn**, *Papaver somniferum*, wächst vor allem in Kleinasien (Afghanistan, Türkei, Irak). Der **Mohnsaft** wird aus den unreifen Fruchtkapseln durch Einschneiden der Fruchtwand gewonnen und getrocknet. Dieser Saft ist beim Austreten weiß, an der Luft wird er sehr schnell braun *(Typ 6 hat eine große Affinität zur Farbe Braun)*. Ist der Saft eingetrocknet, dann wird er zu Kugeln geknetet, die als *sog. Opiumbrote (Rohopium)* in den Handel kommen. Seit der Antike war das aus Schlafmohn gewonnene **Opium** (von gr. „opos" - Saft) in Europa und Asien eine der wichtigsten Arzneien sowie ein beliebtes Rauschmittel. Im Altertum dachten die Mediziner, dass der **Schlafmohn** göttlichen Ursprungs sei, was zu den Namen *„heiliger Lebensanker"*, *„Paradiesmilch"*, *„Hand Gottes"* und *„Vertreiber des Kummers"* führte. Es wurde schon damals als *Beruhigungs-, Schmerz- und Schlafmittel* verwendet. *Paracelsus* (1490 - 1541) führte **Opium** unter dem Namen *„Laudanum"* als eine Tinktur aus Opium in Branntwein wieder ein, nachdem die heilige Inquisition den Opiumgebrauch wie auch viele andere Grundsubstanzen, aus denen seit dem späten 18. Jahrhundert die wichtigsten homöopathischen Arzneimittel hergestellt werden sollten, fast zwei Jahrhunderte lang unterbunden hatte. Aus **Opium** hergestellte Präparate fanden im Mittelalter auch Verwendung bei der *Betäubung* (Oberflächenanalgesie). Ein amerikanisches medizinisches Lehrbuch aus dem Jahre 1868 hob die Tugenden des Opiumgebrauchs in den Himmel: *„Opiumpräparate machen ein Gefühl herrlicher Entspannung und Tröstung. Sie erhöhen das sittliche Verhalten und den Intellekt. Anstelle der unbeherrschbaren Erregung wie bei Alkohol, tritt eine Verstärkung unserer besseren geistigen Qualitäten auf, eine wärmere Glut von Wohltat, ein stärkeres Gefühl der Frömmigkeit und darüber hinaus ein größeres Selbstvertrauen und Selbstbewusstsein. Opium scheint vorübergehend aus dem Individuum einen besseren und wichtigeren Menschen zu machen."* Bei diesen überschwänglichen einseitig positiven Beschreibungen handelt es sich aber leider nur um **die *sog. Erstwirkung von Opium***, die aber nach dem Nachlassen in die entgegengesetzte Richtung in Form der *sog. Zweitwirkung oder Zweitreaktion* mit entsprechenden negativen Symptomen übergeht, die wir später noch genau beschreiben werden. **Opium** ist der *Prototyp für alle Suchtmittel*, ob das nun Alkohol, Haschisch, Tabak etc. ist, sie alle putschen uns vorübergehend auf, um dann in der späteren, darauffolgenden Reaktion die Erschlaffung folgen zu lassen, die vom erneuten Einsatz des Suchtmittels scheinbar wieder aufgehoben wird. Bald aber ist die Abhängigkeit absolut und Hilfe schwer, wenn nicht unmöglich. Im 19. Jahrhundert kamen zahllose *patentierte Opiumpräparate* auf den Markt. Sie wurden in Zeitungen und Zeitschriften erfolgreich angepriesen und als Schmerzstiller, Hustensirup, Frauenmittel, Tuberkulosemedizin usw… an die Frau bzw. den Mann gebracht. **Opium** wurde gegessen, getrunken und gespritzt. In Form von *Laudanum* war **Opium** der Balsam der industriellen Revolution. Fabrikarbeiter konnten mit seiner Hilfe unmenschlich lange Arbeitszeiten überstehen und zugleich auch noch die zur Arbeit mitgebrachten Kinder ruhig halten. Die daheim gebliebenen Kinder konnten mit **Opiaten** ebenso gut ruhig gehalten werden. Es war damals üblich, direkt nach der Geburt mit *Laudanum* zu beginnen und die Dosis allmählich zu steigern. Die Sucht erregende Wirkung verlangte stets nach höheren Dosierungen. In der Mehrzahl dieser Fälle überlebten diese Kinder ihr zweites Lebensjahr nicht, sie waren schließlich ausgemergelt und ausgezehrt, als ob sie an Tuberkulose erkrankt seien. Zu den körperlichen Langzeitfolgen von Opiumgebrauch gehören

Appetitlosigkeit und dadurch Gewichtsverlust bis zur Abmagerung und völligen Entkräftung, aber auch Kreislaufstörungen und Muskelschmerzen. Bei Überdosierung droht akute Atemlähmung mit Todesfolge. Psychische Auswirkungen sind Abhängigkeit, Antriebsschwäche und häufig auch starke Persönlichkeitsveränderungen, einhergehend mit extremer Apathie.

6.1 Homöopathische Leitsymptome von Opium

- Ängstlich, unsicher, vorsichtig, zweifelnd, skeptisch, wachsam, alarmbereit, mit allem rechnend, schnell reagierend, zurückhaltend, unentschlossen, Vorstellung, dass andere Menschen ihn hinrichten wollen, freundlich, hilfsbereit, mitfühlend, warmherzig, liebevoll, große Loyalität *(nach dem Motto: Wenn alle zusammenhalten, kommen wir alle mit heiler Haut davon!")*, spricht nie die Wahrheit, ist unaufrichtig, ständig in Gedanken
- Lähmung (aller Lebensfunktionen), Kälte, Schwellung, (allgemeine) Schwäche, Stumpfheit, Reaktionslosigkeit, Analgesie *(Schmerzlosigkeit, Aufhebung der Schmerzempfindung)*, Klaglosigkeit, Unempfindlichkeit, Überempfindlichkeit, Verstopfung bis zur Darmlähmung, Wehenschwäche, Pulslosigkeit bei Neugeborenen, Neugeborene sehen alt aus, Willensschwäche, Mutlosigkeit, Passivität, komatöse Zustände, Bewusstlosigkeit mit Atembeschwerden, Bewusstlosigkeit, wacht nur schwer auf, Torpor (= Erstarrung), Tasten oder Tappen wie im Dunkeln, abergläubisch, qualvolle Ängste, mürrisch durch Träume, monotones Singen, Mangel an Gefühl am ganzen Körper, will nichts *(wie Veratrum album)*
- Glückselig, begeistert, selbstgenügsam, sorgenfrei, unbekümmert, mutig, verwegen, Willensstärke, Vorstellung, sie/er sei vollkommen gesund, obwohl er sehr krank ist, kein Gefühl für Gefahr, gehobene Stimmung, allgemeines Wohlgefühl
- Zuckendes Zittern von Kopf, Händen und Armen, Sprache kurz und bündig
- Furcht und Furchtlosigkeit im Wechsel, Heiterkeit abwechselnd mit Kummer, voller Sorgen abwechselnd mit Frohsinn, unternehmungslustig, mitunter gehetzt
- Schlafwandeln, Reaktionsmangel, Verstopfung, Durchfall, Verstopfung abwechselnd mit Durchfall, Konzentrationsstörungen, Verlegenheit nach Beschwerden
- Beschwerden von Säuglingen und alten Menschen *(Themen: Zu Beginn des Lebens und an dessen Ende, Geburt und Tod)*, Gefühl des himmlischen Friedens *(wie bei Cannabis)*
- Reaktionsmittel, wenn scheinbar gut angezeigte Arzneien keine Wirkung zeigen
- Furcht vor Übertreibung (vor *sog. Extravaganz*, vor zu viel oder zu wenig, vor Verschlechterung, vor Verschlimmerung): *Der Patient sorgt sich um Dinge, die die Grenze überschreiten. Er kann alles bis zu dieser Grenze ertragen, bis dahin ist es für ihn ein Normalzustand, den er gleichmütig erträgt, weil die Umstände noch unterhalb seiner Toleranz- oder Schmerzgrenze liegen. Alles, was über diese persönliche Grenze hinausgeht, ist die Extravaganz, dann erst überschreitet alles das persönliche Maß des Patienten und es wird ihm plötzlich zu viel. Nur wenn er an diese Grenze kommt, entsteht die Sorge, dass es fortan schlimmer und unerträglich wird. Erst dann hat er die Furcht, dass seine persönliche Grenze nun überschritten wird, dass das Leiden seine Toleranzgrenze überschreitet und er wechselt schlagartig vom Zustand der Teilnahmslosigkeit in Bezug auf seine Beschwerden in den Zustand der Furcht vor Extravaganz.*
- Ambivalenz, Sensibilitätsstörung, Folge von Schreck oder Schock, Hitzegefühl

- Macht schnell aus einer Mücke einen Elefanten, großes Streben nach Unabhängigkeit *(wobei sie dabei in ihrer Angst häufig unbewusst noch größere Abhängigkeiten eingehen)*, sehnen sich enorm nach Sicherheit, verstecken sich, suchen oft im Glauben Sicherheit *(begeisterte Kirchgänger, gläubige Fans, treue, sich freiwillig unterwerfende Anhänger sonstiger Gemeinschaften etc.)*, unbewusste Unterwerfung, Vaterfigur wird nach außen geschützt und verteidigt, aber unbewusst im Innersten abgelehnt

Ü
13

6.2 Heilmittel für Typ 6 nach der sog. Signaturenlehre

Homöopathisches Arzneimittel Typ 6: Opium (Schlafmohn): *Schlaf bringend, giftig, Schmerz stillend, geschwollen, ängstlich, schüchtern, unsicher, freundlich, schmeichelnd, bewusstlos, berauschende, betäubende Wirkung, bekannteste illegale Droge, Opium-Kriege, appetithemmend, fördert Verstopfung, sonstige Wirkungen: Gewichtsverlust, Entkräftung, Abhängigkeit, Antriebsschwäche, Apathie; Mohngewächs*

6.3 Zentrale Sichtweisen, Motivationen und Vorstellungen des Opium-Patienten (Typ 6)

Die zentralen Ideen des **Schlafmohns** bzw. die zentralen Themen von **Opium** sind:

Angst - Zweifel - Unsicherheit - Selbstbehinderung - Autorität - Pflicht - Loyalität - Unterwerfung/Machtgehabe - Wille - Mut - Schwäche - Stärke - Hierarchie - Bedrohliche, feindliche Welt

**TYP
6**

Ü
**108
109
113
114**

In der Kindheit kam es in aller Regel in irgendeiner Form zu einem Verlust von Kraft, Sicherheit, Glauben und Vertrauen ins Leben bzw. ins Überleben. Im Innersten spürt der Mensch danach eine gewisse Form von Schwäche, Unfähigkeit und Unsicherheit. Die Welt wurde dann zunehmend als feindlich und mitunter gar bedrohlich empfunden. Daraus erwuchsen dann die oben genannten zentralen Ideen über das Leben. Angst, Zweifel und Misstrauen führen darüber hinaus auch zu Gefühlen wie Feigheit, Ängstlichkeit, nicht überlebensfähig zu sein, sich nicht einmal selbst vertrauen zu können, mitunter auch zu Gefühlen von Aggressivität und eigener Feindseligkeit gegenüber der Umwelt *(= kontraphobische Ausprägung des sexuellen Untertyps der Sechs!)*. Aus dem Gefühl von Schwäche und Unfähigkeit im Inneren sowie der Feindlichkeit und Bedrohlichkeit der Welt im Außen wird Macht und Autorität nach außen projiziert. Der *phobische* **Typ 6** ist dann sehr loyal, pflichtbewusst und autoritätsgläubig und dient gern einer größeren Sache, der mehr *kontraphobische* **Typ 6** gibt sich nach außen dagegen stark, mächtig und zeigt anderen nach außen hin kühn, mutig und verwegen, dass er vor nichts und niemandem Angst hat *(Beispiel: Wladimir Putin)*. Beide Selbstbilder entsprechen natürlich nicht der Wirklichkeit, sondern verzerren sie und führen daher auf Dauer immer auch zu Krankheiten, um deren Behandlung es uns ja geht. Die Überlebensstrategie des *phobischen* Opium-Patienten besteht also mehr darin, sich zu unterwerfen oder seine Pflicht zu erfüllen auf die denkbar loyalste Art, die des *kontraphobischen* **Typs 6** darin, selbst andere Menschen zu unterwerfen und als der unbezwingbare, kühne, verwegene und mutige Held aus jeglicher angstbesetzter Situation des Lebens hervorzugehen. Beide Verhaltensweisen führen allerdings regelmäßig dazu, vor dem Gefühl der eigenen inneren Kraft und Sicherheit wegzulaufen, entweder durch Unterordnung oder durch Machtgehabe in Form eines übertriebenen angstabwehrenden Verhaltens. Zwischen diesen beiden Extremen gibt es oft keine gesunde Mitte und der **Opium-Patient** hat daher auch immer

das *Gefühl von Extravaganz*, also von *Übermaß, Übertreibung, Überspanntheit* an einem oder am anderen Ende der Skala seines menschlichen Ausdrucks gegenüber anderen Menschen. So tritt beim *phobischen* **Sechser** häufig in Bezug auf die Krankheit die Furcht vor einem Übermaß auf (*siehe dazu vor allem die Gemütsrubrik: „Furcht vor Extravaganz" und viele sonstige Angst- bzw. Furchtrubriken, in denen Opium in den homöopathischen Nachschlagewerken verzeichnet ist*). Beim **kontraphobischen** **Sechser** ist es vordergründig das völlige Fehlen von Angst, welches sich z.B. in Gemütsrubriken wie *„Sorglos, sorgenfrei, unbekümmert"* oder auch *„Mutig"* oder *„Furchtlos"* oder *„Tollkühnheit, Verwegenheit"* etc. äußert.

Dabei bekommt die in den gängigen homöopathischen Nachschlagewerken, den Repertorien, so unscheinbar daherkommende Gemütsrubrik *„Furcht vor Extravaganz"* mit dem einzigen Mitteleintrag **Opium** (*Abkürzung „Op."*) eine überaus zentrale wichtige Rolle. Denn mithilfe dieser Rubrik kann man den **Opium-Gemütszustand** oft zwischen den Zeilen des gesamten Lebenssachverhaltes eines Patienten deutlich wiedererkennen. Der **Opium-Patient** verharrt häufig scheinbar gleichgültig eine lange Zeit aus dem unbewussten Leidenschaft der Angst heraus in oft unbefriedigenden Lebenssituationen wie unglücklichen Partnerschaften, ihn beengenden sonstigen Beziehungen oder Situationen und vor allem auch in seiner Krankheits-situation, leidet dann still vor sich hin, sofern ihm sein schlechter gesundheitlicher Zustand überhaupt bewusst ist und beklagt sich nicht (*siehe die Gemütsrubrik „Gleichgültigkeit gegenüber Leiden" und „Gleichgültigkeit - klagt nicht".*) Kommen die bislang wirksam unterdrückten größtenteils unbewussten Angstimpulse aber eines Tages unvermittelt an die Oberfläche, tritt die immense bislang im Unterbewusstsein schlummernde Angst plötzlich ins Bewusstsein und damit die akute Furcht vor Verschlimmerung des eigenen Zustandes. Der bislang geduldig leidende passive Patient, der also wie in einem echten Opiumrausch sich seiner äußeren Um-stände, also auch seiner Krankheitssymptomatik bis zu diesem Zeitpunkt nicht bewusst gewesen war, wird dann aus dieser aufkeimenden Angst heraus schlagartig aktiv und kommt ins Handeln (*siehe die Gemütsrubrik „Furcht vor Verschlimmerung/Übertreibung/Extravaganz"*). Die Angst, dass sich sein Zustand verschlimmern könnte nimmt dann in ihm plötzlich Überhand und weicht dem oft jahrelang zuvor bestehenden Zustand der Gleichgültigkeit gegenüber der Leidens-situation, in der sich der Patient bislang sozusagen unbewusst eingerichtet hatte. Die Grenze zwischen dem Unbewussten und dem Bewussten, zwischen Gleichgültigkeit und wachsamer Alarmhaltung scheint dann schlagartig überschritten zu sein. Patienten rufen dann häufig noch kurz vor dem Wochenende an, benötigen dann dringend und möglichst sofort einen Termin zur Erst- oder Folgeanamnese, weil sie von der inneren Angst überwältigt werden und die innere Furcht vor Verschlechterung Ihres Zustandes dann enorm anwächst. In der Arznei-mittellehre des berühmten Homöopathen **Henry Clay Allen** (1836 - 1909) finden wir diesen spezifischen **Opium-Zustand** gut beschrieben: *„Ich machte mich so schnell als möglich auf den Weg nach Hause, wobei ich befürchtete, dass ich bei jedem Schritt etwas Übertriebenes (Extravagantes) be-gehen könnte."* Dieses einzigartige und wichtige Symptom von **Opium** entstammt aus dem Bericht eines englischen Reisenden aus dem 19. Jahrhundert in der Türkei, der sich dem Genuss des Opiumrauchens hingegeben hatte. Das Symptom hat sich in allen Fällen bewährt, wo Menschen irgendwie an die Grenze des für sie Erträglichen geraten sind, z.B. ausgelöst durch einen Unfall,

einen Schreck, die Schwere einer Symptomatik oder ein sonstiges plötzlich bewusst werdendes angsteinflößendes Ereignis. Weitere Symptome bzw. Folgewirkungen durch den Genuss eines Opiumrausches sind: *„Die Geisteskräfte sind geschwächt, frostig, bleich, gedunsen, zittrig, mutlos, schwach, stupid, sichtbar ängstliches Übelgefühl, wankender Gang, gesunkene Lebensgeister, Lähmung der Muskulatur"*. Der Begründer der Homöopathie **Dr. Samuel Hahnemann** schreibt in seiner Arzneimittellehre zu **Opium**: *„Wildheit, Grausamkeit, gleich wütenden Tieren"* und bemerkt in einer Fußnote dazu: *„Bei größeren Gaben, als die erhöhten Mut und gesteigerte Kräfte palliativ (Anmerkung: symptomlindernd, aber nicht auf Heilung abzielende Wirkung) den Mutlosen und Schwächlingen geben, bringt der Mohnsaft Verwegenheit, Unbändigkeit, Zorn und Wut hervor. Diese palliative Erstwirkung bringt die durch Mohnsaft exaltierten Türken während des ersten Angriffs bei einer beginnenden Schlacht in eine fast unwiderstehliche Kampfeswut, die aber in ein paar Stunden in die feigste Zaghaftigkeit oder Betäubung bei ihnen übergeht, wodurch sie leichter als jedes andere Heer zu besiegen sind."* Allgemein ist die Situation eines Patienten im **Opium-Zustand** die eines Soldaten, der in den Krieg zieht, um seine Kühnheit, Waghalsigkeit und seinen Mut unter Beweis zu stellen, was ja letztlich die Lebensaufgabe des **Enneagrammtyps 6** - Feigheit in Mut zu verwandeln - darstellt. Der Soldat beklagt sich nicht, wenn er sieht, dass andere ihn angreifen. Hier muss er unter allen Umständen Haltung bewahren. Er versucht zufrieden zu sein und seine Beschwerden und Schmerzen zu vergessen. Todesmut im Angesicht des Todes, Gleichgültigkeit gegenüber Leiden, die Kontrolle bewahren in einer schier aussichtslosen Situation. Ferner muss er in seiner beängstigenden, bedrohlichen und feindlichen Situation Teilnahmslosigkeit gegenüber Schmerz und Leid zeigen, sagen, dass es ihm gut gehe, obwohl er krank ist. Trotz der schrecklichen ängstigenden Manifestationen des Krieges, muss er immer wieder seinen Mut aktivieren, ansonsten kommt er in seiner lebensbedrohlichen, fürchterlichen Lage mit heiler Haut sicher nicht davon. Er darf sich dabei keinen Sensibilitäten oder Sentimentalitäten hingeben, sonst wird er zusammenbrechen und von seinen Feinden, seiner feindlichen Umwelt „hingerichtet", getötet. So sind letztlich auch die Lebensumstände des **Opium-Patienten** eine Art *Kampf oder Krieg*, in dem es gilt, möglichst unbeschadet und wohlbehalten davonzukommen.

6.4 Darstellung des homöopathischen Arzneimittels Opium

Opium ist ein oft schwer zu erkennendes Heilmittel, seine homöopathische Anwendungsbandbreite ist groß und vielfältig, dabei gehören wohl prozentual in Bezug auf alle *neun Enneagrammtypen* die größte Anzahl der Menschen auf diesem Planeten dem **Enneagrammtyp der Sechs** an und bedürfen im Krankheitsfall daher des **Schlafmohns** in homöopathisch aufbereiteter Form. Das vorliegende Buch und auch der *Band 1 der Enneagramm-Homöopathie* können vielleicht einen kleinen aber sehr wichtigen Beitrag dazu leisten, dass neben den anderen *8 wichtigen Gemütszuständen* gerade auch das schwer zu diagnostizierende Heilmittel **Opium** als wohl das wichtigste, weil *weltweit am meisten benötigte Heilmittel* zukünftig immer besser erkannt werden kann. Bereits **Dr. Samuel Hahnemann** bemerkt schon damals in den Anfängen der Homöopathie dessen Schwierigkeiten im Erkennen beim Patienten und dem allgemeinen Verständnis für das Heilmittel **Opium**, indem er bemerkte: *„Der Mohnsaft ist weit schwieriger in seinen Wirkungen zu beurteilen als fast irgend eine andere Arznei."* Es gibt viele schwere Krankheiten, die durch **Opium** geheilt wurden. So berichtete der berühmte homöopathische Arzt **Dr. Willibald**

Gawlik (1919 - 2003) von seiner wunderbaren Heilung durch homöopathisches **Opium** nach einer lebensbedrohlichen Fleckfiebererkrankung in russischer Kriegsgefangenschaft. Er lag als *sog. „Muselmann" (so wurden die völlig abgemagerten, fast verhungerten Lagerinsassen bezeichnet)* völlig orientierungslos mit vollständig verlorenem Gedächtnis bereits auf dem Haufen der Verstorbenen. Dort erkannte ihn ein homöopathischer Lazarettarzt namens ***Hartmut Oehmisch***, nahm ihn zu sich und verordnete ***Dr. Gawlik*** ein selbstgefertigtes homöopathisches Arzneimittel aus **Opium**. Die Arznei beförderte den kranken Patienten im **Opium-Zustand** wieder unter die Lebenden, was den geheilten bislang nur schulmedizinisch arbeitenden Arzt dann schließlich zur Homöopathie brachte. Schaut man sich Fotos des mittlerweile verstorbenen ***Dr. Willibald Gawlik*** genau an, erkennt man als geschulter **Enneagramm-Homöopath**, dass dieser Mann tatsächlich schon anhand seiner äußeren Erscheinung (= phänotypisch) ein **sog. selbsterhaltender Untertyp vom Typ Sechs des Enneagramms** gewesen sein muss.

Dr. Samuel Hahnemann (1755 - 1843), der Begründer der Homöopathie, beschreibt das **Heilmittel Opium** in der Ur-Quelle aller homöopathischen Arzneimittellehren, seinem Werk „*Reine Arzneimittellehre - Band 1*" aus dem Jahre 1825 anhand von Prüfungssymptomen wie folgt: *„Betäubung des Verstandes, als wenn Rauch ins Gehirn stiege, dumpfe Betäubung mit matten Augen und äußerster Kraftlosigkeit, Unempfindlichkeit, gleichwohl antwortet er angemessen, ängstlicher Atem, langsame Besinnung, Stupidität, Sinnlosigkeit, Stillschweigen, Geistesschwäche, gleichgültig gegen Schmerz und Vergnügen, er hat von nichts einen wahren Begriff und kann beim Lesen den Sinn nicht erraten, er kennt die nächsten Anverwandten und bekanntesten Gegenstände nicht, seines Daseins fast nicht bewusst, seiner selbst nicht bewusst, antwortet jedoch ziemlich passend, schläfrig und dumm, Gedächtnisverlust, unbeständig, große Neigung, sich überall anzulehnen, die Füße nachlässig auszustrecken und den Kopf auf eine Hand zu stützen, Gefühle von Stärke, wenn man die Kranke rüttelte und zu ihr sprach, so konnte man sie aus dem Schlafe erwecken, sie beklagte sich dann und wünschte bald zu sterben, aufschrecken im Schlafe, Wimmern und Jammergeschrei im Schlafe, unruhiger Schlaf voll Seufzen und Stöhnen, Zufriedenheit, abwechselnder Zustand von sorgenvoller Grämlichkeit und Heiterkeit, in sich gekehrtes Stillesein, ruhige Gleichgültigkeit gegen irdische Dinge, immer ruhige Vergnügsamkeit des Gemüts, wie im Himmel, vollkommene Ruhe und Glückseligkeit des Geistes, Selbstgenügsamkeit und Ruhe des Geistes, nicht geschlafen, sondern so ruhig geworden, als wenn er im Himmel wäre, süße liebliche Phantasien, deren Reiz sie aller bekannten Glückseligkeit vorziehen, am meisten, wenn sie vorher von Schmerzen gemartert wurden, Gefühl, als wenn er im Himmel wäre, starke liebliche Phantasien schweben ihm vor, wie wachende Träume, die ihm den Schlummer vertreiben, die Heiterkeit des Gemüts von Opium ist mehr ein Traum ohne Schlaf zu nennen, es macht die Leiden der Seele für einige Zeit vergessen und versetzt dann in eine Entzückung und erquickende Seligkeit des Geistes, unerschrocken in Gefahr, Mohnsaft gibt den sich vor einer chirurgischen Operation Fürchtenden Mut und Standhaftigkeit, verwegene Wildheit, jämmerliches Weinen und Heulen, Grämlichkeit, Melancholie, ungeheure Angst."*

6.5 Psychologisches Verhalten des Enneagrammtyps 6

Psychologisches Verhalten Typ 6: *Paranoid (Verfolgungsängste, Verfolgungswahn):* **Typ 6** *muss, in dem er sich in die gesunde Richtung seines Entspannungspunktes der **9** entwickeln lernen, friedlich,*

Ü
106
107
108

Ü

112
115

116
128
129
130

TYP
6

Ü

117
118
119

Ü

108
109
110
111

Ü

126
146

geduldig, freundlich und gelassen zu agieren und sich primär nicht mehr von seiner inneren Angst leiten zu lassen, um insgesamt mutiger, positiver, sicherer und weniger skeptisch und zweifelnd zu werden!

Projektionen im Streit Typ 6: Hält andere für schwach, unfähig, feige, ängstlich, kraftlos, nicht überlebensfähig, misstrauisch, aggressiv, paranoid, feindselig, dumm, zweifelnd, unsicher.

Psychologisches Muster: Konflikte werden ins Unbewusste verdrängt.

Psychologische Lösung: *Öffne dich dem Unbewussten und entdecke dein brachliegendes Potenzial! Erkenne, wie du Konflikte ins Unbewusste verdrängst!*

6.6 Charakterfixierung (wesentliche psychische Merkmale der Charakterstruktur) bei Typ 6

Phallisch (intellektuell) - *Feigheit, paranoider Charakter und Anschuldigung:* Furcht, Feigheit und Angst, Anschuldigung der eigenen Person oder anderer Menschen, übertrieben wachsame Hyperintentionalität, Ausrichtung an Autoritäten, Zweifel und Zwiespältigkeit, theoretische Ausrichtung, schmeichlerische Freundlichkeit, Starre, Streitbarkeit, Bedürfnis nach Geborgenheit und Vertrauen als Ausdruck der Leidenschaft der Angst.

6.7 Die energetische Ausstrahlung von Typ 6

Ängstlich, misstrauisch, skeptisch, zweifelnd, vereinnehmend/bezwingend (kp), warmherzig, kontaktbereit, flackernd, lauernd, argwöhnisch, auf Widersprüche lauernd, intellektuell, gebildet, „hört das Gras wachsen", unstet, hin- und hergerissen, unsicher, vorsichtig, distanziert, abwartend, kämpferisch als Ausdrucksform der Leidenschaft der Angst.

Blickqualität: Ängstlich, vorsichtig, skeptisch, fokussiert, grenzziehend - tendenziell kalt

6.8 Beschreibungen der Persönlichkeit von Typ 6

Der Sicherheitsorientierte, der loyale Skeptiker, der Ängstliche, der Zweifelnde, der Kritiker, der sich Fürchtende, der einsatzfreudige Freund, der mutige Held, der Fragensteller, der „Advocatus Diaboli" (Advokat des Teufels), der Untertan, der loyale Familienmensch (selbsterhaltender Untertyp 6), die „Wärme" (selbsterhaltender Untertyp 6), der soziale Beschützer (sozialer Untertyp 6), der Pflichterfüllende (sozialer Untertyp 6), der Schutzengel (sozialer Untertyp 6), der Kämpfer (sexueller Untertyp 6), der Herausforderer (sexueller Untertyp 6), der Angstabwehrende (sexueller Untertyp 6), der Einschüchternde (sexueller Untertyp 6), der Mutige (sexueller Untertyp 6), der Verwegene (sexueller Untertyp 6), die Stärke und Schönheit (sexueller Untertyp 6)

6.9 Dynamik von Gesundheit & Krankheit bei Typ 6, der ängstlichen Persönlichkeit

Das *Bedürfnis nach Sicherheit* führt im normal bewussten Zustand dazu, dass *Typ 6 sich loyal den anderen gegenüber* verhält. Wenn der Fokus aber ständig auf *„Sicherheit"* gerichtet ist, geht der Weg von *Typ 6* auch sehr schnell in Richtung *Unbewusstheit (Krankheit)*, indem er *Misstrauen anderen gegenüber entwickelt* und damit die Furcht, im Stich gelassen zu werden, zunimmt.

6.10 Positive Eigenschaften von Typ 6

Mut und Vertrauen: Liebenswert, engagiert, treu, verlässlich, loyal, kooperativ, warmherzig, selbstbestätigend, mitfühlend, humorvoll, witzig, hilfsbereit, offen, klar, praktisch veranlagt, verantwortungsbewusst, gerecht, aufrichtig.

6.11 Negative Eigenschaften von Typ 6

Feige und mürrisch: *(Phobisch)* oder **angstabwehrend und einschüchternd** *(kontraphobisch)*: Übervorsichtig, herrschsüchtig, unvorhersehbar, paranoid, defensiv, sich selbst im Wege stehend, unentschlossen, ängstlich, unsicher, selbstschädigend, negativ, anmaßend, rigide, reizbar, zu einseitig loyal, misstrauisch, unflexibel, nervös-sarkastisch, herrisch, zurückziehend oder unnachgiebig.

6.12 Gestik und Mimik von Typ 6

Gestik: *Vorsichtige Gesten* = zurückhaltend, vorsichtig, abwartend, erstarrte Körperhaltung oder aber forsch, vorpreschend, einschüchternd (kp), Gestik drückt letztlich immer auch die innerlich vorhandene Leidenschaft der (versteckten) Angst aus.

Mimik: *Tendenziell unsicher* = ängstlich, zweifelnd, skeptisch, zurückhaltend, „flüchtig-flackernd", irritiert, unverbindlich, misstrauisch, wachsam, angespannte Stirnmuskulatur, ängstlicher Blick, „horchend", manchmal hervorstechende Augen, **Kontratyp** hat mitunter mutige, verwegene Gesichtszüge, „ohne Furcht und Tadel", mutige, heldenhafte Blickqualität, versteckt die Angst.

6.13 Ego-Fixierung von Typ 6

Ego-Feigheit - Typ 6 glaubt an eine idealisierte Sicherheit, um diese zu erreichen, schließt er sich in seiner Feigheit einer starken Autorität (Personen oder auch Ideologien) *an, die ihn beschützen soll* (= Falle).

6.14 Spezielle Angst (Grundangst) von Typ 6

Grundangst *(Hauptangst)* **Typ 6**: *Angst zu haben (Angst vor der Angst!), vor Verrat und dem Preisgegebenwerden, vor jeglicher Unsicherheit, verlassen zu werden, das Leben nicht umfassend bewältigen zu können, dem Leben nicht vertrauen zu können!*

6.15 Krankheitszustand von Typ 6

*Wird extrem ängstlich oder extrem rebellisch, seine Loyalität gegenüber anderen nimmt stark ab und er wird herzlos und grausam wie eine **ungesunde 3** (siehe Verbindung 3-6), verwirrt und unentschlossen wie eine **ungesunde 5** (siehe 5er-Flügel der 6), selbstzerstörerisch wie eine **ungesunde 9** (siehe Verbindung 6- 9) und abhängig wie eine **ungesunde 7** (siehe 7er-Flügel der 6).*

6.16 Gesundheitszustand von Typ 6

*Urvertrauen nimmt zu, wird friedfertig wie eine **gesunde 9** (siehe Verbindung 6-9), entdeckt seine gesunde Weisheit, seine Entscheidungsfähigkeit und seine Entschlossenheit wie eine **gesunde 5** (siehe 5er-Flügel der 6), versteht es, sich angemessen auszudrücken und wird aufrichtig und ehrlich wie eine*

gesunde 3 (siehe Verbindung 3-6), *entwickelt ein gesundes Selbstbewusstsein und einen großen Einfalls-reichtum* wie eine *gesunde Sieben* (siehe 7er-Flügel der 6).

6.17 Therapeutische Tipps im Umgang mit Patienten vom Typ 6

Hier sollte sich der Therapeut nicht auf Diskussionen einlassen oder die *negative Sichtweise und die Katastrophenszenarien* des Patienten zu widerlegen versuchen, z.B. in dem er durch seine Autorität zu überzeugen versucht, dass es in Wirklichkeit gar nicht so schlimm ist; auch auf ein intellektuelles, mentales oder kognitives Gegeneinander in Form von Diskussionen sollte man sich bei *Typ 6* nicht einlassen; dagegen sollte man sich bewusst machen, dass es für *Typ 6* besonders wichtig ist, eine sichere Umgebung zu schaffen und darin eine stabile Beziehung aufzubauen; man sollte sich als Therapeut vertrauenswürdig erweisen, z.B. durch senden kon-gruenter *(= übereinstimmender)* Botschaften auf verbaler und nonverbaler Ebene; Fragen stellen kann hilfreich sein, ebenso den Patienten ernst nehmen in seiner Krankheit; ihm ferner nicht zu viel widersprechen und einen Kontext für den therapeutischen Prozess anbieten; hat *Typ 6* das Gefühl, man stehe auf seiner Seite und unterstütze ihn, gebe ihm Sicherheit, wirkt sich das positiv aus.

6.18 Psychologischer Abwehrmechanismus von Typ 6

Projektion: Gefühle und Impulse werden nach außen projiziert, wobei eigene psychische Inhalte und Selbstanteile *(innere Sorgen, vermutete Gefahren, Ängste, Befürchtungen und Zweifel)* anderen Menschen und äußeren Situationen zugeschrieben werden. Ein Beispiel wäre, von einer Person die man nicht mag, anzunehmen: *„Du magst mich nicht, oder?"* Der Gewinn der Projektion besteht darin, dass Erklärungen für die eigene innere Angst und Unsicherheit in der Außenwelt ge-funden werden und somit das eigene Gefühl als real betrachtet werden kann. Dadurch wird das ideale Selbstbild erhalten: *„Ich bin ein vorsichtiger und realistischer Mensch!"*

6.19 Die Ausdrucksformen der Angst und die zu bearbeitenden Themen von Typ 6

Die **Ausdrucksformen** *der Furcht, der Feigheit, der Angst, des Zweifels* beim **Opium-Patienten** sind a) Anschuldigung b) Überwachsamkeit c) Autoritätsausrichtung d) Zweifel d) Ambivalenz e) Theoretische Ausrichtung.

Die **zu bearbeitenden Themen** bei **Typ 6** sind: Erdung im Körper, Atmung, Verständnis für Angst, mit Wut arbeiten, Projektion (vgl. auch unter 6.18).

6.20 Erlösende Aufforderung an Patienten vom Typ 6 und Anregungen zur Entwicklung

Erlösende Aufforderung: Lebe dein großes Potenzial, gehe das Risiko ein!

Anregungen zur Entwicklung: Angemessene Risikobereitschaft erlernen, Zivilcourage üben, Entfaltung eigenständiger Handlungswege, Äußerung eigener Ansichten und Absichten, Eigen-verantwortung übernehmen, Entscheidungsfreude zeigen ohne großes Zögern oder Äußern von Bedenken, positive Lebenseinstellung entwickeln, Vertrauen und Mut entwickeln, ertragen von Ungewissheiten, sich der eigenen inneren Angst widmen, kalkulierte Risiken bewusst eingehen, der *kontraphobische Typ* hingegen muss seine Rüstung und seine Widerstände gegen das Leben ab-

legen und seine Angst akzeptieren, dann kann er auch sein einschüchterndes, angstabwehrendes Verhalten ablegen! - *„Fasse Vertrauen in dich und die Welt! Kontratyp: Gib den permanenten Kampf auf!"*

6.21 Die Bewusstheitsstufen des Opium-Patienten (Typ 6)

Verborgene Thematik: *Angst, Zweifel, Sicherheit* - **1. Sich selbst Hassender & schuldig Fühlender** *(= total unbewusst)* **2. Hysteriker** *(= sehr unbewusst)* **3. Unsicherer Mensch** *(= normal unbewusst)* **4. Harter, überkompensierter Mensch** *(= leicht bewusst)* **5. Ambivalenter** *(= normal bewusst)* **6. Gehorsamer Traditionalist** *(= stärker bewusst)* **7. Engagierter loyaler Freund** *(= deutlich bewusst)* **8. Liebenswerter Mensch** *(= sehr bewusst)* **9. Selbstbejahende Persönlichkeit** *(= total bewusst)*

6.22 Die heiligen (erlösenden) Ideen des Enneagrammprinzips des Enneatyps 6

Der *heilige Glaube (heilige Kraft)* ist die Erfahrung von *Typ 6*, dass er seine feige Suche nach Sicherheit aufgeben kann, um zu verstehen, dass er in der Tiefe seines Seins unverwundbar ist. Das Sein ist die innere Wirklichkeit und Wahrheit jedes Menschen. Glaube ist die Erfahrung dieses Seins.

Ü
138

Ü
142
143

TYP
6

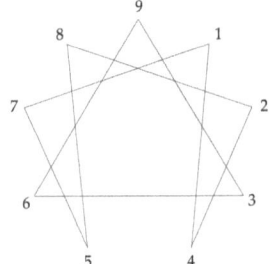

7. Das homöopathische Heilmittel für Enneatyp 7: Belladonna (Tollkirsche)

Die mehrjährige Pflanze mit dem botanischen Namen **Atropa belladonna** aus der Familie der *Nachtschattengewächse (Solanaceae)* hat matte, glockenförmige Blüten, die außen braunviolett, innen schmutzig gefleckt sind sowie runde kirschfruchtähnliche Beerenfrüchte, die von grün über rot bis glänzend violettschwarz aussehen. Die Pflanze wächst auf humusreichen, leicht kalkigen Böden bis zu 150 cm hoch und ist von Skandinavien bis zum Balkan und auch in Kleinasien heimisch, nicht aber in Nordafrika. Aufgrund ihrer auffälligen Farbe werden die Beeren auch *„Teufelsaugen"* genannt. Die *Nachtschattengewächse* produzieren für den Menschen höchst giftige *Alkaloide* mit *narkotischen* und *psychoaktiven Eigenschaften*. Schon drei bis fünf Beeren können bei einem Kleinkind eine tödliche Vergiftung hervorrufen. Die *Solanaceae* haben als Pflanzenfamilie eine große ökonomische Bedeutung als *Lebensmittellieferanten (Tomaten, Eier, Paprika, Kartoffeln etc.)*, aber auch als Heilmittel. Die **schwarze Tollkirsche** gilt seit alters her als *Zauberpflanze* mit der Fähigkeit, Erregungszustände und Halluzinationen auszulösen. Mit *Hyoscyamus* und *Stramonium* gehörte **Belladonna** damals zu den *sog. Hexenkräutern*. Zu Schönheitszwecken träufelten sich in vergangenen Zeiten die Frauen den Saft der **Tollkirsche** aufgrund seiner pupillenvergrößernden Wirkung in die Augen, daher die italienische Bezeichnung **Belladonna** für *„schöne Frau"*. Die meisten Menschen kennen diesen Effekt vom Augenarzt. Dieser benutzt einen der wesentlichen Inhaltsstoffe der **schwarzen Tollkirsche** *(Atropin)*, um die Augen im Zustand geweiteter Pupillen besser untersuchen zu können. In sonniger und trockener Witterung produziert **Belladonna** den höchsten Gehalt an Alkaloiden. Durch Experimente weiß man, dass die Alkaloidbildung bei den Pflanzen, die völlig im Schatten wachsen, um das 6-8-fache abnimmt. **Belladonna** ist darüber hinaus ein *Lichtkeimer*, d.h. der Samen braucht Licht, um zu entkeimen. Ebenso charakteristisch wie das Verhalten gegenüber dem Licht ist die ungewöhnliche *Wachstumskraft* der Pflanze. In einem Zeitraum von wenigen Monaten wächst sie zu einer mannshohen, buschigen Pflanze heran. Der Familienname *„Atropa"* kommt von *Atropos*, einer der drei griechischen Schicksalsgöttinnen, deren Aufgabe es war, das Schicksal der Menschen zu bestimmen. Sie durchschnitt nach der *Mythologie* als dritte Göttin *(neben Clotho und Lachesis)* am Ende den Lebensfaden, wenn die Lebensuhr des Menschen abgelaufen war. Die Rolle der *„Lebensbeendigerin"* gab *Atropos* den Namen *„die Unabwendbare"*. *Atropos* kann man also nicht entrinnen, genauso wenig wie man den tödlichen Wirkungen der Todesbeere **Belladonna** entrinnen kann. *Atropos* benutzte so die Beeren zur Erfüllung ihrer Pflichten. **Belladonna** war auch einer der psychoaktiven Bestandteile des Weines, den man auf orgiastischen Bacchusfesten trank. Die berauschenden Eigenschaften dieses Saftes halfen, einen Zustand des Wahnsinns hervorzurufen, indem die Priesterinnen von Bacchus Tiere, Menschen und Kinder in Stücke zerrissen. Am bekanntesten ist **Belladonna** jedoch als *Hexenkraut*. Nach alten Legenden ist **Atropa belladonna** ein Favorit des Teufels, der Tag für Tag ein wachendes Auge auf die Pflanze hält. Nur während einer Nacht im Jahr kann es vorkommen, dass er seine Sorgfalt vernachlässigt und das ist die berühmte *Walpurgisnacht*, also *die Nacht vom 30. April auf den 1. Mai*, sodass die Hexen nur in dieser besonderen Nacht die Pflanze für ihren traditionellen *Hexensabbat* anwenden konnten. Menschen und fleischfressende Tiere sind besonders empfänglich für die Giftwirkung des *Atropins*. Pflanzenfresser wie Ziegen, Schafe, Kaninchen

und Vögel vermögen große Mengen der Blätter oder Beeren ohne merkliche schädliche Folgen zu fressen. *Atropin* unterdrückt die Wirkung des parasympathischen Nervensystems, wodurch Erregung und sogar Raserei entstehen. Das charakteristische Bild einer *Atropinvergiftung* besteht aus Pupillenerweiterung, trockenem Mund und Kehle, Sprech- und Schluckstörungen, trockener Hitze, roter Haut, roter Gesichtsfarbe, Gesichtsfeldeinschränkungen, schnellem Herzschlag und Delirium. Meistens treten parallel psychische Störungen auf, vor allem die akute Psychose mit Erregungszustand, Raserei, wirren Reden, Weinkrämpfen, Halluzinationen und inadäquatem Lachen. Bei schweren Vergiftungen sind Koma und Tod durch Ersticken keine Seltenheit. Unter leichteren Vergiftungen verschwinden die körperlichen Symptome wieder ziemlich schnell, aber die psychischen Störungen können ein Nachspiel über Wochen oder gar Monate haben.

7.1 Homöopathische Leitsymptome von Belladonna

- Völlerei, Schlemmerei, Maßlosigkeit, Optimismus, Vitalität, positive Sichtweise, unbeschwert, leichtnehmend, oberflächlich, irrational, fröhlich, lustig, lüstern, schmeichlerisch, tratschend, strebt nach Vergnügen und Behaglichkeit, beliebt, charmant, bekannt, andere unterstützend, freundlich, gnädig, wohltätig, gebend, verschwenderisch, großzügig, gastfreundlich, stark, schön, wohlbekannt, dienlich, auf Gewinn aus, tüchtig, milde überheblich, herrisch, vielseitig, lustorientiert, genießerisch, versteckt ihre/seine wahren Probleme vor sich selbst und anderen, starkes Verlangen nach Licht, naiv, leichtgläubig, abergläubisch, ist sich seiner Symptomatik weniger bewusst als andere Patienten *(kann Art und Umfang der Symptome bzw. des anschließenden Heilungsverlaufs nicht klar erkennen und stellt seine Empfindungen häufig falsch dar)*, Angeberei, Prahlerei, Neigung, Dinge geheim zu halten, Verlangen zu beißen, denkt mehr als zu handeln, Träumer, Talent, andere zu überreden und zu gefallen, bis sie von ihnen geliebt werden („verhexen"), ständiges Verlangen, alles zu bekommen, dauernder Drang, sich anderen auf oralem Wege mitzuteilen, hartnäckiger Rededrang, Gefühl des Überströmens, unerschöpflich an Gedanken und Ideen, kann sich leicht verbal ausdrücken, sprühend, lebendig, ausdrucksstark, Hang zum Scharlatan, zu Betrügereien, spricht über Dinge, die sie gar nicht verstehen, Entdecker, Erfinder, schlauer und eigennütziger Rebell (nicht kämpferisch-offen), meidet Unangenehmes, unverbindlich, mangelnde Opferbereitschaft
- Vorstellung, sie/er würde gefangen genommen werden, sie/er sei ein Jongleur, sie/er wäre wohlhabend, der Körper sei braungefleckt
- Plötzlicher heftiger Beginn der Beschwerden, Hitzegefühl, Angst abwechselnd mit Raserei, Verlangen zu beissen, Wildheit, gewalttätig, wenn krank, Wut führt zu Gewalttaten, Lachen beim Sprechen und unwillkürlich, Tollwut, stöhnen abwechselnd mit Tanzen, simuliert Krankheit, verlangt nach besonderer, übertriebener oder auch maßloser Aufmerksamkeit, mal geht es gut, mal ist man krank, Gefühl, frei von Krankheit zu sein, plötzlicher Zorn dauert nur einen kurzen Augenblick, Gefühl von extremer Gesundheit abwechselnd mit dem Gefühl von extremer Krankheit
- Verlangen, schnell wieder gesund zu werden, damit das mit der Krankheit verbundene Leiden möglichst schnell wieder aufhört, sucht nach dem süßen Leben („La dolce vita")

- Brütet lange über eine vergangene Enttäuschung *(wie der Ignatia-Patient)*, singen abends, sieht lachende Masken, lebhafte Phantasien, extreme Zustände
- Stark unterdrückte Lebenskräfte stauen sich an und brechen gelegentlich als rascher heftiger, erdbebenartiger Zorn *(auch in Form heftigster Symptomatik)* hervor, kindlich-naive Sexualität, plötzlicher Beginn heftigster Wehen, Raserei während der Entbindung
- Blutandrang zum Kopf und Gesicht mit Röte, Hitze *(Plethora = Blutfülle, Überfülle, Stauung des Blutes)*, Brennen, Anschwellung, Klopfen, Entzündungen jeglicher Art, Hitzestau, unterdrückte Leidenschaft, Tollheit, kochendes Blut, hohes Fieber, Folge von Sonnenein-wirkung, Folgen von Erschütterungen, Erdbeben etc., Scharlach, Mumps
- Wutanfälle mit Schreien, explodieren förmlich vor Wut
- Verlauf einer Erkrankung: Rascher Beginn - dramatischer Höhepunkt - rascher Abfall der Krankheitserscheinungen, nach Schlaf bekommt sie/er Frieden
- Verlangen zu wandern, Dinge zu zerbrechen, zu übertreiben, zu widersprechen, alles möglichst sofort haben zu wollen, sich zu vergnügen, getragen zu werden, es leicht und unbeschwert zu haben, nach Zitronen (Zitronenlimonade)
- Schlagen aus dem Gefühl der Machtlosigkeit heraus, versteckt Dinge (= Gegenstände)
- Befreiung, Entlastung, Heftigkeit, plötzliches Erscheinen und Verschwinden, Hitze, Röte und Brennen, stilles Wesen abwechselnd mit Fröhlichkeit

7.2 Heilmittel für Typ 7 nach der sog. Signaturenlehre

Homöopathisches Arzneimittel Typ 7: Belladonna (Tollkirsche): *Einzellige Köpfe, kugelig, rund, weich, pupillenvergrößernd, giftig, ausdauernde, krautige Pflanze, mit mehrfach verästelter Pfahlwurzel, kräftiges Erscheinungbild, Stängel weist feine Behaarung auf, charakteristische Verwachsungen, beeren-tragend, auf Fremdbestäubung angewiesen, bevorzugt nährstoffreiche Böden, früher von Frauen zu Schönheitszwecken eingesetzt, „alte Zauberpflanze", innerer Aufbau wie bei einer Tomate, saftig, süßlich, voll, oval, gefällig; Nachtschattengewächs*

7.3 Zentrale Sichtweisen, Motivationen und Vorstellungen des Belladonna-Patienten (Typ 7)

Die zentralen Themen von **Belladonna** lassen sich zunächst in folgende Worte fassen:

Planen - Optimismus & Freude - Unersättlichkeit - Aktivität vor dem Hintergrund der Ablenkung vom eigenen Leid und allgemein von den „negativen" Aspekten des Lebens - Flucht, wegrennen aus genau demselben Grund, jegliche sog. negative Aspekte des Lebens auszublenden

Typ 7 kommt meistens als strahlender Sonnenschein auf die Welt. Freude empfinden und Opti-mismus zu verbreiten ist die Strategie dieses Menschentyps, auch später noch im Erwachsenenalter. Doch schon früh merkt dieser **Typ 7 des Enneagramms**, dass diese einseitige Betonung auf Freude und Lust am Leben den Bezugspersonen, die in der Regel anders „ticken", nicht so zusagt und **Typ 7** fühlt sich dann von dieser innerlich empfundenen Freude, von der Quelle der Lust und des prallen, süßen Lebens abgeschnitten, verloren und leer. So entsteht in diesem Menschen das Gefühl, ja die Vorstellung oder Wahnidee von Armut. Doch so ganz lassen sich diese inneren optimistischen Impulse nicht verdrängen und so erkannte damals auch schon der

indische Homöopath *Dr. M. L. Sehgal*, dass Menschen im **Belladonna-Zustand** oft die Gemüts-rubrik verwirklichen: *„Vorstellung (Wahnideen) - arm, aber reich"*. Trotz des außen häufig empfundenen Mangels fühlen sie sich nach wie vor innerlich reich, denn von der inneren Freude und dem Hang zum Zweckoptimismus kann und möchte sich ein **Belladonna-Patient** aufgrund dieser tief in ihm verankerten optimistischen leidvermeidenden Charakterstruktur niemals end-gültig verabschieden. Letztlich ist in uns allen diese tiefe innere Lebensfreude vorhanden, aller-dings wird diese Freude bei den anderen Enneagrammtypen oft von anderen ihnen spezifischen Lebens- oder Hauptthemen stark überlagert und somit verdeckt. Insofern ist der **Typ 7** eigentlich der *ursprünglichste aller Enneagrammtypen*, der aber leider im Rahmen seiner stark nach außen gerichteten Persönlichkeitsentwicklung immer wieder auch einseitig im Außen nach der verlo-renen Freude sucht, die ihm durch den Kontaktverlust zu seiner inneren Quelle der Freude in der Kindheit abhanden gekommen ist. Trotzdem er also immer wieder versucht, die Freude im Außen zu finden, scheitert er letztlich daran, denn das, was er im Außen immer wieder verzweifelt sucht, kann er dort nicht finden, weil er es im Innersten bereits ist, aber leider nicht erkennt, da ihm der Zugang zu seinem Innersten wie allen anderen unbewussten Enneagramm-typen verwehrt ist. So entwickelt **Typ 7** im Laufe der Jahre immer mehr ein Gefühl des Ab-geschnittenseins vom Leben, dass die Welt ein bedrohlicher Ort sei, dass er keinen Platz im Großen und Ganzen mehr innehabe, dass er für immer von der Quelle der Freude abgeschnitten sei. Doch diese inneren Mangelgefühle kann **Typ 7** einfach von seiner lebensbejahenden Natur her nicht dauerhaft zulassen. Daher sucht er ja so verzweifelt nach Lustgewinn und Freudenersatz. So bildet sich zugleich mit diesen eben beschriebenen Schattenanteilen der Seele ein fiktives Selbstbild, welches genau entgegengesetzt ist: *Ich bin o.k., (siehe* **„Wahnideen - Herz sei zu groß")***, du bist o.k., ich bin glücklich, ich bin ein Sonnenschein für andere, ich bin immer oder meistens positiv, ich kann andere Menschen überhaupt nicht verstehen, die mies drauf sind, ich bin optimistisch und auch idealistisch.* So zeigt sich der **Belladonna-Patient** der Welt und ist für uns Therapeuten damit häufig als Mensch und Patient zumindest vordergründig sehr angenehm zu behandeln. Doch letztlich projiziert **Typ 7** dabei sein inneres Mangelgefühl nach Außen und dabei kommt noch eine zusätzliche Komponente mit ins Spiel, nämlich das Planen mit dem Kopf, wodurch man am besten die ursprünglich empfundene echte Freude im Außen imitiert und inszeniert. Rational versucht der Patient im **Belladonna-Zustand** dann, jede Möglichkeit der Ablenkung und der Flucht vor Leid in jeglicher Form, um Negatives in seinem Leben zu vermeiden. Auch die Krankheit wird erst einmal wenig ernst genommen, denn durch sie wird der Spaß und die Freude des Daseins zunächst einmal stark getrübt. Damit verbunden ist auch häufig ein starker Freiheits-drang, vor allem bei einem **Siebener** mit ausgeprägtem 8er-Flügel. Vor diesem Hintergrund kann man die Wahnideen dieses Mittels auch besser verstehen, denn sie entsprechen genau diesen Vermeidungsstrategien des **Belladonna-Patienten** und der dahinterliegenden Ursache, dem gefühlten Getrenntsein von der inneren Freude des Seins. **Typ 7** gehört ja zur *sog. Angst-Triade* oder *Kopf-Triade des Enneagramms*, was man auf den ersten Blick erst einmal nicht für möglich halten würde, denn die Angst wird nach außen selten gelebt, kommt lediglich in Träumen oder bei Kindern stark zum Ausdruck, verliert sich dann aber scheinbar, weil sie als negatives leid-bringendes Merkmal von der Oberfläche des Lebens verschwinden muss. Auf diese Weise wird

die Angst durch den für **Typ 7** spezifischen Abwehrmechanismus der *sog. Rationalisierung* verdrängt und schließlich kaum noch wahrgenommen oder nur noch in wenigen Fällen bewusst. So finden wir in unseren Repertorien relativ wenige Gemütsrubriken, in denen Angst eine Rolle bei **Belladonna** spielt, was oft schnell zu dem Schluss führt, dass **Belladonna-Patienten** eigentlich wenige Ängste haben. Dabei ist es eher so, dass ihnen diese zahlreichen Ängste nicht mehr bewusst sind, weil sie ein (Nacht)Schattendasein im Unterbewusstsein führen und daher in aller Regel nicht (mehr) geäußert bzw. bewusst erlebt werden. Und doch finden wir **Belladonna** als mögliche homöopathische Arznei dann in einschlägigen homöopathischen Gemütsrubriken wie *„Qualvolle Angst - abends"*, aber in der Tat weniger in den Angst-Rubriken, die ein wenig konkreter formuliert sind, denn konkret geäußerte Ängste oder Befürchtungen sind für den **Belladonna-Patienten** in der Tat recht selten, aber durchaus natürlich auch möglich. Wir finden das Mittel dann jedenfalls etwas konkreter ausgedrückt in Rubriken wie *„Qualvolle Angst - mit Ruhelosigkeit"* oder *„Qualvolle Angst - mit Schlaflosigkeit"*. Denn die *Ruhelosigkeit* bzw. die *Schlaflosigkeit* sind sozusagen die Feinde von **Typ 7** und davor hat der **Belladonna-Patient** dann durchaus Angst. Dahinter steckt, dass beim Auftreten von Schlaflosigkeit u.a. auch Langeweile entstehen kann, die der **Belladonna-Patient** meidet wie der Teufel das Weihwasser! Daher finden wir das homöopathische Heilmittel **Belladonna** auch nicht in der Rubrik *„Langeweile, Überdruss, Lustlosigkeit"*, denn die Langeweile, also ein Zustand ohne ablenkende Dinge oder Gedanken, stellt für **Typ 7** einen innerlich empfundenen Tod dar, der stets vermieden und somit in aller Regel erst gar nicht empfunden werden kann. Ähnlich verhält es sich mit der Ruhelosigkeit, denn auch dahinter steckt letztlich eine Art von Langeweile, nicht genau zu wissen, was zu tun ist und wie man sich verhalten soll sowie eine innerlich empfundene Angst, die der **Belladonna-Patient** ja stets zu negieren versucht, vor allem im späteren Lebensalter. So wird die Wirklichkeit durch die Wahrnehmungsbrille des Patienten im **Belladonna-Zustand** je nach *Krankheitsgrad bzw. Bewusstseinsgrad* stark einseitig positiv verzerrt. Ihm erscheinen selbst gewöhnliche Dinge mitunter glänzend und leuchtend (siehe *"Wahnideen - in Bezug auf gefärbte, leuchtende Gegenstände"* oder *„Wahnideen - Dinge (Gegenstände) sehen schön, wunderschön aus"*. So geht es ihm immer solange sehr gut, bis es ihm plötzlich wieder sehr schlecht geht, aber nur für kurze Zeit (siehe *"Wahnideen - mal geht es gut, mal ist man krank"* oder *„Wahnideen - arm, aber reich"* oder *„Wahnideen - sie/er ist frei von Krankheit"*)

Das Glas ist im Zweifel, wenn diese überhaupt aufkommen, halb voll (siehe *„Wahnideen - sieht lachende Masken"*) und selbst wenn es leer sein sollte, ist es doch immerhin noch voller Luft! Häufig finden wir auch eine gewisse Unersättlichkeit, die sich nicht nur auf das Essen bezieht (siehe *„Wahnideen - sie/er würde essen"*), sondern auf alle möglichen Lebensbereiche, die dazu dienen, die Freude am Leben zu steigern *(siehe z.B. "Wahnideen - versucht Gegenstände von Bildern und Wänden zu sammeln")* Unter diesen Aspekten kann man die Vorstellungen des **Belladonna-Patienten** bzw. dessen oft sehr verzerrte Wahnideen von der vermeintlichen Wirklichkeit besser verstehen. Die Patienten wirken oft sehr freundlich, milde, sanft, ganz friedlich und erfreulich. Viele lachen sogar, wenn sie über ihre ernste Symptomatik sprechen *(siehe die Rubrik „Lachen beim Sprechen")* und signalisieren damit ihre nach außen gezeigte fröhliche, positive, optimistische Wesensart. Fühlt sich der Patient aber in irgendeiner Weise von außen in seinem

Überleben bedroht, kann ganz plötzlich und unvermittelt seine dunkle Seite in Form von enormer Angst, starker Erregung und Aufregung hervorbrechen. In den Arzneimittelrubriken finden wir dementsprechend die *Furcht vor dem bevorstehenden Tod, vor Tieren, vor eingebildeten Objekten, vor dem Galgen*. Der Patient sucht dann verzweifelt einen Ausweg, einen Notausgang, fühlt sich verfolgt, bedroht und läuft deshalb weg, flieht und wütet in seiner aufflammenden Angst, wird mitunter sehr gewalttätig, will alles in Brand setzen, im Zweifel fliehen und weglaufen vor den unangenehmen Situationen seines Lebens. Seine Empfindungen und Handlungen und auch der Ausdruck seiner Krankheitssymptomatik sind dann bemerkenswert stark und kraftvoll, begleitet von überraschend heftiger Intensität und Gewalt, immer mit dem starken Verlangen, aus der einseitig schrecklich negativ empfundenen Situation so schnell wie möglich zu entfliehen, um es anschließend wieder leicht und angenehm zu haben.

7.4 Darstellung des homöopathischen Arzneimittels Belladonna

Dr. Samuel Hahnemann (1755 - 1843), der Begründer der Homöopathie, beschreibt das **Heilmittel Belladonna** als erstes Mittel in der Ur-Quelle aller homöopathischen Arzneimittellehren, seinem Werk *„Reine Arzneimittellehre - Band 1"* aus dem Jahre 1825 anhand von Prüfungssymptomen wie folgt: *„Er geht in einem Kreis herum, er weiß nicht, was er tut, er weiß nicht, ob er träumt oder wacht, die Phantasie zaubert viele schöne Bilder vor, er glaubt, abwesende Dinge zu sehen, er glaubt, auf einem Ochsen zu reiten, er kennt seine Anverwandten nicht, arger Lachkrampf, nach einem kleinen Ärgernisse heftigste Krämpfe, die ihn antrieben, die Wände hinanzulaufen, lautes Irrereden, Abneigung und Abscheu vor Arbeit, vor Bewegung, unruhiger Schlaf, das Kind wirft sich herum, strampelt und redet zänkisch im Schlaf, träumt von Feuergefahr und wacht darüber auf, hört sich selbst im Schlafe aufschreien, Angst verhindert den Schlaf, er glaubt, er müsse nach Hause, weil dort alles verbrannt sei, schwätzt von Hunden und Wölfen, die ihn umringen, lustiger Wahnsinn, singt und trällert, unwillkürliches lautes Lachen, er lächelt lange vor sich hin, lacht und singt und betastet die nahen Dinge, närrische lächerliche Possen, gaukelnde Gebärden, unbändig lautes Gelächter, ausgelassen und übermütig lustig, aufgelegt zu zanken ohne Ursache und zu beleidigen lachenden Mutes, er zeigt bald lächerlichen Wahnsinn, bald redet er vernünftig, er geht mit hoch aufgehobenen Füßen, als wenn er über im Wege liegende Dinge hinwegsteigen müsste, Unsinnigkeit, sie ziehen sich aus, laufen im bloßem Hemd durch die Straßen, machen wunderliche Gebärden, tanzen, lachen laut und schwatzen und begehren närrisches Zeug, klatscht mit den Händen über dem Kopf zusammen, heftiges Kopfschütteln, bald greift er hastig nach den nahe Stehenden, bald zieht er sich furchtsam zurück, sehr aufgeregt, möchte immer gleich weinen, weinerliche Furchtsamkeit, er steht nachts auf und geht in tiefen Gedanken auf und ab, Gleichgültigkeit, Apathie, nicht aufgelegt zu sprechen, er wünscht Einsamkeit und Ruhe, jedes Geräusch und der Besuch von anderen ist ihm zuwider, stille Verdrießlichkeit, nichts ist ihm recht, er war auf sich selbst böse, heulen und schreien um Kleinigkeiten, welches durch gütliches Zureden ärger wird, Wut, der Knabe kannte seine Eltern nicht, tobt rasend im Bett herum, zerreißt seine Hemden und Kleider, schlägt sich mit den Fäusten ins Gesicht, Löffel entzwei, zernagte die Schüssel und knurrte und bellte wie ein Hund, Raserei, wobei der Kranke oft sehr listig war, sang und schrie, dann wieder spie und biss, er verletzt sich und andere und schlägt um sich, will beißen, rauft die Umstehenden bei den Haaren, musste festgehalten werden und spie nach den Umstehenden, furchtsamer Wahnsinn, er fürchtet sich vor einem eingebildeten,*

schwarzen Hund, vor dem Galgen, er fürchtet sich, bei lebendigem Leib zu verfaulen, er flieht ins freie Feld, will sterben und andere sollen ihm dabei helfen."

7.5 Psychologisches Verhalten des Enneagrammtyps 7

Psychologisches Verhalten Typ 7: *Narzisstisch* (= *selbstsüchtig*): **Typ 7** *muss, in dem er sich in die gesunde Richtung seines Entspannungspunktes der 5 entwickeln lernt, seine nach außen gerichteten Energien mehr nach innen zu lenken, selbstgenügsamer und ausdauernder zu werden und die Dinge nicht mehr so oberflächlich zu nehmen, um insgesamt tiefgründiger, empfindsamer, weniger egoistisch und dankbarer zu werden!*

Projektionen im Streit Typ 7: Hält andere für oberflächlich, leer, hohl, verloren, vor Problemen weglaufend, vergnügungssüchtig, undankbar, unersättlich, unmäßig, keinen Spaß verstehend.

Psychologisches Muster: Aus gestauter, unterdrückter Lebenskraft wird Zorn.

Psychologische Lösung: *Du hast das Recht, dein Potenzial zu leben! Erkenne, wie aus gestauter, unterdrückter Lebenskraft Zorn entsteht!*

7.6 Charakterfixierung (wesentliche psychische Merkmale der Charakterstruktur) bei Typ 7

Oral-rezeptiv (intellektuell) - *Völlerei, Betrügerei und die narzisstische Persönlichkeitsstörung:* Völlerei, hedonistische Willfährigkeit, Neigung zur Rebellion, fehlende Disziplin, imaginäre Wunscherfüllung, liebenswerte Gefälligkeit, Narzissmus, Bedürfnis nach Befriedigung als Ausdruck der Leidenschaft der Völlerei.

7.7 Die energetische Ausstrahlung von Typ 7

Charmant, aufgedreht, substanzlos, oberflächlich, warmherzig, beschwingt, heiter, fröhlich, vergnügt, dümmlich, maßlos, (bedingt) anpassungsbereit, verschlingend, einladend, anziehend, „quecksilbrig", überdreht, nervig, quengelig, unersättlich, witzig, naiv, kindlich, milde als Ausdrucksform der Leidenschaft der Völlerei.

Blickqualität: Liebe Lebendig, fröhlich, optimistisch, unbeschwert, frei, sorglos, glänzend - tendenziell warm

7.8 Beschreibungen der Persönlichkeit von Typ 7

Der Lustorientierte, der optimistische Pragmatiker, der vielseitige Optimist, der wendige Träumer, der Undankbare, der Spaßvogel, der Frivole, der Unersättliche, das magische Kind, der Epikureer, der Genießer, der heilige Narr, der Generalist, der Plänemacher, der Gourmand (= Schlemmer) (selbsterhaltender Untertyp 7), der Familienmensch (selbsterhaltender Untertyp 7), die erweiterte Familie (selbsterhaltender Untertyp 7), der „Bonvivant" (= Genussmensch) (selbsterhaltender Untertyp 7), der utopische Visionär (sozialer Untertyp 7), der soziale Märtyrer (sozialer Untertyp 7), die Einschränkung/Beschränkung (sozialer Untertyp 7), der Abenteurer (sexueller Untertyp 7), der Charmeur (Herzensbrecher) (sexueller Untertyp 7), der Gauner (sexueller Untertyp 7), die Faszination (sexueller Untertyp 7), die Beeinflussbarkeit (sexueller Untertyp 7)

7.9 Dynamik von Gesundheit & Krankheit bei Typ 7, der maßlosen Persönlichkeit

Das *Bedürfnis, glücklich und zufrieden zu sein* führt im normal bewussten Zustand dazu, dass *Typ 7 das Leben erkundet, seine Lebensumstände genießt und die Welt schätzt*. Wenn der Fokus aber ständig auf *„Lebensgenuss"* gerichtet ist, geht der Weg von *Typ 7* auch sehr schnell in Richtung *Unbewusstheit (Krankheit)*, indem er *nur noch positive Sinneseindrücke sucht sowie das Leid möglichst vermeidet* und damit die Furcht, des Glückes beraubt zu werden, zunimmt.

7.10 Positive Eigenschaften von Typ 7

Enthusiasmus: Anerkennend, interessiert, lebhaft, produktiv, frei von Hemmungen, effektiv, optimistisch, großzügig, fröhlich, einfallsreich, abwechslungsreich, begeisterungsfähig, Möglichkeiten erkennend, charmant, spontan, zuversichtlich, schnell, neugierig, unbeschwert, fürsorglich, amüsant, geht aus sich heraus, abenteuerlustig, Neues unternehmend.

7.11 Negative Eigenschaften von Typ 7

Planend und defensiv: Erlebnishungrig, überaktiv, oberflächlich, materialistisch, nie zufrieden, undankbar, ichbezogen, unbeherrscht, will sich nicht festlegen, impulsiv, narzisstisch, besitzergreifend, manisch, ruhelos, selbstzerstörerisch, rebellisch, unkonzentriert, überenthusiastisch, starrköpfig, defensiv, zerstreut, ambivalente Gefühle in Bezug auf Bindungen.

7.12 Gestik und Mimik von Typ 7

Gestik: *Flüchtige Gesten* = manchmal langsame, bedächtige Gesten, flüchtige Bewegungen der Arme, häufig aber auch sehr bewegliche, variationsreiche Gestik, Gestik drückt letztlich immer auch die innerlich vorhandene Leidenschaft der (versteckten) Maßlosigkeit/Unersättlichkeit/Völlerei aus.

Mimik: *Offen, optimistisch* = freundliche milde Gesichtszüge, lustig, witzig, milde, gelegenheitsergreifend, planend, „flinker" Blick mit schnellen Augenbewegungen, voller Lebensfreude, üppig, satt, zufrieden, sanft, entspannt, schalkhaft, schelmisch, spitzbübisch, verschmitzt, häufig lachend oder lächelnd, versteckt die wahren Gefühle, versteckt die Maßlosigkeit/Unersättlichkeit/Völlerei.

7.13 Ego-Fixierung von Typ 7

Ego-Planen - Typ 7 meint, **das Leben lasse sich durch Planung als andauernder Rauschzustand organisieren,** die Sackgasse, in der er festsitzt, heißt Idealismus (= Falle).

7.14 Spezielle Angst (Grundangst) von Typ 7

Grundangst (Hauptangst) **Typ 7**: *Vor Langeweile, Deprivation, Mangel, Anstrengung, Schmerzen und Leid zu erleiden, benachteiligt oder beraubt zu werden, nicht ohne fremde Hilfe überleben zu können, zu erkennen, dass weniger oft mehr ist!*

7.15 Krankheitszustand von Typ 7

105 106 107 110 111 112 113 115 119 126

Wird unversöhnlich und starr wie eine ***ungesunde 1*** (siehe Verbindung 1-7), *innerlich rasend* wie eine ***ungesunde 6*** (siehe 6er-Flügel der 7), *geizig* wie eine ***ungesunde 5*** (siehe Verbindung 5- 7) und *zornig und wütend* wie eine ***ungesunde 8*** (siehe 8er-Flügel der 7).

7.16 Gesundheitszustand von Typ 7

Schätzt zunehmend die Hier-und-Jetzt-Realität, nimmt die Dinge wieder wirklich wahr und kann sie angemessen würdigen wie eine ***gesunde 5*** (siehe Verbindung 5-7), *übernimmt wieder vermehrt Verantwortung* wie eine ***gesunde 6*** (siehe 6er-Flügel der 7), *kann anderen Menschen wieder besser verzeihen* wie eine ***gesunde 1*** (siehe Verbindung 1-7), *wird wieder selbstbewusst und unabhängig* wie eine ***gesunde 8*** (siehe 8er-Flügel der 7).

7.17 Therapeutische Tipps im Umgang mit Patienten vom Typ 7

127

Man darf auf keinen Fall in die *Optimismus-Falle* des aufgeweckten Patienten vom *Typ 7* tappen; so einseitig negativ *Typ 6* seine Geschichte schildern mag, so einseitig positiv wird *Typ 7* sie schildern, um vor dem darunterliegenden Schmerz wegzulaufen; man darf als Therapeut dem Patienten nicht die Geschichte abnehmen, dass andere doch so schrecklich negativ seien; denn die optimistische Sichtweise von *Typ 7* ist nicht wirklich realistischer, wenn auch insgesamt meistens angenehmer beim Zuhören; man sollte also als Therapeut dabei nicht positiv mitgehen und so unbewusst vermeiden, *Typ 7* ein realistischeres und negativeres Feedback zu geben; man sollte *Typ 7* wirklich vor die Wahl stellen und ihm aber auch deutlich machen, dass er nicht die Therapie weiterführen muss, wenn er es nicht selbst wirklich will; man muss *Typ 7* mit aller Kraft aus dem einseitig Positiven herausholen, z.B. indem man ihm im Gespräch Realitätsüberprüfungen anbietet und so den Patienten immer näher an die Wirklichkeit heranführt; weiterhin wichtig bei *Typ 7* ist es, eine gleichwertige Beziehung zum Patienten zu schaffen, kein Über-Unterordnungsverhältnis, denn *Typ 7* ist sensibel für die Beziehungsdefinition und aus seiner Sicht sind wir als Menschen alle gleich viel wert, was letztlich ja genau der Wahrheit entspricht.

7.18 Psychologischer Abwehrmechanismus von Typ 7

124 128 129 130

Rationalisierung: Gefühle und Impulse werden verargumentiert. Darunter ist die Gewohnheit zu verstehen, alles was schmerzlich oder negativ sein könnte, positiv umzudeuten. Das reduziert erst einmal schmerzhafte und negative Erfahrungen, indem sie eine neue Bedeutung erhalten und ermöglicht es, Erfahrungen wie Limitiertsein und Schmerzen zu umgehen. Das trägt dazu bei, das ideale Selbstbild zu erhalten: *„Ich bin ein optimistischer, positiver Mensch!"*

7.19 Die Ausdrucksformen der Völlerei und die zu bearbeitenden Themen von Typ 7

131

Die **Ausdrucksformen** *der Völlerei, der Maßlosigkeit, der Unersättlichkeit* beim **Belladonna-Patienten** sind a) Hedonistische Freizügigkeit b) Neigung zur Rebellion c) Fehlende Disziplin d) imaginäre Wunscherfüllung e) liebenswert & glücklich sein f) Narzissmus g) Betrügerei.

Die **zu bearbeitenden Themen** bei **Typ 7** sind: Verständnis für die eigene Angst und den inneren „Affengeist", der immer weiter nach Abwechslung sucht, negative und schmerzliche Gefühle zulassen, Rationalisierung, Empathie (vgl. auch unter 7.18).

7.20 Erlösende Aufforderung an Patienten vom Typ 7 und Anregungen zur Entwicklung

Ü 132

Erlösende Aufforderung: Erfahre die gesamte Polarität des Lebens, die positiven *und* die negativen Seiten!

Anregungen zur Entwicklung: Realitätssinn entfalten, Prioritäten setzen, sich auch den Einzelheiten widmen, Tiefgang statt Oberflächlichkeit leben, Vorhaben auch zu Ende führen, sich selbst Grenzen setzen und sie auch beachten, Stille und Reflexion suchen und finden und kurzweilige Ablenkungen vermeiden, die täglichen Mühen, die sog. lästigen Pflichten annehmen und als Anlässe zur persönlichen inneren Reife auffassen, Schmerz und Leid im Leben zulassen und nicht ständig davor wegrennen, Nüchternheit und Sachlichkeit entwickeln sowie Langeweile ertragen lernen! - *„Blende nicht immer alles Negative aus!"*

7.21 Die Bewusstheitsstufen des Belladonna-Patienten (Typ 7)

Ü 139

TYP 7

Verborgene Thematik: *Völlerei, Unmäßigkeit, glücklich sein* - **1. Panischer Hysteriker** *(= total unbewusst)* **2. Manisch-Triebhafter** *(= sehr unbewusst)* **3. Impulsiver Realitätsflüchtling** *(= normal unbewusst)* **4. Exzessiver Materialist** *(= leicht bewusst)* **5. Hyperaktiver Extravertierter** *(= normal bewusst)* **6. Welterfahrener Lebenskünstler** *(= stärker bewusst)* **7. Tüchtiger Alleskönner** *(= deutlich bewusst)* **8. Glücklicher Enthusiast** *(= sehr bewusst)* **9. Ekstatischer Genießer** *(= total bewusst)*

7.22 Die heiligen (erlösenden) Ideen des Enneagrammprinzips des Enneatyps 7

Ü 142 143

Die *heilige Arbeit (heilige Weisheit, heiliger Plan)* entsteht dann, wenn *Typ 7* sein rastloses Planen aufgibt und versteht, dass er seine wahre Essenz nur in der Gegenwart finden kann, nicht in einer geplanten Zukunft. Die Evolution kann spontan und weise im gegenwärtigen Augenblick erkannt werden.

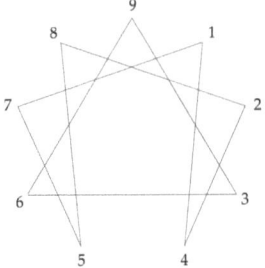

8. Das homöopathische Heilmittel für Enneatyp 8: Veratrum album (weißer Germer)

Veratrum album, der *weiße Germer* oder auch *weiße Nieswurz* ist eine Giftpflanze *(„gift" aus dem Englischen = „Geschenk", die Dosis macht das Gift und die Dosis macht das Geschenk des Heilmittels!)* aus der **Familie der Liliengewächse**. Die gesamte Pflanze ist stark giftig. Das Vorkommen dieser ausdauernden, 50 - 150 cm hohen Staude mit beblätterten und dicht behaartem Stengel erstreckt sich von Skandinavien über Europa, Sibirien und Ostasien. Ihre unteren Blätter sind elliptisch, die oberen lanzettartig, der Blütenstand besteht aus einer 30 - 60 cm langen Rispe mit weißen oder gelblich-grünen sechszähligen Blüten, die bei Sonnenschein einen betäubenden Geruch verbreiten. **Veratrum album** ist eine Charakterpflanze der subalpinen Weiden und fetten Mäh-wiesen, wo sie als giftiges und platzraubendes Unkraut *(Typ 8 hat sehr häufig eine starke körperliche Präsenz und eine sehr raumfordernde, besitzergreifende Art)*. Kälber, Schafe und Ziegen können nach dem Genuss dieser Pflanze unter Verdauungsstörungen zugrunde gehen. Pferde hingegen sind weniger empfindlich. Als weiterer Nachteil kommt hinzu, dass der **Germer** den Boden stark aussaugt. Der Stengel ist hoch, der Geruch der Blüten wird manchmal als sehr aufdringlich und mitunter leichenartig bezeichnet. Eine Menge von 2 g soll für einen Erwachsenen tödlich sein. In der *alten Medizin* wurde **Veratrum album** gegen Brechreiz, epileptische Anfälle und Geisteskrankheit angewendet, in der *modernen Medizin* finden die Inhaltsstoffen von **Veratrum album** ähnliche Substanz namens *Veraptamil* im *Antiarrhythmikum Isoptin* zur Behandlung von Herzrhythmusstörungen häufige Anwendung. In die *Homöopathie* eingeführt wurde **Veratrum album** von *Samuel Hahnemann* selbst. Sein **Sohn Friedrich** wurde bei einer der ersten Arzneimittelprüfungen beinahe vergiftet. Der Gattungsname **„Veratrum"** stammt vom lateinischen **„vertere"**, was **„wenden"** bedeutet und zum Ausdruck bringt, dass die toxische Pflanze den Geist wenden, d.h. wahnsinnig machen kann. Der Beiname **„album"** weißt auf den weißlichen Wurzel-stock hin. Die Alkaloide der **weißen Nieswurz** wirken reizend auf die Haut, die Augen, die Nase und den Mund. Nasal eingenommen *(Schnupftabak)* kommt es zu einem Niesreiz, Juckreiz bis zur völligen Schmerzfreiheit, der *sog. Anästhesia dolorosa.* Die *Alkaloide* werden sehr rasch durch die unverletzte Haut und Schleimhaut resorbiert. Oral aufgenommene Pflanzenteile führen zu Schmerzen im Mund, einem Brennen der Zunge und einem Kratzen und Brennen im Rachen-bereich. Weitere Merkmale einer *Intoxikation* sind erhöhter Speichelfluss, Übelkeit, Erbrechen, heftigste Durchfälle und ein starkes Durstgefühl. Der Vergiftete hat ein Angstgefühl, dass bis zur starken Erregung geht, Krämpfe, ist blass und hat ein Gefühl der Kälte, das mit einem Zittern am ganzen Körper einhergeht. Der Puls ist extrem bradykard (= verlangsamt) und schwach, Kollapsneigung, zunehmende Atemnot bis hin zu Erstickungserscheinungen. Der Tod erfolgt bei vollkommenem Bewusstsein, ca. 3 - 12 Stunden nach Einnahme des Giftes durch Kreislauf-lähmung und Atemstillstand. In der Antike war der **weiße Germer** ein Mordgift und wurde auch als Pfeilgift zur Jagd eingesetzt. Vergiftungen in der heutigen Zeit entstehen bei der Ver-wendung von Teilen der Pflanze in *Schnupftabaken* und in der Verwechslung des Krautes, solange es nicht blüht, mit dem nicht blühenden gelben Enzian als Zusatz zum Schnaps. Heutzutage werden *homöopathische Komplexmittel* mit **Veratrum album** versehen, um die Vitalität und Leistungsfähigkeit medikamentös zu unterstützen.

8.1 Homöopathische Leitsymptome von Veratrum album

- Streben nach Macht, Stärke, Kontrolle, Ansehen, Überheblichkeit, Unaufrichtigkeit, Hochmut, Hochstapler, geltungssüchtiger Charakter, voller Gier, Habgier, kann den Hals nicht voll genug bekommen, skrupellos, egoistisch, egozentrisch, egomanisch, denkt letztlich nur an sich, rachsüchtig, Ego-Rache (*„Racheengel", das in der Kindheit erlittene Unrecht wird heimgezahlt, das damalige Opfer wird zum heutigen Täter!*), geizig, ungehalten, rebellisch, herausfordernd, begehrt gegen jegliche Autoritäten auf, intolerant, herrisch, diktatorisch, intolerant, fluchend, starkes Auftreten, überwältigen andere, erdrücken andere, schamlos, hart zu Untergebenen, freundlich zu Vorgesetzten, extrem selbstgefällig (*stolz auf sich und die eigenen Errungenschaften*), affektiert, egozentrisch, dogmatisch, extravagantes Verhalten, wichtigtuerisch, prahlerisch, besserwisserisch, lassen keine andere Meinung zu, schwierig, mit ihnen zusammenzuleben, reizbar bei Widerspruch, schroff, tadelsüchtig, ärgern sich ständig über die anderen, haben dauernd etwas auszusetzen, denunzieren, bespitzeln und kontrollieren ihre Nächsten, heftig, jagt die Familie aus dem Haus, reizbar, streitsüchtig, verärgert, zornig, ungehalten, kühn, fleißig, neugierig, wahrheitsliebend, vorsichtig, schmutzig, anfallsweise erotisch, Verlangen nach Hause zu gehen, Mangel an moralischem Gefühl, ängstliches Delirium, Gefühl eines Königs, der plötzlich zum Bettler wird, asozial, kann nicht vergeben oder verzeihen, kann sich nicht entschuldigen, selbstbewusst, energisch, dominierend, entschlussfreudig, herrschsüchtig, Angst, von anderen beherrscht oder verletzt zu werden, mitunter kindliche Sanftheit, Aufrichtigkeit, Großherzigkeit und Verletzlichkeit in bewussten Lebensphasen

- Extreme Geschwätzigkeit, redet wie in einem Monolog und merkt gar nicht, dass die anderen nicht mehr zuhören, ist von sich selbst so stark eingenommen, narzisstische Tendenzen, fanatisch, missionarisch, selbstgerechte Art, über Moral und Unmoral zu urteilen, predigt gern anderen, andauernd in Streitigkeiten verwickelt, murmelt Absurdes, Wildheit durch jedes kleinste Geräusch, Raserei mit Körperhitze, Angst nach/bei Zorn, Angst endet mit Aufstoßen, Vorstellung, reich zu sein, brütet abwechselnd mit Schreien
- Vorstellung, einen göttlichen Auftrag erhalten zu haben, die Menschen bekehren zu müssen, dass er mit Gott in Verbindung stehe, dass er mit ihm spreche, dass er Christus sei oder eine andere religiöse Autorität verkörpern würde, dass die Welt in Flammen stehen würde, dass er eine Person höchsten Ranges sei, dass er im Ausland sei, dass er ein Prinz sei (*= Pascha- oder Fürstenstellung, mit besonderen Befugnissen und Privilegien*), phallisch-narzisstische Persönlichkeit, will nichts (*wie Opium*)
- Depressionen mit Wahnvorstellungen, manische Depression mit Entfremdung von der Familie und Freunden, aber freundlich zu Fremden, ignoriert Verwandte
- Streitsucht, Eifersucht, Arroganz, Dominanz, Angeberei mit Reichtum und Erfolg
- Sorgt sich um seine soziale Stellung, ehrgeizig, voller Power, setzt alle erdenklichen Mittel ein, seine Ziele zu erreichen, emotionslos, distanziert, kühl, unhöfliches Benehmen, enorme Aktivität, bemerkenswerte Ausdauer, voller Tatendrang, die Puste scheint ihr/ihm niemals auszugehen, rastlos, unruhig, kann nicht still sitzen, sexuell überaktiv, Mangel an Lebenswärme, überschließende Transpiration (*Schweißbildung*), intensive

Symptomatik/Schmerzen, innere Hitze mit Kälte der Körperoberfläche und Kaltschweißigkeit, Durchfall mit gleichzeitigem Erbrechen

- Abweisend nach Verletzung, kann nicht verzeihen, ist arrogant und leugnet jegliche Schwäche oder Eigenanteile am Konflikt, Unverträglichkeit von Kritik, Tadel oder Widerspruch, Apathie, abergläubisch, nimmt nichts wahr, Alterspsychose, vorgetäuschte Taubheit oder Blindheit, plötzlicher Impuls zu töten
- Wechsel zwischen Tobsucht und Verschlossenheit, nächtliche Verschlimmerung aller Beschwerden, brütet, grübelt und jammert abends, flucht die ganze Nacht
- Größenwahn, Manie, Kräftezerfall, Kollaps, eisige Kälte, simuliert Krankheit, ausgeprägtes Schwarz-Weiß-Denken, der egoistischste Typ des Enneagramms

8.2 Heilmittel für Typ 8 nach der sog. Signaturenlehre

Ü 13

Homöopathisches Arzneimittel Typ 8: Veratrum album (weißer Germer): *Hochgewachsen, rücksichtslos, furchtlos, mächtig, expansives Wachstum, Duft sehr aufdringlich, Wurzel im Innersten weiß, territorial weites Verbreitungsgebiet, sehr giftig, Bekämpfung, Lähmung, Arznei gegen Kreislaufkollaps, Ohnmacht, Schwäche, Schweißausbrüche, Durchfall, Erbrechen und Krämpfe etc., Einsatz bei Erkrankungen mit heftiger Symptomatik, Brechmittel, erfahrenes Großvieh rührt die giftige Pflanze nicht an; in der Antike als Mord- und Pfeilgift genutzt, Liliengewächs*

8.3 Zentrale Sichtweisen, Motivationen und Vorstellungen des Veratrum-Patienten (Typ 8)

Die zentralen Themen bei **Veratrum album** als Heilmittel der **Enneagramm-Homöopathie** sind:

TYP 8

Ü 108 109 113 114

Rache - Macht - Gerechtigkeit - Stärke - Härte - Kampf - Selbstbestrafung - Verleugnung von Schwäche - Wahrheit - Das Opfer wird zum Täter

Schon in der Kindheit wird dieser **Typ 8** von seinem wahren Selbst nach und nach getrennt, welches in erster Linie das Thema *Wahrheit und Stärke* bedeutet. Regelmäßig finden wir oft schon in der frühen Kindheit stark prägende Einflüsse in Form von körperlicher und/oder psychischer Gewalt seitens der unmittelbaren Bezugspersonen und die damit eng verbundene *Notwendigkeit eines Kampfes* mit der Außenwelt und ein ausgeprägtes Empfinden von Gerechtigkeit und Ungerechtigkeit. So entsteht schon im Laufe der ersten Lebenjahre das Gefühl, schwach, unterlegen und schlecht zu sein. Diese Gefühle von *Schlechtigkeit* und *Schwäche* führen zu den inneren Glaubenssätzen: *„Ich bin schwach, schlecht, schuld, gefühllos, habe keine Seele, bin schuld daran, dass mir dieses oder jenes passiert ist, mit mir stimmt etwas nicht, die Welt ist mir gegenüber feindlich und böswillig."* Mit diesen Seelenanteilen kann kein Mensch auf Dauer leben und so werden diese Denkstrukturen über sich selbst und die entsprechenden Gefühle ins Unterbewusstsein des **Typs 8** verfrachtet. Dort führen sie dann ihr Schattendasein und kompensatorisch bildet sich genau das Gegenteil davon als Selbstbild an der Oberfläche der Persönlichkeitsstruktur des **Veratrum album-Patienten** aus: *„Ich bin stark, ich bin mächtig, ich bin gerecht und ich kämpfe auch für die Gerechtigkeit, ich bin selbstbewusst, zäh und kompetent und werde zukünftig niemals mehr unterliegen."* Doch immer wieder kommen Phasen im Leben, in denen sich der Patient schwach und schlecht fühlt, weil auch die unterbewussten Impulse immer wieder ins Bewusstsein drängen (müssen). Aus dem dann bewusst empfundenen Gefühl von Schwäche

und Schlechtigkeit entwickelt sich schnell der Eindruck, jemand muss schuld daran sein, denn so projiziert der **Veratrum album-Patient** dann oft in Zeiten der Krankheit sein inneres Mangelgefühl, seine innere verletzliche Wunde nach außen. Schließlich kommt er zu dem Schluss, dass das Leben ihn ungerecht behandelt hat. Häufig hört man das bei den Patienten im Hintergrund heraus, leider aber oft erst nach einigen Anamnesen. Zuvor wird zunächst immer erst die *Stärke* und die *selbstbewusste Art der Persönlichkeit*, wie oben beschrieben, nach außen gekehrt. Dies ist allerdings nur der „billige" Versuch, echte Stärke zu imitieren, die einfach durch den Kontaktverlust zum echten Sein dieses Menschen seit der frühen Kindheit nicht mehr gespürt wurde. Aus dem Empfinden, dass das Leben den Patienten ungerecht behandelt hat, folgt dann das Bedürfnis, zu kämpfen, nicht aufzugeben, niemals mehr zu unterliegen, immer die Oberhand zu behalten, immer den Ton anzugeben, sich u.U. zu rächen und die Umwelt zu kontrollieren als Versuch der Imitation echter Stärke bis hin zu einer solchen Vorstellung (Wahnideen) wie, dass sie oder er ein Bote Gottes sei *(siehe „Wahnideen - sie/er sei ein Bote Gottes").* Das Opfer von früher wird also zum Täter von heute. Unter diesen Aspekten sollten wir versuchen, die Wahnideen und sonstigen Gemütsrubriken als zentrale Themen dieses Mittels zu verstehen, denn dann können wir recht gut auch den Patienten im **Veratrum album-Zustand** verstehen bzw. erkennen. Der Patient gibt sich gern stark, wichtig und besonders, obwohl er tief im Inneren eigentlich wenig Selbstbewusstsein besitzt. Um seine Ziele zu erreichen benutzt er alle Tricks, auch unrechte, weil es auch bei ihm existenziell immer um alles oder nichts geht. Seine soziale Position in der Gesellschaft ist ihm sehr wichtig, da sie Sicherheit, materiellen Zufluss und Schutz vor Angriffen bietet. *Belladonna-Patienten (Typ 7)* haben die Angst, angegriffen zu werden, *Stramonium-Patienten (Typ 5)* leben in der Furcht, allein in der Wildnis zu sein, *Hyoscyamus-Patienten (Typ 2)* befürchten, ihr Partner würde sie verlassen und **Veratrum album-Patienten** *(Typ 8)* vereinen alle diese Ängste in sich *(vgl. dazu die Verbindungen zwischen den einzelnen Enneagrammpunkten innerhalb des Enneagramms: Punkt 2 = Entspannungspunkt zu Punkt 8; Punkt 5 = Stresspunkt zu Punkt 8; Punkt 7 = Nachbarpunkt oder Flügel von Punkt 8).* Auf der einen Seite kann der **Veratrum album-Patient** sehr nett, unterhaltsam, sozial und wohlwollend auftreten, andererseits aber auch überheblich, hochmütig, nach Außen Stärke demonstrierend, die innerlich gar nicht vorhanden ist. Er neigt dann zu Übertreibung und Hochstapelei und muss immer seine Großartigkeit betonen, die aber seinem Inneren und seiner Lebenswirklichkeit in diesem Maße gar nicht entspricht. Mitunter benutzt der Patient Religion, spirituelle Systeme und sonstige Ideen bzw. Ideologien, um sich zielgerichtet sein Ego (= fiktives Selbstbild) der starken Frau / des starken Mannes aufzubauen und andere regelmäßig zu unterjochen, nur um niemals selbst wieder unterliegen zu müssen. In der Tiefe seines Seins leidet der Patient unter starken Minderwertigkeitsgefühlen und manchmal gar Schüchternheit, die zu Angst vor zukünftigem Leid und Unheil führen. Vor diesem *Mangelhintergrund* baut sich beim **Veratrum-Patienten** ein maßloser *Ehrgeiz* und *Machtwille* auf; er will *mit allen erdenklichen Mitteln und um jeden Preis* zum Erfolg kommen. Auf seinem Weg zur Macht benutzt er selbst seine Nächsten nur zu seinem eigenen Nutzen. Menschen sind für ihn mehr Objekte, die seinen Willen gehorchen sollten, sonst verliert er sehr schnell das Interesse an ihnen und schreibt sie innerlich ab. Um seine zahlreichen Ziele und Wünsche in der äußeren Welt zu

erreichen, bringt er mit extremem Selbstbewusstsein seine Waffen ins Spiel. Er ist äußerst umtriebig, arbeitsam und kann aufgrund seines *hohen Energielevels* unaufhörlich und fast schon auf wahnsinnige Art körperliche Höchstleistungen erbringen, nur um seine Projekte zu verwirklichen. Dabei legt er neben einer erstaunlichen Ausdauer oft auch eine gewisse *Stumpfheit* an den Tag, die seinem Mangel an Anpassungsbereitschaft an die Realität entspricht. Im Notfall setzt er dann alle erdenklichen Mittel ein, widersetzt und streitet sich, aber nur, wenn es ihm nicht schadet. Oft fühlt er sich anderen deutlich überlegen, wird kritisch und tadelsüchtig, hält sich selbst für den einzig geistig Gesunden, alle anderen um ihn herum dagegen für verrückt. Dabei bemerkt er auf seinem Weg zu immer größerer Unbewusstheit und Wahnsinn leider nicht, dass sein eigenes Realitätsbewusstsein immer mehr einseitig von dem der anderen abweicht. Mitunter kommt es beim **Veratrum-Patienten** auch zu manisch depressiven Psychosen, wobei der Patient verzweifelt über seinen eigenen Zustand oder den der ganzen Welt brütet und schmollt. Im Laufe von Jahren kann sich seine Verzweiflung zu einer klinisch voll ausgeprägten Geisteskrankheit entwickeln.

8.4 Darstellung des homöopathischen Arzneimittels Veratrum album

Dr. Samuel Hahnemann (1755 - 1843), der Begründer der Homöopathie, beschreibt das **Heilmittel Veratrum album** in der Ur-Quelle aller homöopathischen Arzneimittellehren, seinem Werk *„Reine Arzneimittellehre - Band 3"* aus dem Jahre 1825 anhand von Prüfungssymptomen wie folgt: *„Das unvergleichliche Heilmittel, die Weißnieswurzel (Veratrum album) bringt die giftigsten Wirkungen hervor, welche dem nach Vollkommenheit strebenden Arzte Behutsamkeit und Hoffnung einflössen können, einige der schwierigsten Krankheitsfälle zu besiegen, die bisher gewöhnlich ohne Hilfe blieben. Sie erregt in der direkten Wirkung eine Art Wahnsinn, welcher bei größeren Gaben Hoffnungslosigkeit und Verzweiflung, bei kleineren aber nur gleichgültige Dinge betrifft, welche der Einbildungskraft als gegenwärtig dargestellt werden, da sie es nicht sind."* **Hahnemann** proklamierte an anderer Stelle seiner reinen Arzneimittellehre, dass ein Drittel der Wahnsinnigen in den damals sog. Irrenhäusern (Irrenanstalten, psychiatrischen Kliniken) durch **Veratrum album** geheilt werden könnten. Bei einer Choleraepidemie konnte er zusammen mit anderen Ärzten u.a. mit Hilfe von **Veratrum album** viele Patienten heilen, was zur damaligen Popularität der Homöopathie enorm beitrug. Folgende Gemütssymptome sind weiterhin in seiner Arzneimittellehre enthalten: *„Lebhaft, ängstliche Träume von Räubern, er wachte mit Schreck auf und glaubte dann noch, dass der Traum wahr wäre, Traum, als wenn er heftig gejagt würde, beobachtet nur die nächsten Dinge um ihn herum bei Schreckhaftigkeit, Stillschweigen, er redet nicht, außer wenn er gereizt ist, dann schimpft er, Ärgerlichkeit bei Veranlassungen, er sucht die Fehler an anderen auf und rückt sie ihnen vor, Drang und Lust zur Arbeit, geschäftige Unruhe, Tätigkeit und Beweglichkeit bei Verminderung der Schmerzen und Leidenschaften, erhöhte Geisteskraft bei Überempfindlichkeit, übermunter, exzentrisch, ausgelassen, Furcht, Mutlosigkeit, Verzweiflung, Melancholie mit Frost, Betrübnis, Niedergeschlagenheit, Wehmütigkeit mit unwillkürlichem Weinen und Tränen der Augen sowie Neigung, den Kopf zu hängen, über das eingebildete Unglück ist sie untröstlich, läuft heulend und schreiend in der Stube herum, mit dem Blick auf die Erde gerichtet, oder sitzt sinnend in einem Winkel, jammernd und untröstlich weinend, Angst, wie von bösem Gewissen, als wenn er etwas Böses begangen hätte, Angst, als wenn er ein Unglück ahnte, als wenn ihm etwas Böses bevorstünde, als müsste es mit ihm nach und nach zu Ende gehen, doch mit*

Gelassenheit, sanft wehmütige Stimmung. Er befürchtet Ohnmacht, schlief mit halbem Bewusstsein auf dem Stuhle sitzend ein, nachts fürchterlich ängstliche Träume, ein Hund biss ihn und er konnte nicht entrinnen, er lärmt sehr und will entfliehen und kann kaum zurückgehalten werden, fluchen und lärmen, stampft mit den Füßen, Wut, zerreißt die Kleider, zerbeißt seine Schuhe und isst die Stücke, er gibt sich für einen Jäger aus, er glaubt, er sei ein Fürst und ist stolz darauf, er gibt vor, taub und blind zu sein und Krebs zu haben, sie gibt vor, Geburtswehen zu haben, sie rühmt sich, schwanger zu sein, sie gibt eine baldige Niederkunft vor, sie küsst jeden, der ihr vorkommt, fortwährendes Lachen mit Gesichtsröte, singt und trällert fröhlich, klatscht die Hände über dem Kopf zusammen und singt, schreit und läuft umher, Unruhe, Beklommenheit, will nicht angesprochen werden, ärgerlich bei jeder Kleinigkeit, geschäftige Unruhe, er nimmt sich vielerlei vor, wird aber immer gleich überdrüssig und es gelingt nichts, reibt sich die Stirn, um sich zu besinnen und seine Gedanken zu fassen."

8.5 Psychologisches Verhalten des Enneagrammtyps 8

Psychologisches Verhalten Typ 8: *Soziopathisch (Anmerkung: Die heutige Bedeutung des Begriffes* **Soziopath** *bezieht sich auf Personen, die nicht oder nur eingeschränkt fähig sind, Mitgefühl zu empfinden, sich nur schwer in andere hineinversetzen und die Folgen ihres Handelns nicht abwägen können):* **Typ 8** *muss, in dem er sich in die gesunde Richtung seines Entspannungspunktes der 2 entwickelt lernen, seine Liebes- und Hingabefähigkeit zu entdecken, um insgesamt liebevoller, fürsorglicher und großzügiger zu werden!*

Projektionen im Streit Typ 8: Hält andere für schuldig, gefühllos, seelenlos, feindlich, böswillig, gemein, schwach, schlecht, kalt, gierig, frech, exzessiv, machtbesessen, ohnmächtig, respektlos, lieblos, ungerecht.

Psychologisches Muster: Nicht zu sich selbst stehen, Selbstverrat.

Psychologische Lösung: *Bleib dir treu, auch wenn es manchmal nicht einfach ist! Erkenne, wie du oft nicht zu dir selbst stehst und den damit verbundenen Selbstverrat!*

8.6 Charakterfixierung (wesentliche psychische Merkmale der Charakterstruktur) bei Typ 8

Oral-aggressiv (sadistisch) - *Sadistischer Charakter und die Wollust:* Wollust, Gier, Begehren, Begierde, Hang zu strafen, Hang zur Rebellion, Dominanz, Unsensibilität, Betrügerei und Zynismus, Exhibitionismus (Narzissmus), Selbstständigkeit, Vorherrschen des Sensomotorischen (Handeln herrscht vor) als Ausdruck der Leidenschaft der Wollust.

8.7 Die energetische Ausstrahlung von Typ 8

Stark, mächtig, kontrollierend, machtvoll, (be)zwingend, überlegen, dominierend, aggressiv, rücksichtslos, gnadenlos, unnachgiebig, kriegerisch, „auf voller Power", heftig, überlaut, wollüstig, hart, hartherzig, grobschlächtig, gierig, herrisch, herrschend als Ausdrucksform der Leidenschaft der Wollust.

Blickqualität: Dominant, kontrollierend, einschüchternd, fordernd-aggressiv, matt - tendenziell kalt

108
109
110
111

8.8 Beschreibungen der Persönlichkeit von Typ 8

Der Machtorientierte, der Wollüstige, der Herausforderer, der Anführer, der Krieger, der faire Boss, der Leiter, der ideale Chef, der Verantwortliche, der Beschützer, der großherzige Held, der Chef-Stratege, der Gierige, Machtgierige, der äußerlich Wütende, der Krieger, der Überlebenskünstler (selbsterhaltender Untertyp 8), der exzessiv Befriedigte (selbsterhaltender Untertyp 8), das befriedigende Überleben (selbsterhaltender Untertyp 8), der Gewichtheber (selbsterhaltender Untertyp 8), der loyale Gruppenführer (sozialer Untertyp 8), der inspirierende Anführer (sozialer Untertyp 8), die (ewige tiefe) Freundschaft (sozialer Untertyp 8), der Wikinger (sozialer Untertyp 8), der Befehlshaber (sexueller Untertyp 8), der Besitzergreifende (sexueller Untertyp 8), der Ritter (sexueller Untertyp 8), der sich Hingebende (sexueller Untertyp 8)

126
146

8.9 Dynamik von Gesundheit & Krankheit bei Typ 8, der gierigen Persönlichkeit

Das *Bedürfnis, selbständig und autonom zu sein* führt im normal bewussten Zustand dazu, dass *Typ 8 Stärke und Kraft zeigt*. Wenn der Fokus aber ständig auf *„Unabhängigsein"* gerichtet ist, geht der Weg von *Typ 8* auch sehr schnell in Richtung *Unbewusstheit (Krankheit)*, indem er *nur noch sich selbst sowie andere kontrolliert* und damit die Furcht, anderen zu unterliegen, zunimmt.

120

8.10 Positive Eigenschaften von Typ 8

Führungskunst und wahre Stärke: Direkt, maßgebend, energisch, loyal, voller Selbstvertrauen, erdnah und bodenständig, beschützend, sich kümmernd, fürsorglich, mutig, inspirierend, Respekt einflößend, geradeaus, ehrenhaft, unternehmerisch, unabhängig, selbständig, gerecht, loyal, positiv eingestellt, aufrichtig, einsatzbereit.

TYP
8

8.11 Negative Eigenschaften von Typ 8

121

Ärgerlich und aufbrausend: Aggressiv, herrschsüchtig, diktatorisch, drohend, eigenwillig, schikanös, rachsüchtig, besitzergreifend, beschuldigend, beherrschend, leugnend, anmaßend, gefühllos, rebellisch, egozentrisch, skeptisch, zu kontrollierend, fordernd, drohend, streitsüchtig, besitzergreifend, kompromisslos, schnell etwas auszusetzen.

8.12 Gestik und Mimik von Typ 8

Ü
122

Gestik: *Kontrollierende Gesten* = beherrschend, bestimmend, mächtig, souverän, Faustbildung, körperlich präsente und mitunter energetisch überschießende Gestik, Gestik drückt letztlich immer auch die innerlich vorhandene Leidenschaft der (versteckten) Gier / Wollust / Begierde aus.

Mimik: *Kontrollierend-machtvoll* = unbeweglich, unverrückbar, dominant-durchdringende Blickqualität, unerschütterliche Gesichtszüge, gefühlskalt, „brodelnd" explosiv, ungehalten, aggressiv, kriegerisch, stark, unabhängig, wütend, zornig, ungeduldig, grausam, reaktionsstark, versteckt sämtliche Gefühle von Schwäche, versteckt die Gier / Wollust / Begierde.

8.13 Ego-Fixierung von Typ 8

Ego-Rache - *Typ 8* wird *in seinem rachsüchtigen Geist destruktiv,* *sobald er Unrecht wittert,* verantwortlich dafür ist ein *illusionärer Gerechtigkeitswahn* (= Falle).

Ü 123 124

8.14 Spezielle Angst (Grundangst) von Typ 8

Grundangst (*Hauptangst*) **Typ 8**: *Einem anderen zu unterliegen, schwach und abhängig zu sein, Machtverlust und davor, verletzt zu werden, sich unterordnen zu müssen, vor Ohnmacht und Unglück und vor wahrer Hingabe, Schwäche zu zeigen!*

Ü 125

8.15 Krankheitszustand von Typ 8

Wird rachsüchtig und bedrängend wie eine **ungesunde 5** (siehe Verbindung 5-8), *löst sich von sozialen Bindungen und isoliert sich zunehmend* wie eine **ungesunde 9** (siehe 9er-Flügel der 8), *wird auf egoistische Weise manipulativ* wie eine **ungesunde 2** (siehe Verbindung 2-8) und *wird genusssüchtig* wie eine **ungesunde 7** (siehe 7er-Flügel der 8).

Ü 105 106 107 110 111 112 113 115 119 126

8.16 Gesundheitszustand von Typ 8

Durch echte gelebte Nächstenliebe befreit sich eine gesunde 8 von ihrer Selbstbezogenheit und wird zum Vorkämpfer und Anwalt für andere Menschen wie eine **gesunde 2** (siehe Verbindung 2-8), *öffnet sich den elterlichen Beschützerinstinkten* einer **gesunden 9** (siehe 9er-Flügel der 8), *wird ein guter Beobachter und defensiver Wahrnehmender* wie eine **gesunde 5** (siehe Verbindung 5-8), *kann sich spontan freuen und ist begeisterungsfähig* wie eine **gesunde 7** (siehe 7er-Flügel der 8).

TYP 8

8.17 Therapeutische Tipps im Umgang mit Patienten vom Typ 8

Als Therapeut den *Typ 8* in irgendeiner Form *zu dominieren oder sonst wie zu übertreffen* funktioniert nicht; er *durchschaut das mit seinem Blick für natürliche Kraft* sofort und nimmt solche Versuche nicht nur nicht ernst, sondern verliert auch sehr schnell den Respekt vor dem Therapeuten; vielmehr sollte man als Therapeut bei der eigenen Authentizität und Erdung bleiben; ferner sollte man sich in aller Ruhe nicht dominieren lassen von *Typ 8*, der gern auch im Gespräch wie selbstverständlich die Führung übernimmt; *Typ 8* braucht es, dass er den Therapeuten respektieren kann; dass er wirklich jemanden hat, der auf seiner Seite steht und nicht zu empfindlich ist, einen Therapeuten, der versteht, dass *Typ 8* unter seiner rauhen Schale einen weichen Kern besitzt, der wirklich Hilfe benötigt.

Ü 127

8.18 Psychologischer Abwehrmechanismus von Typ 8

(Ver-) Leugnung/Ablehnung: Gefühle und Impulse werden wahrgenommen, aber ignoriert, wenn sie stören. Die Verleugnung der Realität besteht in diesem Fall darin, Gefahr, Angst, Verletzlichkeit, Gefühle anderer, deren „Wahrheiten" und allerlei Dinge, die der betreffenden Person nicht behagen, in einem solchen Maß nicht wahrzunehmen, dass sie im Erleben dieser Person nicht existieren. Dadurch bleibt das ideale Selbstbild erhalten: *„Ich bin ein gerechter und aufrichtiger Mensch!"*

Ü 124 128 129 130

8.19 Die Ausdrucksformen der Gier/Wollust und die zu bearbeitenden Themen von Typ 8

Die **Ausdrucksformen** *der Wollust, der Intensität, der Exzessivität, der Begierde* beim **Veratrum-Patienten** sind a) Sadismus mit dem Hang zu strafen b) Hang zur Rebellion c) Dominanz d) Unsensibilität e) Betrügerei f) Zynismus g) Exhibitionismus g) Selbständigkeit.

Die **zu bearbeitenden Themen** bei **Typ 8** sind: Verletzlichkeit und Schutz, Rache, Verleugnung (vgl. auch unter 8.18).

8.20 Erlösende Aufforderung an Patienten vom Typ 8 und Anregungen zur Entwicklung

Erlösende Aufforderung: Gib die Kontrolle auf und sei schwach und sanft!

Anregungen zur Entwicklung: Interessen der Mitmenschen gelten lassen, sich eingliedern in soziale Gefüge, sich anpassen lernen, die eigenen Auffassungen auch einmal hinterfragen und lernen, sich zurückzunehmen, Kompromisse eingehen, eigene Schuld akzeptieren und zugeben, anderen Schutz bieten, auf eigene und fremde Gefühle Rücksicht nehmen, die eigenen sanften Züge entwickeln und die eigene Verletzlichkeit zeigen, sich geliebt fühlen statt gefürchtet zu sein, das eigene innere Kind akzeptieren, den Abwehrmechanismus der Leugnung von eigener Schwäche und Bedürftigkeit aufgeben, sich menschlich nicht zurückziehen, sondern sich hingeben mit offenem Herzen! - *„Du musst nicht immer den Ton angeben!"*

8.21 Die Bewusstheitsstufen des Veratrum-Patienten (Typ 8)

Verborgene Thematik: *Gier, Macht, selbständig sein* - **1. Gewalttätiger Zerstörer** (*= total unbewusst*) **2. Allmächtiger Größenwahnsinniger** (*= sehr unbewusst*) **3. Skrupelloser Tyrann** (*= normal unbewusst*) **4. Feindseliger Kämpfer** (*= leicht bewusst*) **5. Dominierender Machtmensch** (*= normal bewusst*) **6. Unternehmungslustiger Abenteurer** (*= stärker bewusst*) **7. Konstruktiver Anführer** (*= deutlich bewusst*) **8. Sich selbst Vertrauender** (*= sehr bewusst*) **9. Großmütiger Menschenfreund** (*= total bewusst*)

8.22 Die heiligen (erlösenden) Ideen des Enneagrammprinzips des Enneatyps 8

Die *heilige Wahrheit und Gerechtigkeit* versteht *Typ 8* dann, wenn er sich aus seiner Rachsucht befreien kann und erst dann seine innere Essenz begreifen lernt. Die Wahrheit liegt jenseits der Dualität.

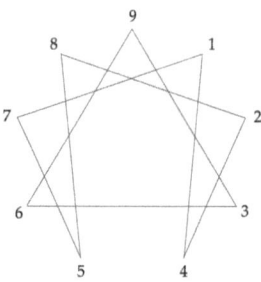

9. Das homöopathische Heilmittel für Enneatyp 9: Cannabis (Hanf)

Die wilde **Cannabis-Pflanze** ist in den Steppen und Bergländern Zentralasiens sowie in Indien beheimatet. Von Menschen domestiziert wurde sie schon früh vor allem westlich (Indien) und östlich (Turkestan, China) des Himalaya. **Hanf** zählt zu den ältesten Nutz- und Zierpflanzen der Erde. Bereits im *Shen nung Pen Tsào king*, einem 300 v. Chr. verfassten chinesischen medizinischen Text, beschreibt der Autor, wie **Hanf** als Heilmittel gegen Malaria, Rheuma und viele andere Unpässlichkeiten eingesetzt werden kann. Die *alten Griechen* und ihre ägyptischen Nachbarn kleideten sich oft mit **Hanf**, Kleidung aus Hanfgewebe wird von *Herodot* 450 v. Chr. erwähnt. **Hanf**, Nessel und Flachs waren lange Zeit die wichtigsten Faserpflanzen Europas. Viele *mittelalterliche Waffen* wie etwa der Langbogen, dessen Sehnen aus **Hanf** bestanden, wären ohne die robuste und widerstandsfähige **Hanffaser**, die enorme Zugkräfte aushält, nicht anzufertigen gewesen. Da die *Papierherstellung* aus Holz im 13. Jahrhundert noch nicht beherrscht wurde, war **Hanf** damals neben Lumpen, die selbst oft aus Hanf bestanden, der wichtigste Rohstoff für die Papierproduktion. Auch die berühmte *Gutenberg-Bibel* wurde 1455 auf Hanfpapier gedruckt, ebenfalls die *amerikanische Unabhängigkeitserklärung* von 1776. Der erste amerikanische Präsident *George Washington* baute selbst im großen Stil **Hanf** an. Hanfseile und Segeltuch aus **Hanf** waren in der Schifffahrt wichtig, da die Faser sehr widerstandsfähig gegenüber Salzwasser ist und weniger Wasser aufnimmt als beispielsweise Baumwolle, denn Baumwollsegel würden bei Regen derartig schwer, dass die Masten brechen könnten. Aus demselben Grund fertigte man *Leinwände* aus **Hanf** an, weil z.B. Flachs als schlechter Ersatz bei Kontakt mit Wasser die Bilder innerhalb weniger Monate verrotten lassen hätte. *Venedig* erreichte seine Vormachtstellung als bedeutendes Handelszentrum im Mittelalter unter anderem durch die hohe Qualität der *Seilerei* mit **Hanffasern**. In der Regel keimt die **Hanf-Pflanze** in wilder Natur bei Aussaat nicht gleichmäßig, sondern teilweise verzögert und baut so im Boden eine permanente Samenbank auf. Alle Arten von **Cannabis** *(z.B. Cannabis indica, Cannabis sativa etc.)* sowie sämtliche wilden, verwilderten oder domestizierten Unterarten *(z.B. subsp. indica, subsp. afghanica, subsp. chinensis, subsp. kafiristanica etc.)* sind fruchtbar miteinander kreuzbar.

Bei genetischen Analysen ergaben sich in Bezug auf Zuchtlinien und Herkunft zwei *Cluster (= Gruppe, auf die gemeinsame Beschreibungsmerkmale zutreffen)*, die nach der äußeren Gestalt, der Form und dem Aufbau recht gut den beiden Arten *sativa* und *indica* entsprachen. Die Samen keimen ohne menschliches Zutun natürlicherweise im Frühjahr, ansonsten auch jederzeit. Die Pflanze kann unter günstigen Umständen bis zu etwa 10 cm Zuwachs am Tag erreichen. Die Blüten werden erst gebildet, wenn die Tageslänge im Spätsommer 12 bis 14 Stunden unterschreitet. Das Wachstum von **Cannabis** findet statt, wenn die Pflanze lange Tage und kurze Nächte erlebt; dies nennt man die lange Photoperiode. Während des Wachstums steckt sie ihre ganze Energie in die Zunahme ihrer Höhe und Statur. Werden die Tage kürzer und die Nächte länger, also während der kurzen Photoperiode, erhält die Pflanze das Signal, dass der Winter naht und löst ihre Blütenphase aus. Obwohl **Cannabis** volle Belichtung bevorzugt, vermag sie auch im Halbschatten zu gedeihen. Sie bevorzugt offene, unbewachsene, gut dränierte (= entwässerte) und aufgelockerte, sandige bis lehmige Böden und verträgt vor allem keine Staunässe. Auch die Luftfeuchtigkeit darf nicht zu hoch sein; so kann sie in den Tropen zwar

angebaut werden, kann hier aufgrund der zu hohen Luftfeuchtigkeit aber niemals in der wilden Natur überleben. Je nach Umweltbedingungen erreicht die Hanfstaude sehr unterschiedliche Wuchshöhen. Unter günstigen Bedingungen, auf feuchtem, aber nicht staunassen Böden mit guter Nährstoffversorgung können bis zu 5 Meter Wuchshöhe erreicht werden. Aber auch Kümmerformen ungünstiger Standorte mit Wuchshöhen um die 20 Zentimeter können erfolgreich blühen und fruchten. Wildpflanzen erreichen für gewöhnlich nicht mehr als etwa drei Meter Höhe. Die der Gattung **Cannabis** eigenen Wirkstoffe aus der Klasse der *Cannabinoide* werden in Drüsenhaaren gespeichert, die auf allen Teilen der weiblichen Pflanzen vorkommen, aber im Bereich der Blütenstände konzentriert sind. Es werden ca. 60 unterschiedliche *Cannabinoide* unterschieden. Auf der Pflanze liegen sie in einer sauren Form vor, die erst durch Erhitzen in die psychoaktive Form überführt werden. Das Frischmaterial besitzt also keinerlei berauschende Wirkung. Entscheidend für die gewünschte berauschende Wirkung ist der *THC-Gehalt* (Tetrahydrocannabinol), aber auch ein weiterer Wirkstoff, namens *THCV* (Tetrahydrocannabivarin) ist ähnlich psychoaktiv. Alle Pflanzen, die einen hohen THC-Gehalt aufweisen, können der Pflanzengattung **Cannabis indica** zugeordnet werden. Neben diesen stark psychoaktiven Substanzen enthält **Cannabis** 113 weitere, zum Teil schwach psychoaktive *Cannabinoide* sowie Harze, Flavonoide und ätherische Öle. Im Laufe der Geschichte der Menschheit diente **Cannabis** als *Nahrungsmittel*, das Quelle für Ballaststoffe und Fette ist und wurde darüber hinaus auch wegen seiner *heilenden bzw. schmerzlindernden* und *berauschenden Eigenschaften* angebaut. Eine weitere für *medizinische Zwecke* wichtige Substanz ist das sog. *Cannabidiol* (CBD), welches in **Cannabis indica** in höherer Konzentration vorliegt. Deshalb wird **Cannabis indica** bevorzugt bei Erkrankungen eingesetzt, bei denen vor allem die medizinisch wichtige entzündungshemmende, krampflösende Wirkung erwünscht ist. So wirken z.B. auch *Einreibungen aus Hanfextrakt* von **indischem Hanf** bei starken Schmerzen durch verletzte Muskelteile und Sehnen lindernd. **Cannabis indica** hat als *Rauschmittel* eine stärkere sedative *(dämpfende, beruhigende)* Wirkung als **Cannabis sativa**, das eine mehr *psychedelische und anregende Wirkung* hat. Heutzutage wird **Cannabis** vor allem als Rauschmittel zur Herstellung von *Haschisch* und *Marihuana* aus den getrockneten Blättern, Blüten und Blütenständen in der ganzen Welt gezüchtet. Große Zentren sind hier vor allem die *Niederlande, Kanada* und die *USA*. Neben seiner Rolle als Arznei- und Rauschmittel ist **Hanf** aber auch ein wichtiger *nachwachsender Rohstoff* für die Textilindustrie und die Bauwirtschaft. Aus den Pflanzenteilen können darüber hinaus sehr unterschiedliche Produkte hergestellt werden, z.B. wie oben bereits erwähnt Seile aus den nahezu unverwüstlichen Fasern der Stängel, Speiseöl aus den wohlschmeckenden und nahrhaften Samen und ätherische Öle aus den destillierten Blättern und Blüten. Dank seiner vielfältigen Eigenschaften konnte **Hanf** also in vielen Bereichen Anwendung finden, auch als *Basis für Farben, Lacke, Waschmittel, Futtermittel für Vögel und Nagetiere* und vieles mehr. *Hanferzeugnisse* zeigen wie die Pflanze eine sehr *gute Widerstandsfähigkeit* gegen Verschleiß, sodass die Fasern oft recycelt werden können und auch frühe, geschichtliche Druckerzeugnisse bis heute eine *gute Haltbarkeit* aufweisen.

9.1 Homöopathische Leitsymptome von Cannabis

- Harmoniestreben, Trägheit, aggressionsgehemmt, Rolle des typischen Helfers, übertriebene Vorstellungen und Wahrnehmungsvermögen, mit geistiger Erregtheit, frohlockend, jauchzend, außerordentliche geistige Beweglichkeit, sehr verkopft, große geistige Aktivität, vernachlässigen sich, bewegt sich ungern, gedankenversunken dreht er sich gedanklich im Kreise, maßlose Geschwätzigkeit, begeistertes Sprechen, unrealistisch, verminderte Realitätseinschätzung, wundervolle Halluzinationen, ekstatisch, himmlisch, aber auch Halluzinationen von qualvollem Schrecken oder Schmerz, mit dem Verlust des Gefühls für räumliche und zeitliche Proportionen, sieht Dinge außerhalb des Gesichtsfeldes, Empfindung, der Scheitel öffnet und schließt sich, der Kopf scheint wie getrennt vom Körper, Vergrößerungsgefühle des Körpers oder einzelner Körperteile, Gefühl von eingebildetem Reichtum und Wohlstand, Faulheit mit Strecken der Glieder, Vorstellung, Harz würde aus allen Poren heraustreten, Gefühl wie in einem Traum, irrationales abwechselnd mit rationalem Verhalten, Mangel an Richtung im Leben, ewig pubertierend, abgedreht, „Berufsjugendlicher" (*Abneigung, erwachsen zu werden*), kann Dinge sehr gut von allen möglichen Blickwinkeln gleichzeitig neutral betrachten, kann die Perspektiven anderer gut nachvollziehen und verstehen, Gefühl des himmlischen Friedens (*wie bei Opium*)
- Fühlt sich schwach und total hinfällig, tröpfelnde Empfindungen, Gefühl der Schwäche des Herzens mit Angst in der Brust, schwache Sehkraft, Hornhauttrübung, Gesichtshaut scheint zu eng, Gefühl von etwas Lebendigem im Abdomen (= Bauchraum), es klopft hier und dort, Erstickungsanfälle, Schmerzen in den Gliedern, Träume erotisch, von Toten, Schwebegefühle, Unwirklichkeitsgefühle, viele Sinnestäuschungen und Halluzinationen, extreme Angst um die Gesundheit, Furcht, die Kontrolle zu verlieren, Größenwahn, Mildtätigkeit, Gefühl ein Nichts zu sein (*sitzt da und erwartet seine Auslöschung*), ist fest davon überzeugt, dass er bald sterben müsse und seziert werde bzw. dass er schon gestorben ist, das Leben keinen Sinn mehr macht, nimmt deshalb Abschied von Anwesenden, Furcht vor dem Ertrinken, vor Wasser allgemein, misstrauische und argwöhnische Gedanken, paranoide Vorstellungen, Gefühl der Dissoziation von Körper und Seele, verliert das Gefühl von Existenz des eigenen Körpers, große Furcht vor Wahnsinn und Tod, Horror vor Dunkelheit, Angst vor Ohnmacht, Schlaganfall, Blutungen, zu ersticken, einen Anfall zu bekommen, Verzerrung und Verwirrung des Zeitgefühls, Gefühl, er habe eine große Aufgabe zu erfüllen, er habe grenzloses, unendliches Wissen, Interesse an überirdischen Dingen
- Macht Wortspiele, Scherze, Späße, Kalauer, möchte witzig und geistreich daherkommen, Redseligkeit mit Romanstil, maßloses Theoretisieren, entwirft nicht verifizierbare Theorien, eindrucksvolle Redegewandtheit, Tendenz, theoretische Diskussionen zu führen und Erklärungen abzugeben, der Verstand produziert Gedanken und Vorstellungen mit großer Geschwindigkeit und der Patient scheint keine Kontrolle darüber zu haben, Ideenflucht, kann nicht einfach nicht aufhören zu reden, auch wenn es unangemessener Unsinn ist, rastlose geistige Aktivität, die sich nicht beherrschen lässt, eine Idee folgt

auf die andere, fixe Ideen, von denen man nicht lassen kann, Angst beim Erheben der Stimme, verirrt sich in bekannten Straßen, schlechtes Orientierungsvermögen

- Kein anderes homöopathisches Heilmittel hat mehr verzerrte Vorstellungen *(Wahnideen)* von der Realität *(oft begeisternd, aber auch auch schnell ins Schreckliche, Hilflose verwandelt)*
- Unbesonnen, unachtsam in Bezug auf die ganze Umgebung und alle Menschen
- Vorstellung, sie/er sei ein Gnom, Wicht, Zwerg, nicht gelebte Intuition *(Bauchgefühl)*, bezweifelt die eigene Existenz, glaubt, eine Existenz als Gemüse oder allgemein ein Pflanzendasein zu führen, Vorstellung, jeder den er trifft, habe einen heimlichen Kummer, Furcht vor dem Kohleneimer, vor wirklichen und unwirklichen Dingen, hat den Kontakt zur Wirklichkeit verloren, Neigung zur Spiritualität, Hippie, esoterische Manie, Folgen von zuviel Esoterik, erkennt sich oft in anderen Typen wieder, nur nicht in Typ 9 selbst
- Vorstellung, er sei in Not geraten, dass alles übertrieben sei, dass die Wände zusammen-rücken würden, dass er ein Spaltklotz sei, dass er ein Himmelskörper sei, dass er ein Tintenfass sei, dass er eine Lokomotive sei, dass er ein Kaiser sei, dass er ein Geist sei, dass die Wirbelsäule ein Barometer sei
- Alles erscheint gleich wichtig, nichts hat wirkliche Priorität, kann sich nicht aufraffen, Masseträgheit, Unbeweglichkeit, gesten- und bewegungsarm, Ruhepol in einer hektischen Welt, Mangel an äußerer (körperlicher) Aktivität, aber große innere (gedankliche) Aktivität, großes Schlafbedürfnis, gesittet, gewandt, vergnügt, serviert anderen das Beste, Resignation und Anpassung als Lebensprinzip, ignorieren ihr Innenleben, befriedigen gern die Bedürf-nisse anderer, lieben andere mehr als sich selbst, Konflikte werden reduziert auf die Vereinfachung der Lebensumstände, gibt sich leicht mit etwas zufrieden, wenig bedürftig, Einfaltspinsel, Bauerntölpel, Mangel an Antriebskraft, kann auf alles verzichten und sich ausbeuten lassen, Bereitschaft zu dienen und sich aufzuopfern für höhere Ziele, idealistisch, Bereitschaft, sich um die Angelegenheit anderer mehr zu kümmern als um die eigenen Bedürfnisse, Bewahrung der Tradition, konservativ, Erhaltung von Werten, borniert, passiv-aggressiver Widerstand, Sehnsucht nach dem verlorenen Paradies, nach dem Mutterleib, Angst vor echter Leidenschaft, Sehnsucht nach Ruhe und Frieden, fair, ausgleichend
- Sanft und nachgiebig, gewaltfrei, friedliebend, fürsorglich, sozial, der eigentliche (wahre) Helfer des Enneagramms, weil er seine Ego-Ansprüche und damit sich selbst nicht absolut wichtig empfindet, glaubt an die Gleichheit und die Gleichberechtigung aller Menschen, Gonorrhoe („Tripper") in der Familienanamnese
- Mangel an Eigenliebe & Selbstvergessenheit, Trägheit des Herzens *(liebt sich selbst nicht, vergisst sich und seine Beschwerden und schläft ein)*

9.2 Heilmittel für Typ 9 nach der sog. Signaturenlehre

Homöopathisches Arzneimittel Typ 9: Cannabis (Hanf): *Selbstvergessen, stoisch, träge, verwirrt, entspannt, tolerant, phlegmatisch, entscheidungsschwach, abhängig, ruhig, unscheinbar, angepasst, selbstentfremdet, anspruchslos, gattungsmäßige Einordnung bis heute umstritten, kleinwüchsig, bevorzugt Licht, vermag aber auch im Halbschatten zu gedeihen, langsam wachsend und reifend, berauschende Droge, diente in der Geschichte der Menschheit als Nahrungsmittel, das Quelle für Ballaststoffe und*

Fette war, heilende Eigenschaften, gut nachwachsender und nützlicher Rohstoff, guter Rohstoff zur Herstellung von Papier aus den Fasern des Nutzhanfs, vielfältig einsetzbare Pflanze; Hanfgewächs

9.3 Zentrale Sichtweisen, Motivationen und Vorstellungen des Cannabis-Patienten (Typ 9)

Ü

108
109
113
114

Die Hauptthemen des Enneagramm-Heilmittels **Cannabis** erkennt man in folgenden Punkten:

Trägheit des Herzens/Einschlafen/Selbstvergessen - Resignation/Lähmung - Angst - Suche nach Liebe/Harmonie - Rücksichtnahme/Anpassung - meidet Konflikte - passiv-aggressiver Rückzug von der Welt

Jeder Enneatyp hat schon seit seiner Kindheit immer mehr den Kontakt zu seinem ureigensten Selbstgefühl verloren, welches bei **Typ 9** von den entsprechenden Autoren der spirituellen Enneagrammrichtung als „Heilige Liebe" bezeichnet wird. An sich ist das Thema des **Cannabis-Patienten** *Liebe* und vielleicht auch *Würde*, weshalb **Typ 9** oft auch mit *Typ 2* verwechselt wird. Durch diesen Kontaktverlust und dem Gefühl des Nicht-gehalten-Werdens entsteht in der Folge die Wahrnehmung, man sei unwichtig und nicht liebenswert. Sehr häufig bestand in der Ursprungsfamilie ein Mangel an Harmonie und Frieden, der **Cannabis-Patient** fühlte sich nicht beachtet und seine Meinungen und Gefühle waren nicht wichtig. Er war im übrigen meistens ein pflegeleichtes Kind, was von den Eltern daher übersehen wurde und ihnen das Gefühl vermittelte, dass es nichts benötige. Darauf reagiert **Typ 9** auf seine ihm ureigene Art und Weise mit den oben genannten Strategien. Dieses zentrale Gefühl, selbst unwichtig und nicht liebenswert zu sein, überschattet häufig schon die frühe Kindheit von **Typ 9**. Oft fühlt er sich daher schon als Kind, aber auch später als Erwachsener ohne Grund schlecht, fühlt sich mitunter schuldig und insgesamt eher schwach im Vergleich zu seinen Mitmenschen. Daher zieht er sich auch im Zweifel eher zurück, als sich forsch auf andere zuzubewegen. Daraus wird dann immer mehr das Verständnis, weder Liebe noch Aufmerksamkeit zu verdienen, minderwertig zu sein und es insgesamt nicht wirklich wert zu sein, geliebt zu werden. Weiterhin fühlt sich **Typ 9** daher unwichtig und bedeutungslos, mitunter auch unzulänglich, kann nach seinem Empfinden sowieso nicht so viel wie andere oder vielleicht überhaupt nichts. Einige fühlen sich auch uninteressant, ja selbst vielleicht sogar zu aggressiv. Irgendwie hat **Typ 9** das Gefühl, dass ihm etwas Wichtiges fehlt und das stimmt insofern, dass er nach und nach in eine Art Selbstvergessenheit und Aussichtslosigkeit geraten ist. Aus diesen ganzen Wahrnehmungen von Minderwertigkeit *(siehe die zentrale Rubrik „**Wahnideen - sie/er sei ein Gnom, Wicht**")* entsteht langsam der innere Glaube, dass **Typ 9** nichts tun darf, um aufzufallen oder anzuecken. So unternimmt er im Zweifel auch nichts und zieht sich lieber passiv-aggressiv zurück, weil er stets den Konflikt mit der Außenwelt scheut und stets nach Harmonie strebt, sich und seine vitalen Bedürfnisse aber dabei immer wieder selbst vergisst. Andere sind ja ohnehin wichtiger und liebenswerter als er selbst. Diese Haltung führt dann zwangsweise zu Verhaltensweisen der Anpassung, des sich Zurücknehmens und des Freundlichseins, alles Versuche, die heilige Liebe von damals zu imitieren. Es sei an dieser Stelle aber gesagt, dass **Typ 9**, wenn er in den Gemütszustand seines Stresspunktes (= Punkt 6) oder seines Entspannungspunktes (= Typ 3) fällt, auch mitunter ganz anders reagieren kann als nach diesem soeben gezeichneten Muster. Denn niemand kann seinen Mitmenschen natürlich auf Dauer immer nur freundlich, zurück-

TYP
9

haltend und angepasst gegenübertreten. Daher dürfen wir uns bei der Bestimmung des jeweiligen Enneagrammtyps nicht immer beeinflussen lassen vom aktuellen Gemütszustand *(wie wir das ja vornehmlich bei der rein gemütsorientierten Homöopathie tun und es auf dieser Ebene von Heilung auch notwendig ist, vgl. dazu „Enneagramm-Homöopathie Band 1, indem die Grundlagen der Ennea-gramm-Homöopathie ausführlich dargestellt sind)*, sondern man muss vielmehr die normalen Verhaltens-weisen des Menschen außerhalb von Krisen- oder sonstigen außergewöhnlichen Situationen und die Dynamik des Verhaltens der Enneagrammtypen innerhalb des Enneagrammsymbols studieren, um den richtigen Enneagrammtyp zu bestimmen. Eine weitere zentrale Gemütsrubrik, die das Thema von **Typ 9** sehr gut in der soeben beschriebenen Form abbildet, heißt: *„Liebkost zu werden, Liebkosungen - Abneigung, liebkost, gestreichelt zu werden mit gleichzeitiger Neigung zu Zärt-lichkeiten"*. An dieser Rubrik wird sehr schön die Ambivalenz des **Cannabis-Patienten** in Bezug auf das Thema *Minderwertigkeit* einerseits und *Freundlichkeit* und die *liebevolle Art* gegenüber seinen Mitmenschen andererseits deutlich. Durch das innere Gefühl der Minderwertigkeit fällt es dem Patienten äußerst schwer, Liebkosungen oder Zärtlichkeiten zuzulassen und anzunehmen, weil er sich selbst für zu unwichtig und für nicht liebenswert hält, die Mitmenschen dagegen aber schon. Er liebt also tendenziell andere mehr als sich selbst. Deswegen hat er kein Problem, andere zu liebkosen und ihnen seine Liebe zu zeigen, nur er selbst hat Schwierigkeiten mit ihm entgegengebrachter z.B. körperlicher Zuneigung, aber auch mit emotionaler Nähe und der An-nahme jeglicher Formen der Liebe allgemein.

9.4 Darstellung des homöopathischen Arzneimittels Cannabis

Dr. Samuel Hahnemann (1755 - 1843), der Begründer der Homöopathie, beschreibt das **Heil-mittel Cannabis** in der Ur-Quelle aller homöopathischen Arzneimittellehren, seinem Werk *„Reine Arzneimittellehre - Band 1"* aus dem Jahre 1825 anhand von Prüfungssymptomen wie folgt: *„Schwanken und Unsicherheit des Geistes, übermannende Lebhaftigkeit der entstehenden Gedanken, unbesinnlich, ohne Phantasie, geistlos, die Gedanken scheinen ihm still zu stehen, er stiert vor sich hin, es ist ihm, als wäre er in höheren Gedanken versunken, ist sich ihrer aber nicht bewusst, er kann sich zwar auf diese oder jene Dinge besinnen, aber die Ideen bleiben gleich fest, wie stillstehend, unter langem Hinsehen auf den zu bearbeitenden Gegenstand, er verschreibt sich oft, faul und träge im ganzen Körper, er ist träge und matt, gähnt viel und dehnt sich, als wolle er schlafen, er erwacht die Nacht aus Schlummer mit schreckhaften Träumen, ohne Besinnung wo er sich befinde, Furcht vor dem Bette, Träume von Unglücksfällen, die anderen begegnen, Träume, ihm misslingt alles, nach dem Erwachen müder als vor dem Schlaf, bald weinerliche, bald fröhliche, bald wütende Laune, alles ärgerte ihn, dass er dagegen wütete, es freut ihn nichts, er ist bei allem gleichgültig, Heiterkeit, wie von einem Rausche."*

Aus der Arzneimittellehre für den homöopathischen Praktiker von *Dr. Shankar Raghunath Phatak* (1896 - 1981), einem zuverlässigen Standardwerk der Homöopathie, folgender Auszug zum homöopathischen Heilmittel **Cannabis**: *„Geschwätzigkeit. Sehr vergesslich, kann den begonnenen Satz nicht zu Ende bringen. Die Zeit scheint gedehnt, zu lang. Räumliche Entfernungen scheinen uner-messlich. Verlangt nach Licht, Grauen vor der Dunkelheit. Lectophobie (= Furcht vor dem Bett), Lectophilie (= Neigung, im Bett zu bleiben). Lacht unmäßig; auch über ernste Bemerkungen oder über jede Kleinigkeit. Lacht und weint (gleichzeitig oder abwechselnd). Stöhnen und Weinen. Ekstatische, himmlische Visionen.*

Hört Stimmen. Glockengeläut. Musik. Fixe Ideen oder extreme Ideenflucht. Hellsichtigkeit (empathische Phänomene, gesteigerte Wahrnehmung unwillkürlicher Körperfunktionen, visuelle Hellsichtigkeit = kann im Dunkeln Gegenstände erkennen und Hellhörigkeit = nimmt auch leise geflüsterte Worte deutlich wahr. Erinnerungsspuren werden in Sinneseindrücke umgesetzt). Alles erscheint unwirklich. Die eigene Stimme klingt fremd, als wäre es jemand anderes, der spricht."

9.5 Psychologisches Verhalten des Enneagrammtyps 9

Psychologisches Verhalten Typ 9: *Passiv-aggressiv: Typ 9 muss, in dem er sich in die gesunde Richtung seines Entspannungspunktes der 3 entwickelt lernen, optimistisch ins Handeln zu kommen, indem er seine Trägheit und Bequemlichkeit überwindet und tüchtig, arbeitsam, antriebsstark und praktischer sein Leben in Angriff nimmt, um insgesamt tatkräftiger, zuversichtlicher und energetisch wirksamer zu werden!*

Projektionen im Streit Typ 9: Hält andere für minderwertig, nicht liebenswert, unwichtig, bedeutungslos, unzulänglich, uninteressant, aggressiv, farblos, neutral, respektlos, faul, träge, unbewusst, unselbstständig, ungerecht, machtmissbrauchend

Psychologisches Muster: Individuelle eigene Gefühle werden unterdrückt und ins Unbewusste verdrängt.

Psychologische Lösung: *Nimm deine Intuition und dein Gefühl als wichtig an! Erkenne, wie du individuelle eigene Gefühle unterdrückst und ins Unbewusste verdrängst!*

9.6 Charakterfixierung (wesentliche psychische Merkmale der Charakterstruktur) bei Typ 9

Pseudo-genital (überangepasst) - *Psycho-spirituelle Trägheit und Veranlagung zu übertriebener Anpassung:* Pychologische Trägheit, übermäßige Anpassung und Resignation, Durchschnittlichkeit, roboterhaftes Gebundensein an Gewohnheiten, Zerstreubarkeit, Bedürfnis nach Einheit und Harmonie als Ausdruck der Leidenschaft der Trägheit des Herzens.

9.7 Die energetische Ausstrahlung von Typ 9

Unklar, formlos, unscharf, weich, warm, nachgiebig, warmherzig, freundlich, jovial, wohlwollend, leutselig, sozial, aufgeschlossen, bejahend, bestätigend, „wach-hinter`m Schleier", schwergängig, faul, behäbig, zufrieden oder unzufrieden, vernagelt, melancholisch, sanft, gelassen, bequem als Ausdrucksform der Leidenschaft der Trägheit.

Blickqualität: Liebevoll, sanft, friedlich, entspannt, peripher, defokussiert - tendenziell neutral

9.8 Beschreibungen der Persönlichkeit von Typ 9

Der Harmonieorientierte, der gutherzige Friedensstifter, der Bewahrende, der Vermittler, der Networker, der Friedliebende, der kameradschaftliche Macher, der Unterhändler, der Diplomat, der Träge, der Stoiker, der Faule, der Heilige, der Mediator, der Ansammler (selbsterhaltender Untertyp 9), der Bequeme (selbsterhaltender Untertyp 9), der (irdische ungesättigte) Appetit (selbsterhaltender Untertyp 9), die Ersatzbefriedigung (selbsterhaltender Untertyp 9), der Routinefreund (selbsterhaltender Untertyp 9), der Wohltäter der Gemeinde (sozialer Untertyp 9), der Mitarbeiter (sozialer Untertyp 9), die Teilnahme bzw. Zugehörigkeit (sozialer Untertyp 9),

Ü
106
107
108

Ü
112
115
116
128
129
130

TYP
9

Ü
117
118
119

Ü
108
109
110
111

der geheimnisvolle Suchende (sexueller Untertyp 9), der Mystiker (sexueller Untertyp 9), die Vereinigung, Verschmelzung (sexueller Untertyp 9)

9.9 Dynamik von Gesundheit & Krankheit bei Typ 9, der trägen Persönlichkeit

Das *Bedürfnis, sich mit anderen zu verbinden und harmonisch mit ihnen zusammenzuleben* führt im normal bewussten Zustand dazu, dass *Typ 9 eine dem Leben gegenüber akzeptierende, annehmende Haltung einnimmt*. Wenn der Fokus aber ständig auf *„harmonisches Miteinander"* gerichtet ist, geht der Weg von *Typ 9* auch sehr schnell in Richtung *Unbewusstheit (Krankheit)*, indem er *sich anderen gegenüber zu sehr anpasst* und damit die Furcht vor Trennung zunimmt.

9.10 Positive Eigenschaften von Typ 9

Eigenverantwortung und Selbsterkenntnis: Zufrieden, freundlich, friedlich, selbstbeherrscht, großzügig, geduldig, unbefangen, optimistisch, aufgeschlossen, offen, mitfühlend, unterstützend, gutmütig, friedliebend, einfühlsam, harmonisch, stabil, ruhig, gelassen, hilfsbereit, loyal, entspannt, sanft, beruhigend, tolerant, auf Ausgleich bedacht.

9.11 Negative Eigenschaften von Typ 9

Träge und selbstgerecht: Abgehoben, passiv, denkt nicht viel nach, unentschlossen, vergesslich, selbstvergessen, stur, grüblerisch, zurückhaltend, sich zurückziehend, unterdrückt, apathisch, passiv-aggressiv, urteilend, fatalistisch, zu angepasst, überangepasst, vage, unbestimmt.

9.12 Gestik und Mimik von Typ 9

Gestik: *Harmonische Gesten* = wenige Gesten, bewegungsarme Haltung, manchmal aus sich herauskommend und dann sehr ausladende Gestik, Gestik drückt letztlich immer auch die innerlich vorhandene Leidenschaft der (versteckten) Trägheit aus.

Mimik: *Ausdruckslos, selbstvergessend* = wenig Stirnfalten, eher weiche Gesichtszüge, abwartend, mitunter resignierender, ängstlicher und abwesender Gesichtsausdruck, „weit entfernt", zeigt seine Gefühle nicht auf dem Gesicht, in sich gekehrt, freundlich-zurückhaltend, harmonisch, bequem, abwartend-passiv, genervt, angespannt, unbeteiligt, versteckt die Trägheit.

9.13 Ego-Fixierung von Typ 9

Ego-Trägheit - Der *grundlegende Irrtum* des trägen *Typs 9* besteht darin, **Liebe außerhalb seiner selbst zu suchen und dabei die eigene Essenz zu vergessen**, diese *Suche* ist die Falle, in der er steckt.

9.14 Spezielle Angst (Grundangst) von Typ 9

Grundangst *(Hauptangst)* **Typ 9**: *Vor Trennung, Absonderung, Scheidung in jeglicher Form, abgetrennt vom Leben zu sein, seinen Weg selbständig und erfolgreich gehen zu können und vor dem „Nein"-Sagen, unwichtig und bedeutungslos zu sein und einen Konflikt herauf zu beschwören!*

9.15 Krankheitszustand von Typ 9

Zieht sich von der fordernden Welt zurück, entwickelt die panische Feigheit mit absurden Vorstellungen wie eine **ungesunde 6** (siehe Verbindung 6-9), *hat Angst zu versagen* wie eine **ungesunde 3** (siehe Verbindung 3-9), *wird unbeweglich, unbeugsam, streng und stur* wie eine **ungesunde 1** (siehe 1er-Flügel der 9) und *ärgerlich, wütend und feindselig* wie eine **ungesunde 8** (siehe 8er-Flügel der 9).

9.16 Gesundheitszustand von Typ 9

Entdeckt die Meinungsfreiheit und Durchsetzungsfähigkeit einer **gesunden 3** (siehe Verbindung 3-9), *die Prinzipien* einer **gesunden 1** (siehe 1er-Flügel der 9), *das Verantwortungsbewusstsein* einer **gesunden 6** (siehe Verbindung 6-9), *das Selbstbewusstsein, die Zuversichtlichkeit sowie die Unabhängigkeit* einer **gesunden 8** (siehe 8er-Flügel der 9).

9.17 Therapeutische Tipps im Umgang mit Patienten vom Typ 9

Als Therapeut muss man hier erkennen, wie *Typ 9* in seiner *Selbstvergessenheit* bei wichtigen emotionalen Themen immer wieder ausweicht und unbewusst vom Wesentlichen abkommt, er vergisst diese wesentlichen Anteile einfach; durch zahlreiche Vermeidungsstrategien, z.B. ein Lächeln, ein Scherz, eine liebenswerte Akzeptanz usw… lenkt er oft geschickt die Aufmerksamkeit vom Wesentlichen ab, wenn er bemerkt, dass der Therapeut dort nachzuhaken droht; der Therapeut sollte hier durchaus beharrlich und immer wieder nachhaken, keinesfalls aber das Verhalten des Patienten übernehmen und freundlich und hilfsbereit an diesen Stellen ausweichen; besser „bohrt" man nach, fordert den Patienten heraus und fragt z.B., was beim Patienten in der Vergangenheit nicht funktioniert hat; denn für *Typ 9* ist es oft einfacher, auf Fragen zu antworten, was etwas nicht ist als auf Fragen, wie es um ihn positiv steht; als Therapeut kann man dabei dem Patienten auch gut Beispiele geben für mögliche Antworten oder ein gemeinsames Brainstorming anbieten, um *Typ 9* aus seiner Trägheit zu holen und in Bewegung zu setzen.

9.18 Psychologischer Abwehrmechanismus von Typ 9

(Selbst-) Betäubung/zwanghaftes Denken: Gefühle und Impulse werden betäubt und deshalb oft kaum oder gar nicht zugänglich. Betäubung/Verdrängung wirkt wie einschlafen und hilft **Typ 9**, sich selbst zu vergessen. Damit bleibt das Leben scheinbar leicht und komfortabel. In diesem schläfrigen Zustand lassen sich Konflikte und Konfrontationen vermeiden, das Leben bleibt erst einmal harmonisch und friedlich. So bleibt das ideale Selbstbild erhalten: *„Ich bin ein friedlicher, harmonischer Mensch!"*

9.19 Die Ausdrucksformen der Trägheit und die zu bearbeitenden Themen von Typ 9

Die **Ausdrucksformen** *der Trägheit/Bequemlichkeit, der Faulheit, der Selbstvergessenheit* beim **Cannabis-Patienten** sind a) Anpassung b) Resignation c) Großzügigkeit d) Durchschnittlichkeit e) Gebundensein an Gewohnheiten f) Zerstreubarkeit.

Die **zu bearbeitenden Themen** bei **Typ 9** sind: Traurigkeit fühlen lernen, Wut erkennen und ausdrücken lernen, Betäubung (vgl. auch unter 9.18).

9.20 Erlösende Aufforderung an Patienten vom Typ 9 und Anregungen zur Entwicklung

Erlösende Aufforderung: Liebe dich zuerst einmal selbst!

Anregungen zur Entwicklung: Fleiß, und rechtes Handeln entwickeln, die eigenen Gaben erkennen und nutzen, sich körperlich bewegen, ins Handeln kommen und energisch zupacken, Antriebsstärke und Aktivität zeigen, Initiativen ergreifen, Prioritäten setzen, Entscheidungen treffen, Sachverhalte durchdringen, aufwachen, eigene Auffassungen bilden, aus der Selbstvergessenheit zur Selbstbewusstheit finden, Konflikte konstruktiv bewältigen, vermitteln, Frieden stiften, Eigenliebe entwickeln, nach innen gehen und innere Welten entdecken, eigene Wünsche erkennen und im Außen manifestieren! *„Nimm dich selbst und deine Bedürfnisse wichtig!"*

9.21 Die Bewusstheitsstufen des Cannabis-Patienten (Typ 9)

Verborgene Thematik: *Trägheit, Bequemlichkeit, Konflikte vermeiden* - **1. Sich Aufgebender** (= *total unbewusst*) **2. Gespaltener** (= *sehr unbewusst*) **3. Nachlässiger** (= *normal unbewusst*) **4. Resignierter Fatalist** (= *leicht bewusst*) **5. Passiv-Gleichgültiger** (= *normal bewusst*) **6. Angepasster** (= *stärker bewusst*) **7. Gutherziger Friedensstifter** (= *deutlich bewusst*) **8. Empfänglicher** (= *sehr bewusst*) **9. In sich Ruhender** (= *total bewusst*)

9.22 Die heiligen (erlösenden) Ideen des Enneagrammprinzips des Enneatyps 9

Die *heilige Liebe* des *Typs 9* besteht darin zu realisieren, dass die eigene Essenz im Grunde nicht anderes ist als die reine, wahre Liebe. Die umfassende, immerwährende Liebe, die alles einschließt.

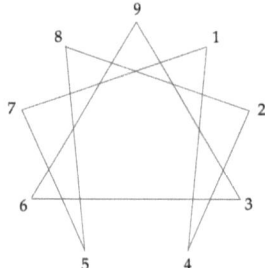

Die Entspannungs*- und Stresspunkte**

* Entspannungspunkte in Pfeilrichtung
** Stresspunkte entgegen der Pfeilrichtung

9
Entspannungs-
punkt: 3
Stresspunkt: 6

8
Entspannungs-
punkt: 2
Stresspunkt: 5

1
Entspannungs-
punkt: 7
Stresspunkt: 4

7
Entspannungs-
punkt: 5
Stresspunkt: 1

2
Entspannungs-
punkt: 4
Stresspunkt: 8

STRESS
RELAX

6
Entspannungs-
punkt: 9
Stresspunkt: 3

3
Entspannungs-
punkt: 6
Stresspunkt: 9

5
Entspannungs-
punkt: 8
Stresspunkt: 7

4
Entspannungs-
punkt: 1
Stresspunkt: 2

Krankheitsverhalten

9
Wird ängstlich wie eine ungesunde 6 (= Stresspunkt)

8
Neigt zum Rückzug von Menschen wie eine ungesunde 5 (= Stresspunkt)

1
Wird melancholisch, traurig, neidisch wie eine ungesunde 4 (= Stresspunkt)

7
Wird perfektionistisch wie eine ungesunde 1 (= Stresspunkt)

2
Wird ausfallend, beleidigend und dominant wie eine ungesunde 8 (= Stresspunkt)

6
Wird aktiv handelnd, ruhelos und umtriebig wie eine ungesunde 3 (= Stresspunkt)

3
Wird träge, ziellos und desorientiert wie eine ungesunde 9 (= Stresspunkt)

5
Verdrängt seine Krankheit, flieht vor Leid wie eine ungesunde 7 (= Stresspunkt)

4
Wird bedürftig und abhängig wie eine ungesunde 2 (= Stresspunkt)

12. Übersicht:
Die innere Fließrichtung* („Inner Flow")

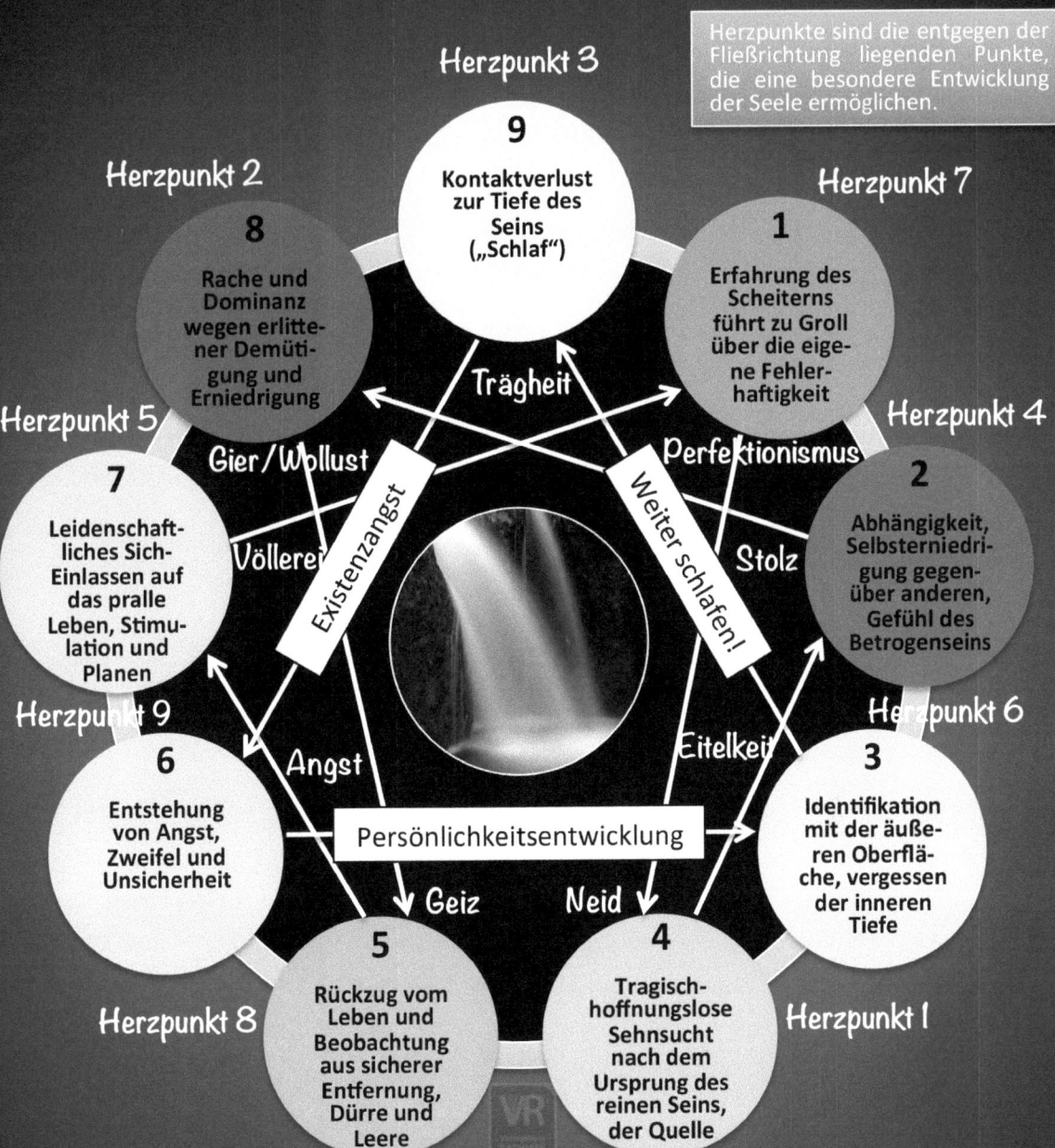

Herzpunkt 3

Herzpunkt 2

Herzpunkt 7

Herzpunkt 5

Herzpunkt 4

Herzpunkt 9

Herzpunkt 6

Herzpunkt 8

Herzpunkt I

Herzpunkte sind die entgegen der Fließrichtung liegenden Punkte, die eine besondere Entwicklung der Seele ermöglichen.

9
Kontaktverlust zur Tiefe des Seins („Schlaf")

8
Rache und Dominanz wegen erlittener Demütigung und Erniedrigung

1
Erfahrung des Scheiterns führt zu Groll über die eigene Fehlerhaftigkeit

7
Leidenschaftliches Sich-Einlassen auf das pralle Leben, Stimulation und Planen

2
Abhängigkeit, Selbsterniedrigung gegenüber anderen, Gefühl des Betrogenseins

6
Entstehung von Angst, Zweifel und Unsicherheit

3
Identifikation mit der äußeren Oberfläche, vergessen der inneren Tiefe

5
Rückzug vom Leben und Beobachtung aus sicherer Entfernung, Dürre und Leere

4
Tragisch-hoffnungslose Sehnsucht nach dem Ursprung des reinen Seins, der Quelle

Trägheit

Gier/Wollust

Perfektionismus

Völlerei

Existenzangst

Weiter schlafen!

Stolz

Angst

Eitelkeit

Persönlichkeitsentwicklung

Geiz

Neid

* Die innere Fließrichtung des Enneagramms zeigt die Bewegungsrichtung zwischen den einzelnen Enneagramm-Punkten des inneren Dreiecks (9 – 6 – 3) und des unregelmäßigen Sechsecks (1 – 4 – 2 – 8 – 5 – 7) auf. Innerhalb dieser Fließrichtung geht der Mensch in Richtung Unbewusstheit den Weg des geringsten Widerstandes, verwickelt sich automatisch und immer mehr in seine Lebensumstände und entfernt sich dadurch zunehmend von der Tiefe seines wahren Seins. Aus diesen vielen Teufelskreisen der menschlichen Ego-Entwicklung gibt es nur einen Ausweg, indem die Seele aus ihrem Schlafzustand erwacht und klar erkennt, dass die 9 möglichen nach außen gerichteten Ego-Strategien als untaugliche und unangemessene Mittel keine wahre Erfüllung und damit kein dauerhaftes Glück bringen können.

Bedürfnisse & Wunschvorstellungen (außen), Motivationen (innen) & Lösungsstrategien *

9. Einheit und Harmonie
(Wunsch nach Pracht)

8. Selbständigkeit
(Wunsch nach Schuld-Unschuld)

1. Recht zu haben
(Wunsch nach Vornehmheit)

9
Integration *
Durchdachte Anpassung & ruhiges Handeln

8
Verantwortung *
Kontrollieren & Handeln

1
Exzellenz *
Potenziale nutzen & entwickeln

2. Geliebt zu werden
(Wunsch nach Liebe)

7. Befriedigung
(Wunsch nach Natur)

9. Selbstvergessenheit

8. Stärke/Verweigerung

1. Perfektionismus

7
Innovation *
Neue Ideen anregen

7. Optimismus

MOTIVATION

2. Gebende Haltung

2
Verbindungen *
Was brauchen Menschen? Beziehungen pflegen

6. Angst/Zweifel

3. Leistung/Erfolg

6
Sicherheit *
Wachsamkeit & Loyalität

5. Isolation, Alleinsein

4. Individualität

3
Erfolg haben *
Wo ist der wahre Weg zum Erfolg?

6. Geborgenheit, Vertrauen
(Wunsch nach Erdverbundenheit)

5
Wissen *
Informationen sammeln & überprüfen

4
Kreative Ästhetik *
Was fehlt für die Einzigartigkeit? Tiefe?

3. Anerkannt zu werden
(Wunsch nach Wärme)

5. Die Welt zu verstehen
(Wunsch nach Ruhe)

4. Sich selbst zu verstehen
(Wunsch nach Spiritualität)

Grundlegende Motivationen, zu leben und geliebt zu werden

9

Wenn ich mich nicht selbst vergesse, habe ich kein Recht zu leben und geliebt zu werden.

Selbstvergessenheit

8

Wenn ich nicht stark bin und mich verweigere, habe ich kein Recht zu leben und geliebt zu werden.

1

Wenn ich nicht perfekt bin, habe ich kein Recht zu leben und geliebt zu werden.

Stärke/Verweigerung

Perfektionismus

7

Wenn ich nicht optimistisch bin, habe ich kein Recht zu leben und geliebt zu werden.

2

Wenn ich nicht gebe, habe ich kein Recht zu leben und geliebt zu werden.

Optimismus

Gebende Haltung

6

Wenn ich nicht ängstlich bin oder zweifle, habe ich kein Recht zu leben und geliebt zu werden.

Angst/Zweifel

Leistung/Erfolg

3

Wenn ich keine Leistung bringe, habe ich kein Recht zu leben und geliebt zu werden.

Isolation/Alleinsein

Individualität

5

Wenn ich mich nicht isoliere, habe ich kein Recht zu leben und geliebt zu werden.

4

Wenn ich nichts Besonderes oder besonders individuell bin, habe ich kein Recht zu leben und geliebt zu werden.

VR

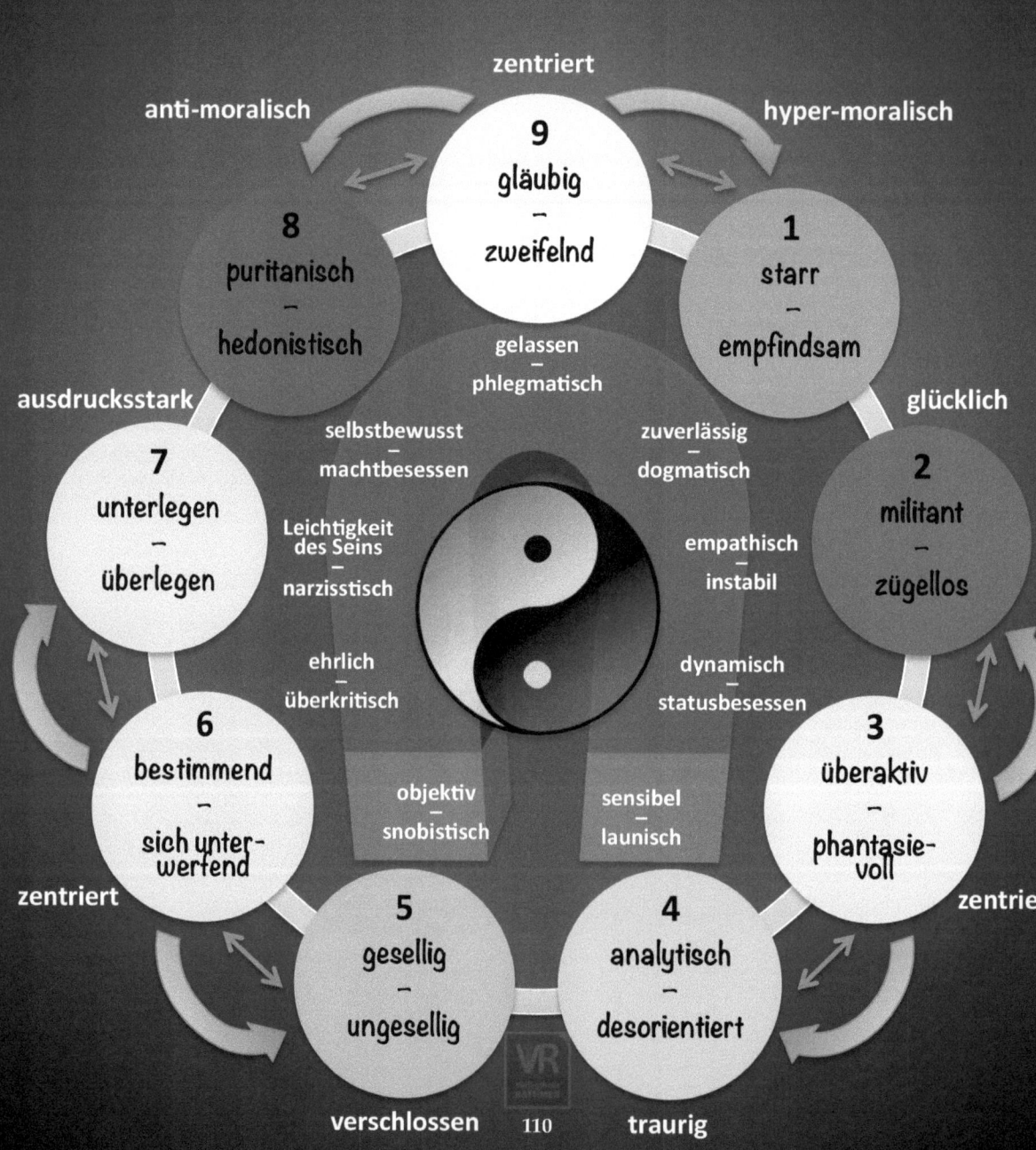

15. Übersicht:
Die Polaritäten der Enneagramm-Muster

Es bestehen **Gegensätzlichkeiten** jeweils *zweier in Wechselwirkung zueinander stehender Eigenschaften* bei *jedem Enneatyp*, auch *innerhalb* der Triaden:

zentriert

anti-moralisch

hyper-moralisch

9
gläubig
–
zweifelnd

8
puritanisch
–
hedonistisch

1
starr
–
empfindsam

gelassen
–
phlegmatisch

ausdrucksstark

glücklich

selbstbewusst
–
machtbesessen

zuverlässig
–
dogmatisch

7
unterlegen
–
überlegen

Leichtigkeit
des Seins
–
narzisstisch

empathisch
–
instabil

2
militant
–
zügellos

ehrlich
–
überkritisch

dynamisch
–
statusbesessen

6
bestimmend
–
sich unter-
werfend

objektiv
–
snobistisch

sensibel
–
launisch

3
überaktiv
–
phantasie-
voll

zentriert

zentriert

5
gesellig
–
ungesellig

4
analytisch
–
desorientiert

verschlossen

traurig

Die weibliche/männliche Seite, die Symmetrie *
des Enneagramms, Elemente des Körpers **

9. neutral *

9

Haut **
keine quantitative Häufung eines Geschlechts

sehr maskulin
(maskuliner Pol des Enneagramms)

weniger feminin

8. zornig
(anti-sozial) *

8
Fleisch **
Quantitative Häufung: Männer
Frauen wirken häufig etwas maskulin

1
Nerven **
Quantitative Häufung: Frauen

1. zornig
(sozial) *

2. wohlwollend
(emotional) *

7. wohlwollend
(intellektuell) *

9. kein Pol (männlich/ weiblich) dominiert!

männlich: Typen 5-8

weiblich: Typen 1-4

sehr feminin

7
Knochen **
Quantitative Häufung: Männer

Rebellion

eher antisozial

Verführung

eher sozial und sozialisiert

2
Haare **
Quantitative Häufung: Frauen
Männer wirken häufig etwas feminin

6. Handlung
(Furcht blockiert ständiges Handeln) *

Neigung zu psychopathi- schem Verhalten

Neigung zu hysterischem Verhalten

3. Handlung
(handelt ständig und unterdrückt die Furcht) *

6
Blut **
Quantitative Häufung: Männer

männlicher Pol dominiert

weiblicher Pol dominiert

3
Nägel **
Quantitative Häufung: Frauen

5. Inneres Armutsgefühl
(toleriert das innere Gefühl von Armut = resigniert) *

5
Gehirn **
Quantitative Häufung: Männer

weniger feminin

4
Adern **
Quantitative Häufung: Frauen

4. Inneres Armutsgefühl (kann das innere Armutsgefühl nicht tolerieren = leidet) *

sehr feminin

**Nach *alter medizinischer Tradition* besteht der *menschliche Körper* aus *insgesamt 9 Elementen*, die den einzelnen *Enneagrammprinzipien* zugeordnet werden können.

Die Temperamentenlehre der Antike

17. Übersicht:

Primäres Verlangen nach:

Anerkennung + Status	Mitgefühl	Respekt + Sicherheit	Aufmerksamkeit
1 + 8	4 + 5	3 + 6 + 9	2 + 7

Anmerkung 1: Neben den *klassischen vier Temperamenten* dieser bereits im Altertum bekannten Lehre habe ich zum *Phlegmatiker* die Qualität des *Angustikers* ergänzt, also eines Menschen, dessen Antrieb die **Angst** (6), auch die **Angst keinen Erfolg zu haben** (3), ist.

Anmerkung 2: *Somatotypen nach Sheldon:* Körperbau 1. **ektomorph** = *mager, sehnig & ausgeprägt profiliert* (5, 6, 7); 2. **endomorph** = *rund, weich & sinnlich* (2, 3, 4); 3. **mesomorph** = *stämmig, fest, stark* (1, 8, 9)

Charakter *Phlegmatiker*: ruhig, unemotional, passiv

9
Phlegmatiker / Angustiker (Phlegma, Angst) (Winter, Wasser, Gehirn), Qualitäten: kalt + feucht
Wasser Wasser

8
Choleriker (gelbe Galle) (Sommer, Feuer, Zorn), Qualitäten: heiß + trocken
Feuer Feuer

1
Choleriker (gelbe Galle) (Sommer, Feuer, Zorn), Qualitäten: heiß + trocken
Feuer Feuer

Charakter *Choleriker*: schnell verärgert, zornig, reizbar, erregbar

Charakter *Sanguiniker*: mutig, hoffnungsvoll, liebevoll, heiter, aktiv

7
Sanguiniker (Blut) (Frühling, Luft, Herz), Qualitäten: heiß + feucht
Luft Luft

2
Sanguiniker (Blut) (Frühling, Luft, Herz), Qualitäten: heiß + feucht
Luft Luft

6
Angustiker / Phlegmatiker (Angst, Phlegma) (Winter, Wasser, Gehirn) Qualitäten: kalt + feucht
Wasser Wasser

3
Angustiker / Phlegmatiker (Angst, Phlegma) (Winter, Wasser, Gehirn) Qualitäten: kalt + feucht
Wasser Wasser

Charakter *Angustiker*: ängstlich, besorgt, fürsorglich, freundlich

Charakter *Melancholiker*: mutlos, schlaflos, irritiert, nachdenklich, traurig

5
Melancholiker (schwarze Galle) (Herbst, Erde), Qualitäten: kalt + trocken
Erde

4
Melancholiker (schwarze Galle) (Herbst, Erde), Qualitäten: kalt + trocken
Erde Erde

Anmerkung: Was benötigt der menschliche Körper zum Überleben? *Atemluft, Trinken, Essen + Wärme*, entsprechend den vier Grundeigenschaften der Temperamente *Luft, Wasser, Erde + Feuer*.

Die nicht realen Vorstellungen*

*Ein subjektives Empfinden eines Patienten, egal ob es der Realität entspricht oder nicht oder auch einen falschen Eindruck von etwas zu haben, eine falsche Überzeugung. Nicht reale Vorstellungen sind also verzerrte Sichtweisen von der Realität, der eigenen Lebensumstände. Es geht also um die subjektive Sichtweise des Menschen, unabhängig davon, wie die Lage objektiv ist. Die nicht realen Hauptvorstellungen der 9 Enneatypen (entnommen aus meinem Buch „Rathmer`s Repertorium") sind:

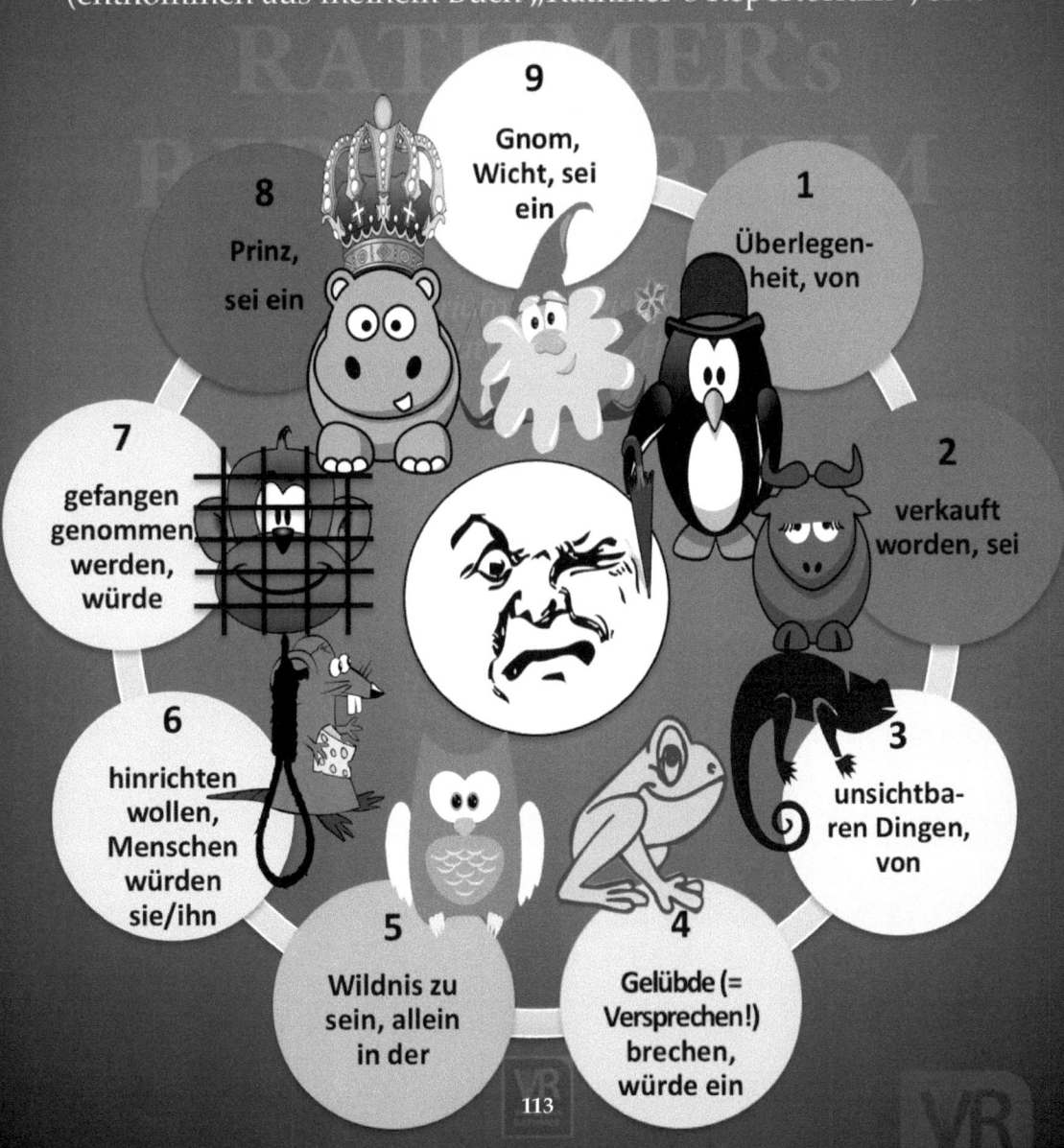

9
Gnom, Wicht, sei ein

8
Prinz, sei ein

1
Überlegenheit, von

7
gefangen genommen werden, würde

2
verkauft worden, sei

6
hinrichten wollen, Menschen würden sie/ihn

3
unsichtbaren Dingen, von

5
Wildnis zu sein, allein in der

4
Gelübde (= Versprechen!) brechen, würde ein

Die wahren Werte der Enneatypen

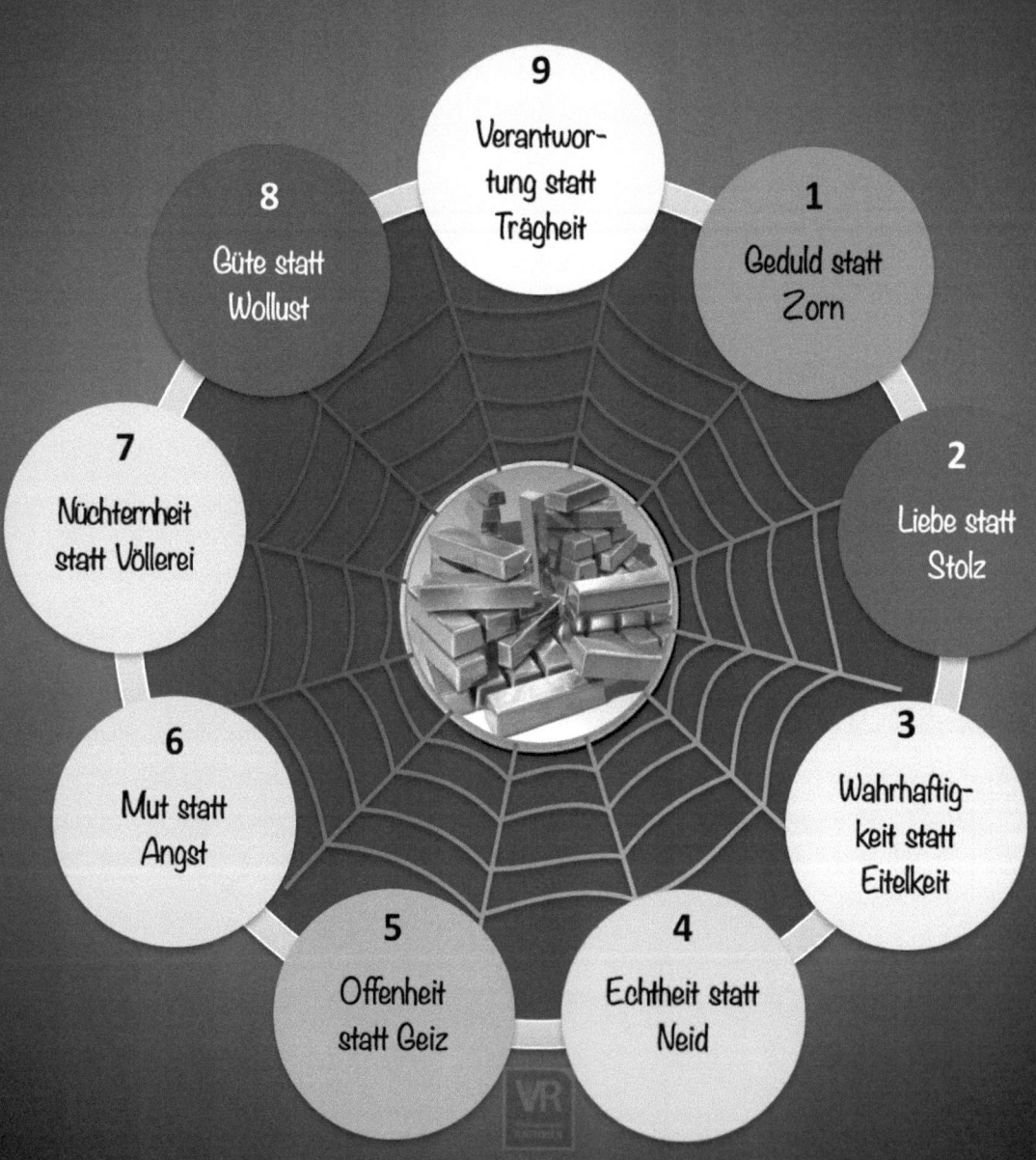

Die 9 Leidenschaften und deren Definition nach Oscar Ichazo und seiner Prototypenlehre

Leidenschaften werden als **emotionale Haltungen** verstanden!

Oscar Ichazo, *Philosoph, Urheber der modernen Fassung des Enneagramms der Persönlichkeitstypen (geb. 1931 in Bolivien, lebt heute auf Hawaii als Schriftsteller)*

*Entsprechungen nach dem DSM (Diagnostic and statistical Manual of Mental Disorders) ***

9
Trägheit ist spirituelle Passivität oder mangelnde Antriebskraft hinsichtlich der Suche nach der eigenen „Essenz".

8
Wollust äußert sich in einer geradezu lustvoll-schamvollen Aggression und ist Reaktion auf ein verletztes Gerechtigkeitsempfinden.

1
Zorn ist der unterschwellige Ärger über die eigene Unvollkommenheit sowie die Unvollkommenheit anderer.

9. Zwangsstörung mit Schwerpunkt auf Zwangsverhalten, aber auch vermeidende/ausweichende und abhängige Persönlichkeit *

8. Antisoziale Persönlichkeitsstörung *

1. Zwangsstörung mit Schwerpunkt auf Zwangsgedanken *

7
Völlerei ist die planvolle Organisation des Lebens mit dem Ziel, einmal erlebtes Vergnügen sinnlicher, emotionaler oder geistiger Natur zu wiederholen und zu steigern.

7. Narzisstisch *

2. Histrionisch (theatralisch), aber auch abhängige Persönlichkeit *

2
Stolz besteht in der uneingestandenen Abhängigkeit von der Gunst anderer.

6. Paranoid *

3. Die Pathologie der Täuschung kommt im DSM nicht vor *

6
Angst oder Feigheit ist, wenn sie zur Grundhaltung wird, nichts anderes als eine Verweigerung gegenüber dem Leben.

5. Schizoid = krankhafte Distanziertheit in sozialen Kontakten *

4. Borderline- oder emotional instabile Persönlichkeitsstörung *

3
Lüge besteht in der Selbststilisierung nach dem Ideal von Einfluss und Effizienz und entspringt einem maßlosen Verlangen nach Bewunderung.

5
Geiz ist der Rückzug in den Blickwinkel des wissenden Beobachters, der es versäumt, sich selbst in das Leben zu investieren.

4
Neid ist die melancholische Eifersucht auf das scheinbare Glück anderer und wurzelt in der Sehnsucht nach der vollendeten Beziehung oder Situation.

Die drei Möglichkeiten spontaner Reaktion

Nach **Karen Horney,** *Psychoanalytikerin (1885-1952),* gibt es **drei Möglichkeiten,** spontan auf eine Situation zu reagieren:

A. durch aggressives Tun (= instinktiv, entwickelt eine feindselige Einstellung gegenüber den Menschen)

B. durch gefügige Anpassung (= hingewendet, bewegt sich auf andere Menschen zu) und

C. durch entziehenden Rückzug (= abkehrend, wenden sich von anderen Menschen ab):

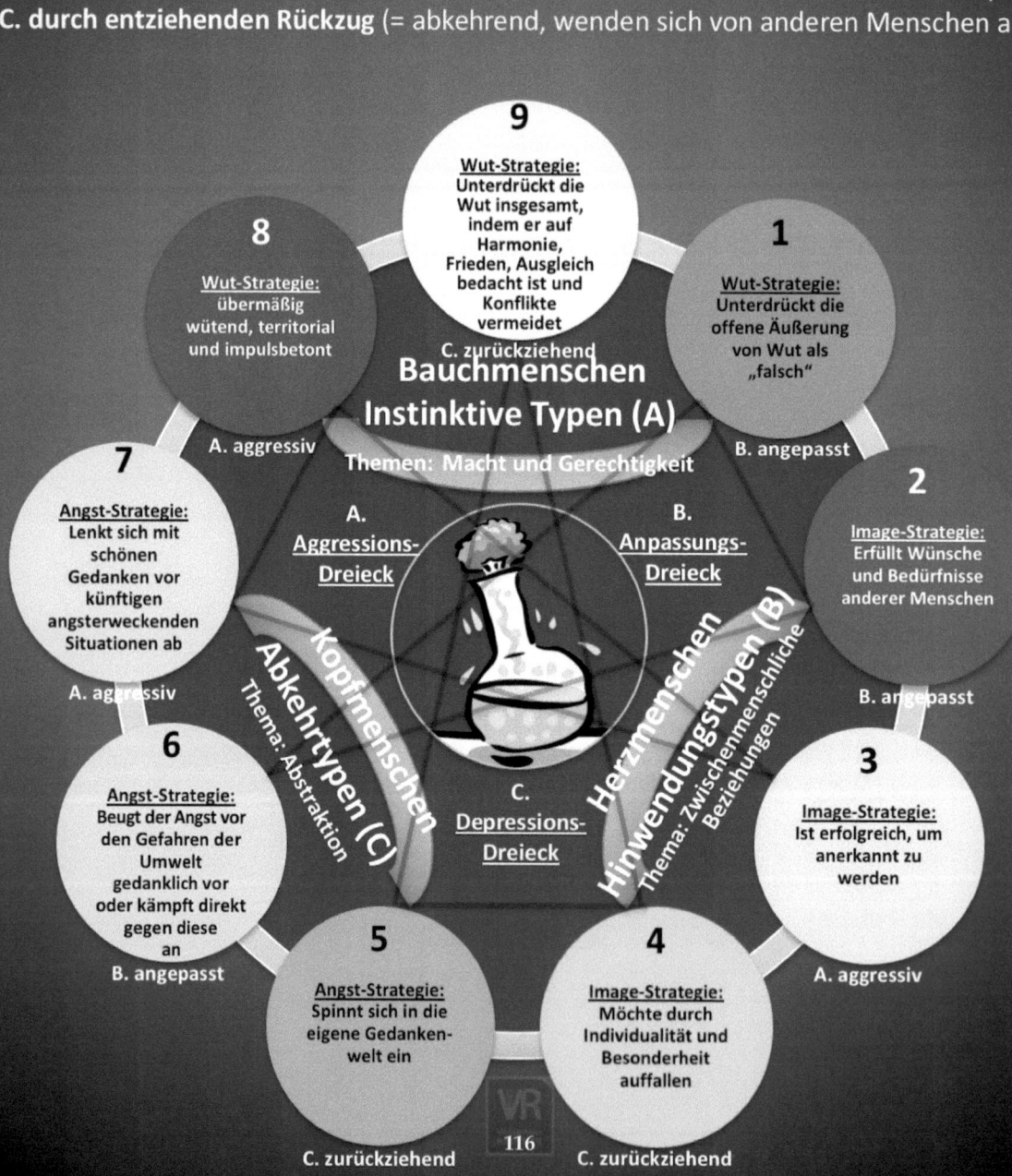

9

Wut-Strategie: Unterdrückt die Wut insgesamt, indem er auf Harmonie, Frieden, Ausgleich bedacht ist und Konflikte vermeidet

C. zurückziehend

8

Wut-Strategie: übermäßig wütend, territorial und impulsbetont

1

Wut-Strategie: Unterdrückt die offene Äußerung von Wut als „falsch"

Bauchmenschen
Instinktive Typen (A)
Themen: Macht und Gerechtigkeit

A. aggressiv

B. angepasst

7

Angst-Strategie: Lenkt sich mit schönen Gedanken vor künftigen angsterweckenden Situationen ab

A. aggressiv

A. Aggressions-Dreieck

B. Anpassungs-Dreieck

2

Image-Strategie: Erfüllt Wünsche und Bedürfnisse anderer Menschen

B. angepasst

Kopfmenschen
Abkehrtypen (C)
Thema: Abstraktion

Herzmenschen
Hinwendungstypen (B)
Thema: Zwischenmenschliche Beziehungen

6

Angst-Strategie: Beugt der Angst vor den Gefahren der Umwelt gedanklich vor oder kämpft direkt gegen diese an

B. angepasst

C. Depressions-Dreieck

3

Image-Strategie: Ist erfolgreich, um anerkannt zu werden

5

Angst-Strategie: Spinnt sich in die eigene Gedankenwelt ein

4

Image-Strategie: Möchte durch Individualität und Besonderheit auffallen

A. aggressiv

C. zurückziehend

C. zurückziehend

Die energetische (zwischenmenschliche) Ausstrahlung

9. unklar – formlos – unscharf

9
weich, warm, warmherzig, freundlich, jovial, wohlwollend, leutselig, sozial, aufgeschlossen, bejahend, bestätigend, ...

9 ... „wach-hinter`m Schleier", schwergängig, unzulänglich, vernagelt, melancholisch, sanft, gelassen, zufrieden

8. hart – mächtig – kontrollierend

8
machtvoll, zwingend, überlegen, dominierend, aggressiv, rücksichtslos, gnadenlos, ...

8 ... „auf volle Power",heftig, überlaut, stark, grobschlächtig, herrisch

1. klar – sauber/rein – scharf

1
scharf, kantig, klar, fest, beherrscht, kontrolliert, stark, korrekt, prüfend, arrogant, kühl, überheblich „vornehm", ...

1 ... „sauber", manchmal angespannt, mürrisch, abweisend, verächtlich, unnahbar, zielgerichtet

2. fordernd – bedürftig – sich wichtig nehmen

2
weich, offenherzig, einladend, zugewandt, warmherzig, verständnisvoll, liebenswürdig, verbindend, erotisch, ...

2 ... appetitanregend", mitunter emotional, flirtiv, manipulativ, stolz, misstrauisch, gefühlvoll

7. charmant – aufgedreht – substanzlos/ oberflächlich

7
warmherzig, beschwingt, heiter, fröhlich, vergnügt, dümmlich, maßlos, anpassungsbereit, verschlingend, einladend, anziehend ...

7 ... „quecksilbrig", überdreht, nervig, quengelig, flexibel, fordernd, gierig, witzig, naiv, milde

6 ... „hört das Gras wachsen", unstet, hin- und hergerissen, misstrauisch, unsicher, vorsichtig, distanziert

3 ... „gewinnend", fokussiert, anziehend, fit, cool, mitunter ruhelos und umtriebig, emotionslos

3. unecht – glatt – poliert

3
...wach, interessiert, kontaktfreudig, aufgeschlossen, begeisterungsfähig, belastbar, kommunikativ, aalglatt, „wie ein Model" ...

6
warmherzig, kontaktbereit, flackernd, argwöhnisch, wach, auf Widersprüche lauernd, intellektuell, ängstlich, zweifelnd ...

5 ... „dünn-flüssig-beweglich", „zum Übersehenwerden einladend", „punkt-genau-fokussiert, sachlich-nüchtern

4 ... „nicht von dieser Welt", „rühr-mich-an-aber-bitte-nur-aus-der-Ferne", mürrisch, kapriziös, in sich gekehrt

6. ängstlich – misstrauisch – vereinnehmend/ zwingend (kp)

5
...zart, heimlich-hell-wach, schüchtern, nach innen gerichtet, gedanklich abwesend, intellektuell, distanziert-zurückziehend ...

4
unerreichbar, fein-nervig, schwermütig, seufzend, melancholisch, überspannt, elitär, anspruchsvoll, freundlich, sentimental ...

5. leer – trocken – schwach/verarmt

4. traurig – unzufrieden – leer/abwesend

23. Übersicht:
Die primäre Blickqualität*

* Wird auch „der primäre Blick" genannt und ist die Beschreibung der spezifischer Blickenergie, die der jeweilige Enneagrammtyp primär und auch überwiegend dominant zeigt in gewöhnlichen Alltagssituationen ohne viel Stress. Er entspricht in der Regel dem ersten Eindruck den man hat, wenn man ihm (unvermittelt) in die Augen schaut; auch gut in unbeobachteten Momenten erkennbar.

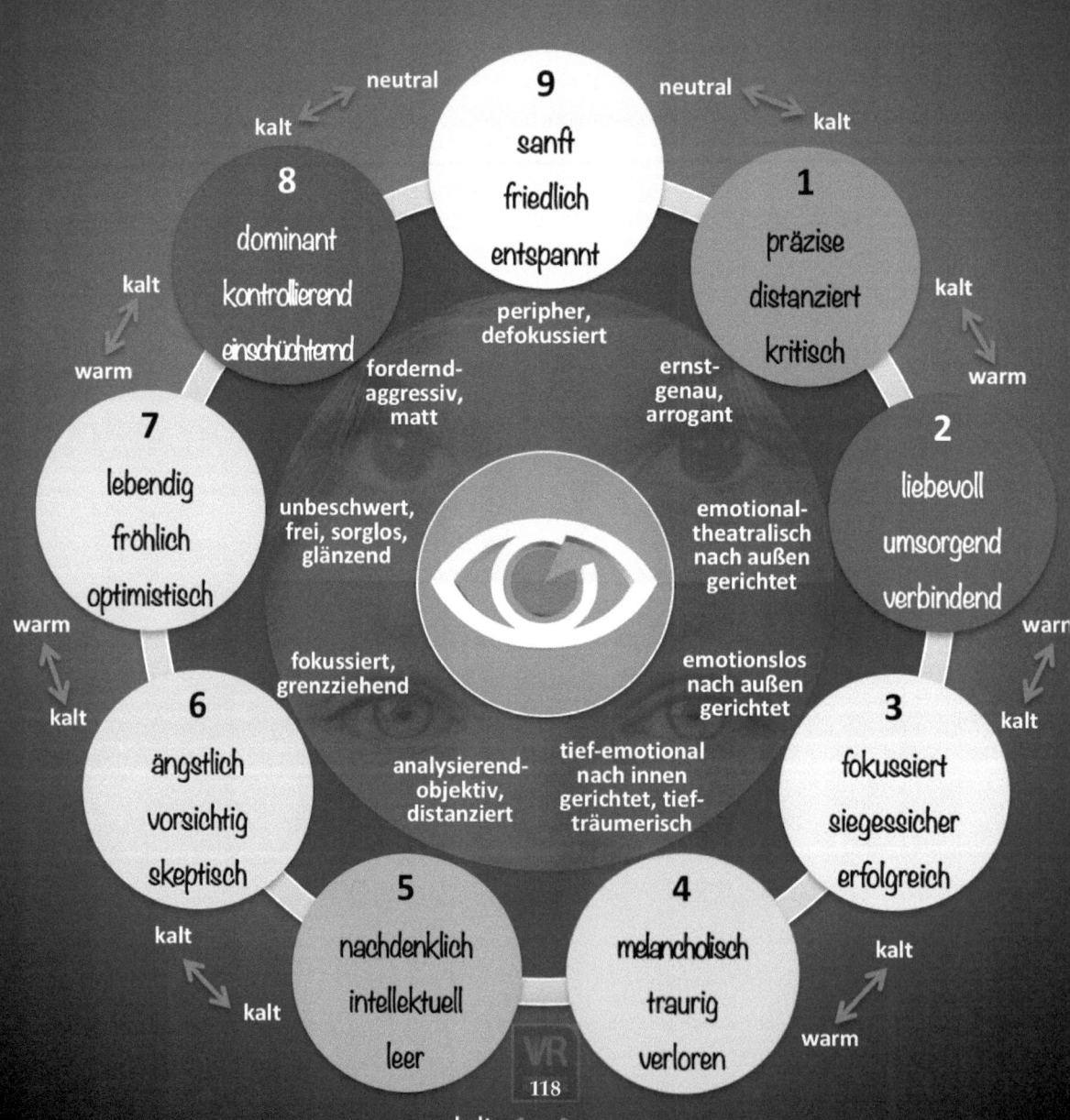

9
sanft
friedlich
entspannt

neutral
kalt

neutral
kalt

8
dominant
kontrollierend
einschüchternd

kalt
warm

1
präzise
distanziert
kritisch

kalt
warm

7
lebendig
fröhlich
optimistisch

kalt
warm
kalt

2
liebevoll
umsorgend
verbindend

warm
kalt

6
ängstlich
vorsichtig
skeptisch

kalt
kalt

3
fokussiert
siegessicher
erfolgreich

kalt

5
nachdenklich
intellektuell
leer

kalt

4
melancholisch
traurig
verloren

kalt
warm

peripher, defokussiert

fordernd-aggressiv, matt

ernst-genau, arrogant

unbeschwert, frei, sorglos, glänzend

emotional-theatralisch nach außen gerichtet

fokussiert, grenzziehend

emotionslos nach außen gerichtet

analysierend-objektiv, distanziert

tief-emotional nach innen gerichtet, tief-träumerisch

kalt ⟷ warm

Verhalten in Problemsituationen und Energiepunkte *

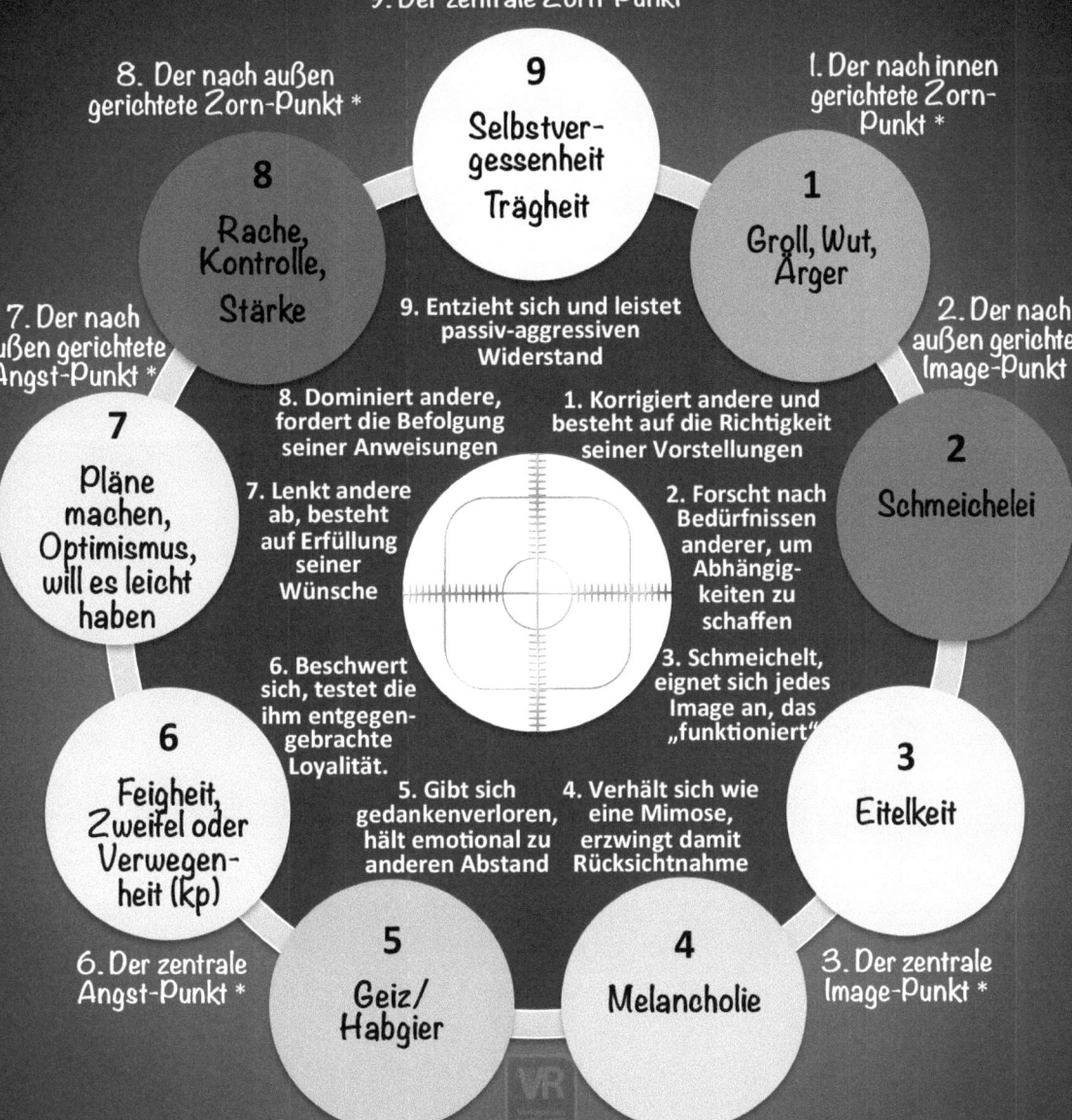

9. Der zentrale Zorn-Punkt *

8. Der nach außen
gerichtete Zorn-Punkt *

1. Der nach innen
gerichtete Zorn-
Punkt *

9
Selbstver-
gessenheit
Trägheit

8
Rache,
Kontrolle,
Stärke

1
Groll, Wut,
Ärger

7. Der nach
außen gerichtete
Angst-Punkt *

2. Der nach
außen gerichtete
Image-Punkt *

9. Entzieht sich und leistet
passiv-aggressiven
Widerstand

8. Dominiert andere,
fordert die Befolgung
seiner Anweisungen

1. Korrigiert andere und
besteht auf die Richtigkeit
seiner Vorstellungen

7
Pläne
machen,
Optimismus,
will es leicht
haben

7. Lenkt andere
ab, besteht
auf Erfüllung
seiner
Wünsche

2. Forscht nach
Bedürfnissen
anderer, um
Abhängig-
keiten zu
schaffen

2
Schmeichelei

6. Beschwert
sich, testet die
ihm entgegen-
gebrachte
Loyalität.

3. Schmeichelt,
eignet sich jedes
Image an, das
„funktioniert"

6
Feigheit,
Zweifel oder
Verwegen-
heit (kp)

5. Gibt sich
gedankenverloren,
hält emotional zu
anderen Abstand

4. Verhält sich wie
eine Mimose,
erzwingt damit
Rücksichtnahme

3
Eitelkeit

5
Geiz/
Habgier

4
Melancholie

6. Der zentrale
Angst-Punkt *

3. Der zentrale
Image-Punkt *

5. Der nach innen gerichtete Angst-Punkt *   4. Der nach innen gerichtete Image-Punkt *

Jeder Mensch verhält sich in problematischen Situationen seines Lebens je nach seiner enneagrammatischen Fixierung sehr unterschiedlich. In Krisensituationen kann man daher den
Enneagrammtyp eines anderen Menschen besonders gut erkennen, nur man selbst ist in solchen
Situationen besonders „blind" für die psychologischen Eigenanteile, die einen oft erst
unbewusst in die Problemsituation gebracht haben. Daher sollte man bei der Bestimmung des
eigenen Enneatyps durchaus auch ehrliche „Fremdmeinungen" von vertrauten Menschen
mitberücksichtigen. * Zentrale, nach außen und nach innen gerichtete Energiepunkte

Positive Eigenschaften

9
Eigenverantwortung + Selbsterkenntnis:
zufrieden, freundlich, friedlich, selbstbeherrscht, großzügig, geduldig, unbefangen ...

8
Führungskunst + wahre Stärke:
direkt, maßgebend, energisch, loyal, voller Selbstvertrauen, erdnah und bodenständig, beschützend ...

1
Gelassenheit + Geduld:
verlässlich, ehrlich, produktiv, klug, weitblickend, fair, diszipliniert, organisiert, tüchtig, prinzipientreu ...

... optimistisch, aufgeschlossen, offen, mitfühlend, unterstützend, gutmütig, friedliebend, einfühlsam

... gute Führer, mutig, inspirierend, Respekt einflößend, ehrenhaft, unternehmerisch, unabhängig, selbstständig

... idealistisch, gerecht, moralisch hochstehend, ordnungsliebend

7
Enthusiasmus:
anerkennend, interessiert, lebhaft, produktiv, frei von Hemmungen, effektiv, optimistisch, großzügig, fröhlich, einfallsreich ...

... begeisterungsfähig, charmant, spontan, zuversichtlich, schnell, neugierig

... großzügig, behilflich, ermutigend, anpassungsfähig, einsichtig, liebevoll, begeisternd

2
Geborgenheit + Mitgefühl:
fürsorglich, einfühlsam, selbstlos, altruistisch, schenkt „bedingungslose" Liebe, mitfühlend, warmherzig ...

... leistungsfähig, fleißig, arbeitsam, beliebt, optimistisch, praktisch, zuversichtlich

6
Mut + Vertrauen:
liebenswert, engagiert, treu, verlässlich, loyal, kooperativ, warmherzig, selbstbestätigend, mitfühlend, humorvoll ...

... witzig, hilfsbereit, praktisch veranlagt, verantwortungsbewusst

3
Wahrhaftigkeit + Ansehen:
authentisch, energiegeladen, selbstsicher, antriebs- und anpassungsfähig, besitzt bewundernswerte Eigenschaften ...

... einfühlsam, ausdauernd, visionär, fachkundig, originell, konzentriert

... Sinn für Stil und Ästhetik, kreativ, selbstbewusst, ernsthaft und witzig, emotional stark

5
Unabhängigkeit + Nicht-Anhaftung:
objektiv, sachlich, nüchtern, analytisch, klug, tiefblickend, selbstgenügsam, empfindsam ...

4
Selbstachtung + Schönheit:
warmherzig, intuitiv, hilfsbereit, mitfühlend, verinnerlicht, ausdrucksvoll, schöpferisch, differenziert, sensibel ...

Negative Eigenschaften

9
Träge + selbst-gefällig: abgehoben, passiv, denkt nicht viel nach, unentschlossen, vergesslich, stur, selbstgefällig, grüblerisch, zurückhaltend ...

... unterdrückt, apathisch, passiv-aggressiv, urteilend, fatalistisch

8
Ärgerlich + aufbrausend: aggressiv, herrschsüchtig, diktatorisch, drohend, eigenwillig, schikanös, rachsüchtig, besitzergreifend, beschuldigend ...

1
Grollend + unpersönlich: bewertend, unflexibel, dogmatisch, zwanghaft, zwangsneurotisch, kritisch, überaus (zu) ernst, überwachend ...

... beherrschend, leugnend, anmaßend, gefühllos, rebellisch, egozentrisch, skeptisch

... ängstlich, eifersüchtig, wertend, beherrschend, übel nehmend

7
Planend + defensiv: erlebnishungrig, überaktiv, oberflächlich, materialistisch, nie zufrieden, ichbezogen, unbeherrscht, will sich nicht festlegen ...

... impulsiv, narzisstisch, besitzergreifend, manisch, ruhelos, selbstzerstörerisch, rebellisch, unkonzentriert

2
Schmeichelnd + verurteilend: leicht verletzbar, manipuliert, um geliebt zu werden, fühlt sich unentbehrlich, gönnerhaft, besitzergreifend ...

... „Opferlamm", indirekt, hysterisch, überschwenglich

... sich selbst im Wege, unentschlossen, ängstlich, unsicher, selbstschädigend, negativ, anmaßend, rigide, reizbar

... statusbewusst, arrogant, selbstdarstellend, verachtet andere, Angst vor dem Scheitern, imagebesessen

6
Feige + mürrisch (phobisch) oder einschüchternd (kontraphobisch): übervorsichtig, herrschsüchtig, unvorhersehbar, paranoid, defensiv ...

... irregeführt, isoliert, zynisch, arrogant, reserviert, engstirnig

... hasst sich selbst, hohe Erwartungen, Gefühl von Leere und Verlassenheit, neidisch, verzweifelt

3
Eitel + großspurig: hinterlistig, berechnend, großspurig, eitel, eigensüchtig, oberflächlich, rachsüchtig, aggressiv, selbsttäuschend ...

5
Geizig + blockiert: überheblich, kritisch, stur, geizig, distanziert, negativ eingestellt, nicht durchsetzungsfähig, exzentrisch ...

4
Melancholisch + rätselhaft: deprimiert, schuldbeladen, unsicher, in sich gekehrt, stur, launenhaft, moralpredigend, nur mit sich selbst beschäftigt ...

Gestik & Mimik*

9 * entspannt, freundlich-zurückhaltend, friedlich, harmonisch, „relaxed", in sich gekehrt, abwartend, passiv, genervt, angespannt

8 * dominant, kämpferisch, stark, unabhängig, wütend, zornig, ungeduldig, grausam, kalt, reaktionsstark, „brodelnd", explosiv, ungehalten, aggressiv

1 * aristokratisch, unabhängig, arrogant, adlig, edel, erstarrt, hochmütig, maskenhaft, schulmeisterisch, vornehm, würdevoll, ernst, kalt, gefühllos

9
Wenige Gesten, bewegungsarme Haltung

8
Faustbildung, körperlich präsente und energetisch überschießende Gestik

1
Pädagogischer Zeigefinger (= erhobener Zeigefinger), hochmütig („von oben herab")

7 * voller Lebensfreude, lustig, schalkhaft, schelmisch, spaßig, spitzbübisch, zufrieden, verschmitzt, lachend

2 * besorgt, gefühlv... misstrauisch, mütter... liebevoll, erotisch... anziehend, sanft

* Ausdruckslose, selbstvergessende Mimik

* Kontrollierend-machtvoll, stark

* Stirnrunzeln mit Zornesfalte (vertikale Falte zwischen den Augen)

7
Langsame, bedächtige Gesten, flüchtige Bewegungen der Arme

* Offen + optimistisch, freundlich-lustig, milde & sanft, glücklich & zufrieden

* Mütterlich-besorgte Mimik, sozial, empfangend, verbindend

2
Verbindende Gesten (nimmt häufig unbewusst mit den Händen Kontakt zum Gegenüber auf)

* ängstlich, unsicher, zweifelnd, skeptisch, kp: hervorstechende Augen

* Kühl-unnahbare Mimik (Model-Gesicht), „Strahleaugen", fokussiert

6
Zurückhaltend, vorsichtig, abwartend, erstarrte Körperhaltung

* Intellektuelle Mimik mit Denkerfalten (horizontal verlaufende Falten auf der Stirn), „Pokerface"

* Gefühlsintensive Mimik, tiefer" Blick, verloren, geheimnisvoll, traurig, unnahbar, „versteckter" Zorn

3
Schnelle, zackige, fahrige Gesten

6 * ängstlich, besorgt, misstrauisch, skeptisch, verzweifelt, vorsichtig, wachsam, zweifelnd, „flüchtig", flackernd, irritiert, unverbindlich

5
Häufig starke Kopfbewegungen (z.B. zustimmendes Nicken), ansonsten gestenarm

4
Extravagante Gesten, elegante Handbewegungen, ausladende Handgesten

3 * faltenlos, emotionslos, gefühllos, kalt, listig, clever, straff, gestylt, schlau, jünger wirkend, maskenhaft, unabhängig, zielorientiert

5 * analysierend, gelehrt, schlau, intellektuell, nachdenklich, unnahbar, älter wirkend, weltfremd, abgehoben, zurückgezogen, emotional karg

4 * verzogen, gefühlsverwirrt, melancholisch, sentimental, verborgene Gefühle ahnen lassend, weit entfernt, verzweifelt

28. Übersicht:
Entwicklung vom reinen Sein zur Ego-Persönlichkeit *, Erziehungserfahrungen **, familiäre Defizite ***

9. Mangel an Harmonie und Frieden ***

8. Konflikte oder Verwirrung in Bezug auf Macht ***

1. Liebe ist bedingt, ein Tauschgeschäft, ein Handel ***

9
Halt durch Glätten, so als wäre alles gut und leben auf mechanische Weise

8
Halt durch Zorn, Kampf, Gerechtigkeit und Rache

1
Halt durch Selbst- und Fremdverbesserung

7. Begrenzte Sichtweise, enge Perspektive ***

2. Keine Liebe zwischen den Eltern ***

9. Unsichtbare Bedürfnislosigkeit **

1. Bestrafung – Belohnung **

8. Gewalterfahrung **

7
Halt durch Planung, alles wieder gutzumachen (Rückkehr ins verlorene Paradies)

7. Aufmerksamkeits-Defizit **

2. Liebeskampf **

2
Halt durch, Manipulation und Verführung der Umgebung

6. Elterliche Inkompetenz **

3. Erfüllung von Erwartungen **

6
Halt durch Angst, Misstrauen sowie defensives und paranoides Verhalten

5. Aufdringliche Erziehung **

4. Liebesverlust **

3
Halt durch Selbst- und Fremdtäuschung, es allein zu können

6. Fehlende Sicherheit und Unterstützung ***

5
Halt durch Nichtfühlen, Rückzug, Isolation und Vermeidung

4
Halt durch Leugnung der Trennung vom Sein und Selbst- und Fremdkontrolle

3. Keine Bindung zwischen den Familienmitgliedern ***

5. Keine Führung, kein wirkliches Verständnis ***

4. Mangelndes Selbst (wert)-gefühl ***

---

* In der frühen Kindheit verlieren wir allmählich den Kontakt mit dem Urgrund des Seins durch die Entwicklung von einem rein wahrnehmenden Bewusstsein hin zu einer Persönlichkeit mit einem spezifischen Abwehrmechanismus. Die neun Enneatypen entstehen aus der Reaktion auf den Verlust ihres Urvertrauens und die ihn begleitende Trennung vom Sein. Das Ego beinhaltet implizit das fundamentale Misstrauen gegenüber der Realität. Durch das Versagen der haltenden Umwelt fehlt es dem Kind an Urvertrauen, was zur Abtrennung von Sein und zu vermehrter Ego-Aktivität führt. Das Enneagramm zeigt die verschiedenen Möglichkeiten auf, wie sich das Ego entwickelt, um mit der Abwesenheit, den Erschütterungen, Brüchen und Unterbrechungen des Haltens der Umwelt umzugehen.

29. Übersicht:

Die 9 Ego-Fixierungen und deren Fallen nach Oscar Ichazo und seiner Prototypenlehre

Der grundlegende Irrtum des trägen Typs 9 besteht darin, Liebe außerhalb seiner selbst zu suchen und dabei die eigene Essenz zu vergessen, diese Suche ist die Falle, in der er steckt.

Grundfixierung: Zorn! Bauch (sexuell, feindselig)
Bauchtriade
„Instinktives Gehirn"

Typ 8 wird in seinem rachsüchtigen Geist destruktiv, sobald er Unrecht wittert, verantwortlich dafür ist ein illusionärer Gerechtigkeitswahn.

Typ 1 Ist in der Illusion der Perfektion (= Falle) gefangen, in einem grollenden Ressentiment, womit er auf die eigene Unvollkommenheit und die anderer reagiert.

Typ 7 meint, das Leben lasse sich durch Planung als andauernder Rauschzustand organisieren, die Sackgasse, in der er festsitzt, heißt Idealismus.

Typ 2 glaubt durch Schmeichelei die Gunst seiner Audienz zu gewinnen, seine mentale Falle ist die einer illusionären Idee von Freiheit.

Kopftriade
„Intellektuelles Gehirn"
Grundfixierung: Angst & Zweifel! Kopf (selbst-erhaltend, zurückgezogen)

Herztriade
„Emotionales Gehirn"
Grundfixierung: Hysterie & Bedürftigkeit! Herz (sozial, zugewandt)

Typ 6 glaubt an eine idealisierte Sicherheit, um die zu erreichen, schließt er sich in seiner Feigheit einer starken Autorität (Personen oder auch Ideologien) an, die ihn beschützen soll.

Ein eitler Geist treibt den verlogenen Typ 3 dazu, Auszeichnungen, wichtige Positionen und Macht über andere anzustreben, er verwechselt wahres Sein mit Effizienz (= Falle).

Der Geiz sorgt dafür, dass sich Typ 5 auf einen anonymen Beobachterposten zurückzieht, der ihm zugleich zur Falle wird.

Zwanghafter Neid führt bei Typ 4 dazu, nie mit dem Gegenwärtigen zufrieden zu sein, sondern stets einer glücklichen Zukunft nachzujagen, befindet sich in der Sackgasse eines trügerischen Ideals von Authentizität.

* **Ego-Fixierungen** werden als *mentale Haltungen* verstanden, eine Art fixer und daher verzerrter Idee darüber, wie das Leben zu organisieren sei, um *das durch den Seinsmangel hervorgerufene Gefühl der Leere zu überwinden*. Die *Ego-Perspektive* ist letztlich die *Illusion eines getrennten Ich`s*, in Wahrheit ist alles mit der **Ganzheit des Seins** verbunden, aber ohne diese Täuschung als Grundlage des dualistischen Menschseins wäre eine Entwicklung zum ganzheitlichen Sein nicht vorstellbar in einer dualen, polaren Welt.

Spezielle Ängste

Bei den einzelnen Enneagrammtypen bilden sich die Ängste
auf unterschiedliche Weise aus, also Angst davor ...

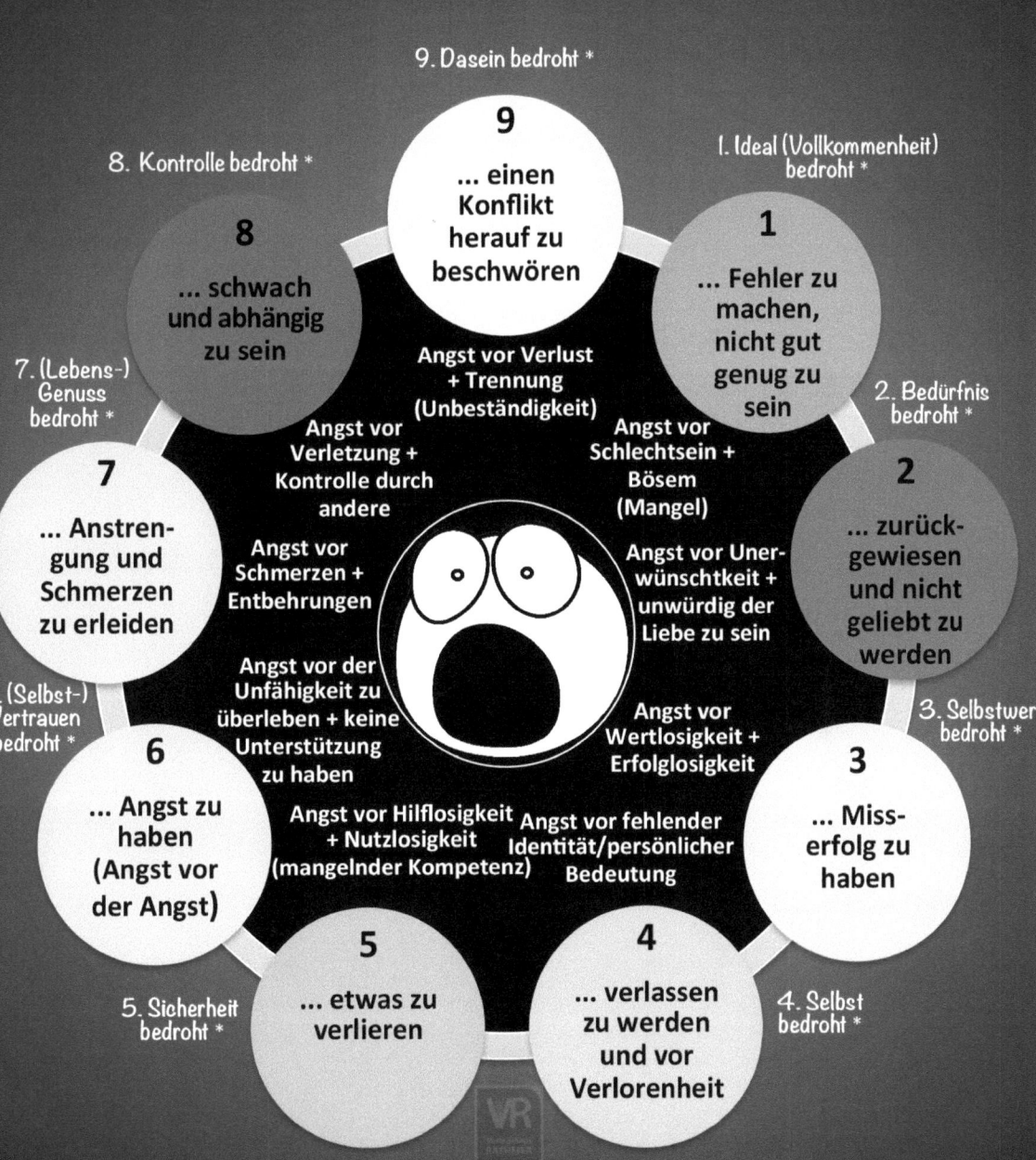

9. Dasein bedroht *

1. Ideal (Vollkommenheit) bedroht *

8. Kontrolle bedroht *

9
... einen Konflikt herauf zu beschwören

1
... Fehler zu machen, nicht gut genug zu sein

8
... schwach und abhängig zu sein

7. (Lebens-) Genuss bedroht *

2. Bedürfnis bedroht *

Angst vor Verlust + Trennung (Unbeständigkeit)

Angst vor Schlechtsein + Bösem (Mangel)

Angst vor Verletzung + Kontrolle durch andere

Angst vor Unerwünschtkeit + unwürdig der Liebe zu sein

7
... Anstrengung und Schmerzen zu erleiden

Angst vor Schmerzen + Entbehrungen

2
... zurückgewiesen und nicht geliebt zu werden

6. (Selbst-) Vertrauen bedroht *

Angst vor der Unfähigkeit zu überleben + keine Unterstützung zu haben

Angst vor Wertlosigkeit + Erfolglosigkeit

3. Selbstwert bedroht *

6
... Angst zu haben (Angst vor der Angst)

Angst vor Hilflosigkeit + Nutzlosigkeit (mangelnder Kompetenz)

Angst vor fehlender Identität/persönlicher Bedeutung

3
... Misserfolg zu haben

5. Sicherheit bedroht *

5
... etwas zu verlieren

4
... verlassen zu werden und vor Verlorenheit

4. Selbst bedroht *

* Die existenziellen Bedrohungen der einzelnen Enneagrammtypen

31. Übersicht:

Die Dynamik von Gesundheit & Krankheit

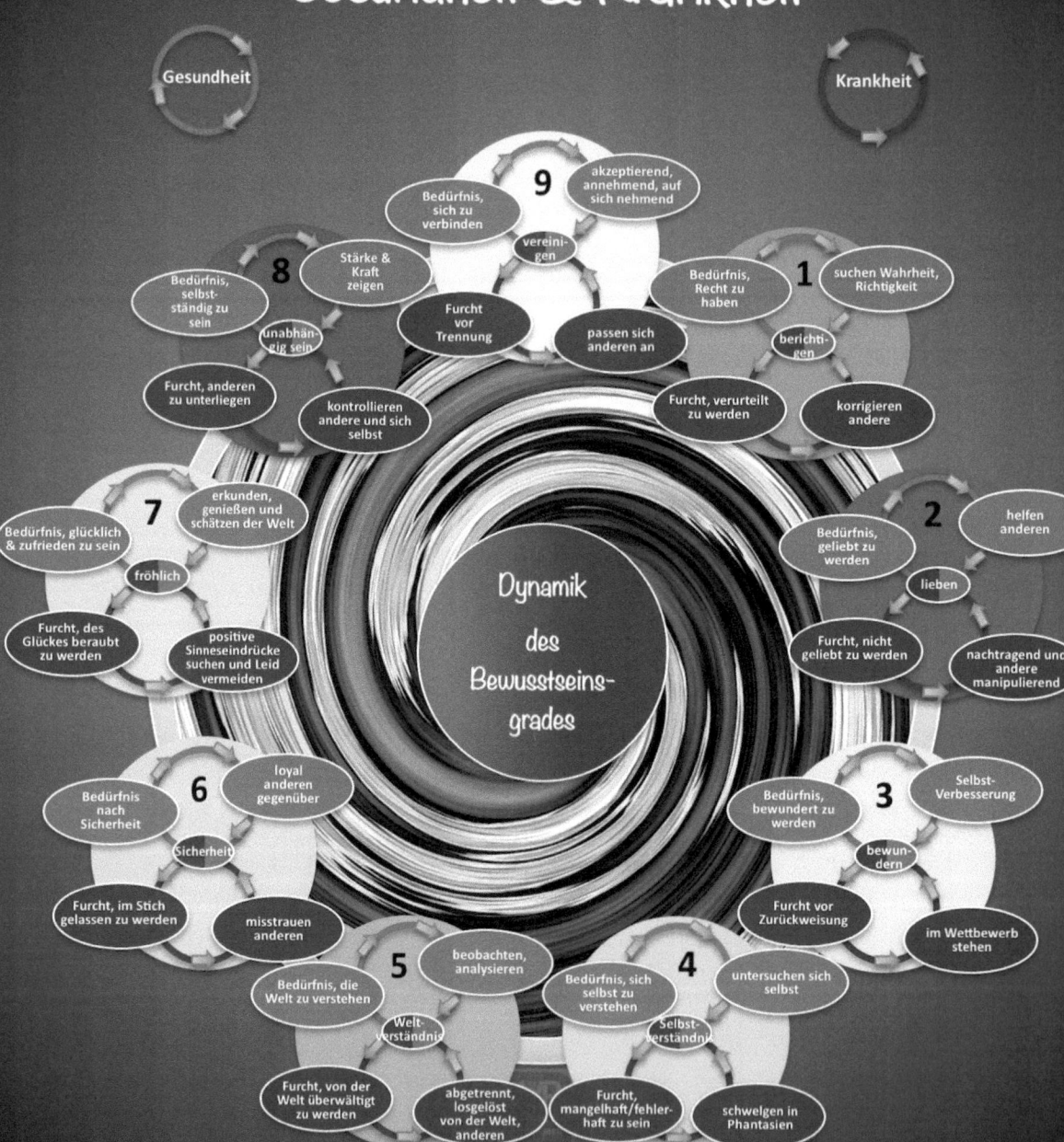

Gesundheit — Krankheit

Dynamik des Bewusstseinsgrades

9 — Bedürfnis, sich zu verbinden — akzeptierend, annehmend, auf sich nehmend — vereinigen — Furcht vor Trennung

8 — Bedürfnis, selbstständig zu sein — Stärke & Kraft zeigen — unabhängig sein — Furcht, anderen zu unterliegen — kontrollieren andere und sich selbst

1 — Bedürfnis, Recht zu haben — suchen Wahrheit, Richtigkeit — berichtigen — passen sich anderen an — Furcht, verurteilt zu werden — korrigieren andere

7 — Bedürfnis, glücklich & zufrieden zu sein — erkunden, genießen und schätzen der Welt — fröhlich — Furcht, des Glückes beraubt zu werden — positive Sinneseindrücke suchen und Leid vermeiden

2 — Bedürfnis, geliebt zu werden — helfen anderen — lieben — Furcht, nicht geliebt zu werden — nachtragend und andere manipulierend

6 — Bedürfnis nach Sicherheit — loyal anderen gegenüber — Sicherheit — Furcht, im Stich gelassen zu werden — misstrauen anderen

3 — Bedürfnis, bewundert zu werden — Selbst-Verbesserung — bewundern — Furcht vor Zurückweisung — im Wettbewerb stehen

5 — Bedürfnis, die Welt zu verstehen — beobachten, analysieren — Weltverständnis — Furcht, von der Welt überwältigt zu werden — abgetrennt, losgelöst von der Welt, anderen

4 — Bedürfnis, sich selbst zu verstehen — untersuchen sich selbst — Selbstverständnis — Furcht, mangelhaft/fehlerhaft zu sein — schwelgen in Phantasien

Tipps für ein Patientengespräch (Anamneseverhalten des Therapeuten)

8. ...als Therapeut nicht zu empfindlich sein; weichen Kern unter der rauhen Schale des Patienten erkennen, der wirklich Hilfe benötigt.

9

Selbstvergessenheit + Vermeidungsstrategien gerade bei wichtigen emotionalen Themen erkennen; Patienten aus der Trägheit holen und zum Handeln + zur Bewegung motivieren;...

1. ...Wert des psychologischen Prozesses in den Vordergrund stellen; nicht zielgerichtet befragen; dem Patienten dabei helfen, Gefühle zu deuten + auszudrücken, Geduld + Mitgefühl für sich selbst zu entwickeln.

8

Keine „künstliche" Dominanz als Therapeut aufbauen, aber auch nicht dominieren lassen vom Patienten; authentisch + geerdet bleiben; respektvoller Umgang; ...

1

Nicht zu sehr auf den inneren Kritiker fokussieren; nicht zu große Empathie zeigen; erkennen, dass sich der Patient wahrscheinlich ungerecht behandelt fühlt; ...

9. ...gemeinsames Brainstorming zur Aufdeckung der wahren Thematik hinter dem Vordergründigen; beharrliches Hinterfragen der tieferen Probleme.

7

Nicht in die „Optimismus-Falle" des Patienten tappen; nicht positiv mitgehen, sondern realistisches + „negatives" Feeback geben; im Gespräch Realitätsüberprüfungen anbieten; ...

7. ...ihn aus dem einseitig Positiven herausholen; gleichwertige Beziehung schaffen, kein Über-Unterordnungsverhältnis.

2. ...Patienten bewusst machen, dass er dazu neigt, sich in anderen Menschen zu verlieren; eigene Bedürftigkeit des Patienten herausarbeiten

Möglichst neutral verhalten + nicht der Schmeicheltechnik des Patienten unterliegen; verstärkt Gefühle erfragen, auch wenn es ihm emotional scheinbar gut geht; ...

3

6

Nicht durch Autorität überzeugen; nicht auf intellektuelles Gegeneinander in Form von Diskussionen einlassen; sichere + stabile Umgebung für den Patienten schaffen; ...

6. ...ihn ernst nehmen in seiner Krankheit; Senden kongruenter Botschaften auf verbaler + nonverbaler Ebene; nicht zu viel widersprechen; Sicherheit geben + vermitteln.

4. ...neutral + geduldig wahrnehmend als emotional unbeteiligter Therapeut agieren; stabiles emotionales Verhältnis zum Patienten aufbauen.

Nach außen getragenes Erfolgsbild des Patienten nicht akzeptieren; er benötigt keine Bewunderung oder Bestätigung, sondern emotionale Sicherheit; will „der besten Patient" sein; ...

4

5. ...ihn von der intellektuellen Ebene wegführen hin zu seinen Emotionen; ihm ein therapeutisches Konzept vermitteln, an dem er sich mental orientieren kann.

5

Emotionale Kargheit des Patienten nicht kompensieren durch übermäßiges Reden, sondern ihn sprechen lassen; Betonung der Unabhängigkeit des Patienten; ...

Fühlt sich oft nicht gesehen und verstanden, weil er eben auch schwer zu vestehen ist; nicht zu viel Empathie zeigen gegenüber dem Leid + der emotionalen Tiefe des Patienen; ...

3. ...zusammen mit dem Patienten die Maske des falschen Selbstbildes abtragen; emotionale Sicherheit geben, damit er seine emotionale Verletzlichkeit aufdeckt und bearbeitet.

Psychologische Abwehrmechanismen im Detail (Typen 1-4)

Typ 1: Reaktionsbildung als Abwehrmechanismus

Tritt auf, wenn ein Impuls oder Bedürfnis entsteht, aber nicht ausgelebt, sondern sofort unterdrückt wird. Stattdessen wird etwas anderes getan. Das Unterdrücken von Impulsen trägt dazu bei, unkontrolliertes Verhalten und damit Fehler zu vermeiden. Das ist nützlich, um immer und überall akzeptabel und beherrscht zu reagieren. Dank dieser Reaktionsbildung kann das ideale Selbstbild aufrechterhalten werden: „Ich bin ein guter, korrekter Mensch!"

Typ 2: Unterdrückung als Abwehrmechanismus

Der eigene Wille, die eigenen Wünsche und Bedürfnisse werden unbewusst unterdrückt, was man auch Verdrängung nennt, denn sie werden ins Unterbewusste verdrängt. Dadurch ist es leicht möglich, die Bedürfnisse anderer in den Vordergrund zu stellen, sie zu erfüllen und dadurch mit anderen in Beziehung zu sein. Dank der Unterdrückung der eigenen Bedürfnisse kann das ideale Selbstbild aufrechterhalten werden: „Ich bin ein gebender, netter Mensch!"

Typ 3: Identifikation als Abwehrmechanismus

Die eigene Identität wird unterdrückt bzw. es besteht kein Kontakt mit ihr. Stattdessen entsteht eine neue Identifikation in eine neue erfolgreiche Rolle. Das hilft beim Übernehmen der Eigenschaften des jeweils gewünschten, erfolgreichen Images, es fühlt sich energetisch wie die eigene Identität an. Es neutralisiert das Gefühl, nicht erfolgreich zu sein und nicht geschätzt zu werden. Dadurch kann das ideale Selbstbild weitergelebt werden: „Ich bin ein erfolgreicher Mensch!"

Typ 4: Introjektion als Abwehrmechanismus

Introjektion besteht darin, idealisierte Bilder aus der Außenwelt in das eigene Gedanken- und Gefühlssystem aufzunehmen, sie als etwas Eigenes zu erleben und anzustreben. Dabei wird z.B. eine besondere, andere Person idealisiert oder aber ein Objekt, „ausgesprochene" oder vermutete Meinungen oder Urteile von (wertvollen) anderen Menschen. Dadurch kann das ideale Selbstbild aufrechterhalten werden: „Ich bin ein besonderer, einzigartiger Mensch!"

Psychologische Abwehrmechanismen im Detail (Typen 5-9)

Typ 5: Isolation als Abwehrmechanismus

Isolation von Affekten oder Gefühlen ist eine Art der Abspaltung. Sie trägt dazu bei, die eigenen Gefühle und Bedürfnisse vom Denken zu lösen und dadurch ihre Auswirkungen auf die eigene Person zu reduzieren. Das ist nützlich, um Chaos im Kopf zu vermeiden und um Ruhe zu bewahren. Auch die Auswirkungen von Gefühlen und Bedürfnissen anderer werden auf dieselbe Art und Weise verringert. Dadurch kann das ideale Selbstbild aufrechterhalten werden: „Ich bin ein ruhiger, stabiler und verständiger Mensch!"

Typ 6: Projektion als Abwehrmechanismus

Dazu gehört, dass innere Sorgen, vermutete Gefahren und Ängste anderen Personen und äußeren Situationen zugeschrieben werden. Ein Beispiel wäre, von einer Person die man nicht mag, anzunehmen: „Du magst mich nicht, oder?" Der Gewinn der Projektion besteht darin, dass Erklärungen für die eigene innere Angst und Unsicherheit in der Außenwelt gefunden werden und somit das eigene Gefühl als real betrachtet werden kann. Dadurch wird das ideale Selbstbild erhalten: „Ich bin ein vorsichtiger und realistischer Mensch!"

Typ 7: Rationalisierung als Abwehrmechanismus

Darunter ist die Gewohnheit zu verstehen, alles was schmerzlich oder negativ sein könnte, positiv umzudeuten. Das reduziert erst einmal schmerzhafte und negative Erfahrungen, indem sie eine neue Bedeutung erhalten und ermöglicht es, Erfahrungen wie Limitiertsein und Schmerzen zu umgehen. Das trägt dazu bei, das ideale Selbstbild zu erhalten: „Ich bin ein optimistischer, positiver Mensch!"

Typ 8: Verleugnung als Abwehrmechanismus

Die Verleugnung der Realität besteht in diesem Fall darin, Gefahr, Angst, Verletzlichkeit, Gefühle anderer, deren „Wahrheiten" und allerlei Dinge, die der betreffenden Person nicht behagen, in einem solchen Maß nicht wahrzunehmen, dass sie im Erleben dieser Per-son nicht existieren. Dadurch bleibt das ideale Selbstbild erhalten: „Ich bin ein gerechter und aufrichtiger Mensch!"

Typ 9: Betäubung/Verdrängung als Abwehrmechanismus

Betäubung/Verdrängung wirkt wie einschlafen und hilft Typ 9, sich selbst zu vergessen. Damit bleibt das Leben scheinbar leicht und komfortabel. In diesem schläfrigen Zustand lassen sich Konflikte und Konfrontationen vermeiden, das Leben bleibt erst einmal harmonisch und friedlich. So bleibt das ideale Selbstbild erhalten: „Ich bin ein friedlicher, harmonischer Mensch!"

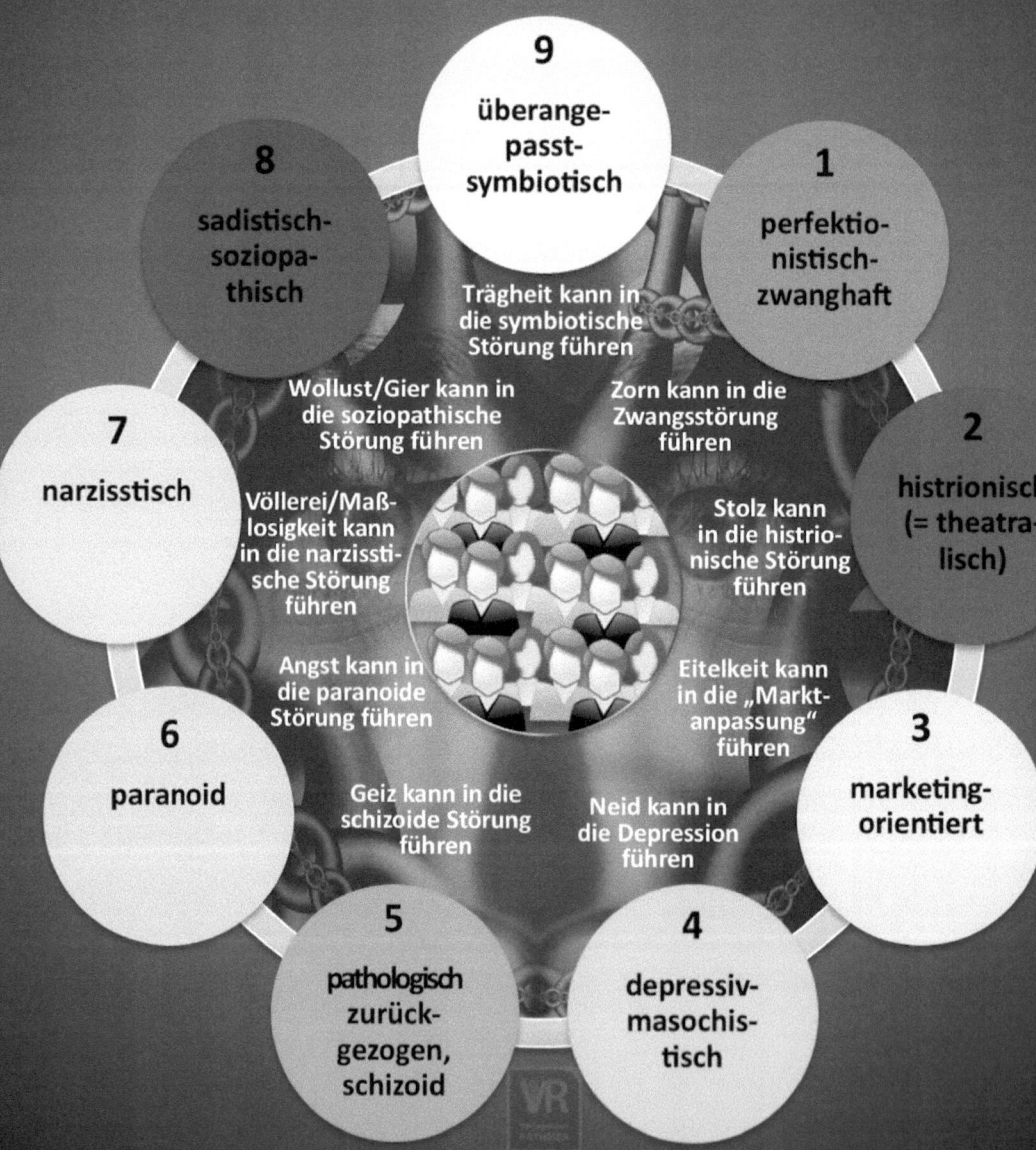

35. Übersicht:

Die Entsprechungen zu psychischen Auffälligkeiten (Pathologien)

9 überange-passt-symbiotisch

8 sadistisch-soziopathisch

1 perfektionistisch-zwanghaft

7 narzisstisch

2 histrionisch (= theatralisch)

6 paranoid

3 marketing-orientiert

5 pathologisch zurückgezogen, schizoid

4 depressiv-masochistisch

Trägheit kann in die symbiotische Störung führen

Wollust/Gier kann in die soziopathische Störung führen

Zorn kann in die Zwangsstörung führen

Völlerei/Maßlosigkeit kann in die narzisstische Störung führen

Stolz kann in die histrionische Störung führen

Angst kann in die paranoide Störung führen

Eitelkeit kann in die „Marktanpassung" führen

Geiz kann in die schizoide Störung führen

Neid kann in die Depression führen

Die Ausdrucksformen der einzelnen Leidenschaften

Die Leidenschaften werden in diesem Sinne sowohl als Gefühlszustände als auch als motivierende Triebe verstanden.

9
Trägheit/ Bequemlichkeit:

a) Anpassung b) Resignation c) Großzügigkeit d) Durchschnittlichkeit e) Gebundensein an Gewohnheiten f) Zerstreubarkeit

8
Intensität/ Exzessivität:

a) Hang zu strafen b) Hang zur Rebellion c) Dominanz d) Unsensibilität e) Betrügerei f) Zynismus g) Exhibitionismus g) Selbständigkeit

1
Zorn/Wut/Ärger:

a) Hang zur Kritik b) hohe Ansprüche c) Dominanz d) Perfektionismus e) Überbeherrschtheit f) Selbstkritik g) Disziplin

7
Völlerei:
a) Hedonistische Freizügigkeit b) Neigung zur Rebellion c) Fehlende Disziplin d) imaginäre Wuscherfüllung e) liebenswert + glücklich sein f) Narzissmus g) Betrügerei

2
Stolz:

a) Bedürfnis nach Liebe b) Hedonismus c) Verführerisch-Sein d) Bestimmtheit e) Fürsorglichkeit f) emotional leicht beeinflussbar

6
Furcht/Feigheit/ Angst:

a) Anschuldigung b) Überwachsamkeit c) Autoritätsausrichtung d) Zweifel d) Ambivalenz e) Theoretische Ausrichtung

3
Eitelkeit:

a) Leistungsorientierung b) Erfolgsorientung c) soziales Geschick, d) sexuelle Attraktivität e) Täuschung f) Manipulation g) Oberflächlichkeit

5
Isolation/Geiz:
a) Zurückhaltung b) nicht geben c) pathologische Absonderung d) Angst „verschlungen zu werden" e) Selbstständigkeit f) emotionale Kälte g) kognitive Ausrichtung h) Leere

4
Neid:

a) Schlechtes Selbstbild b) Konzentration auf Leid-Masochismus c) anhänglich d) fürsorglich, emotional e) vornehm, arrogant künstlerisch

Erlösende Aufforderungen an die Enneatypen

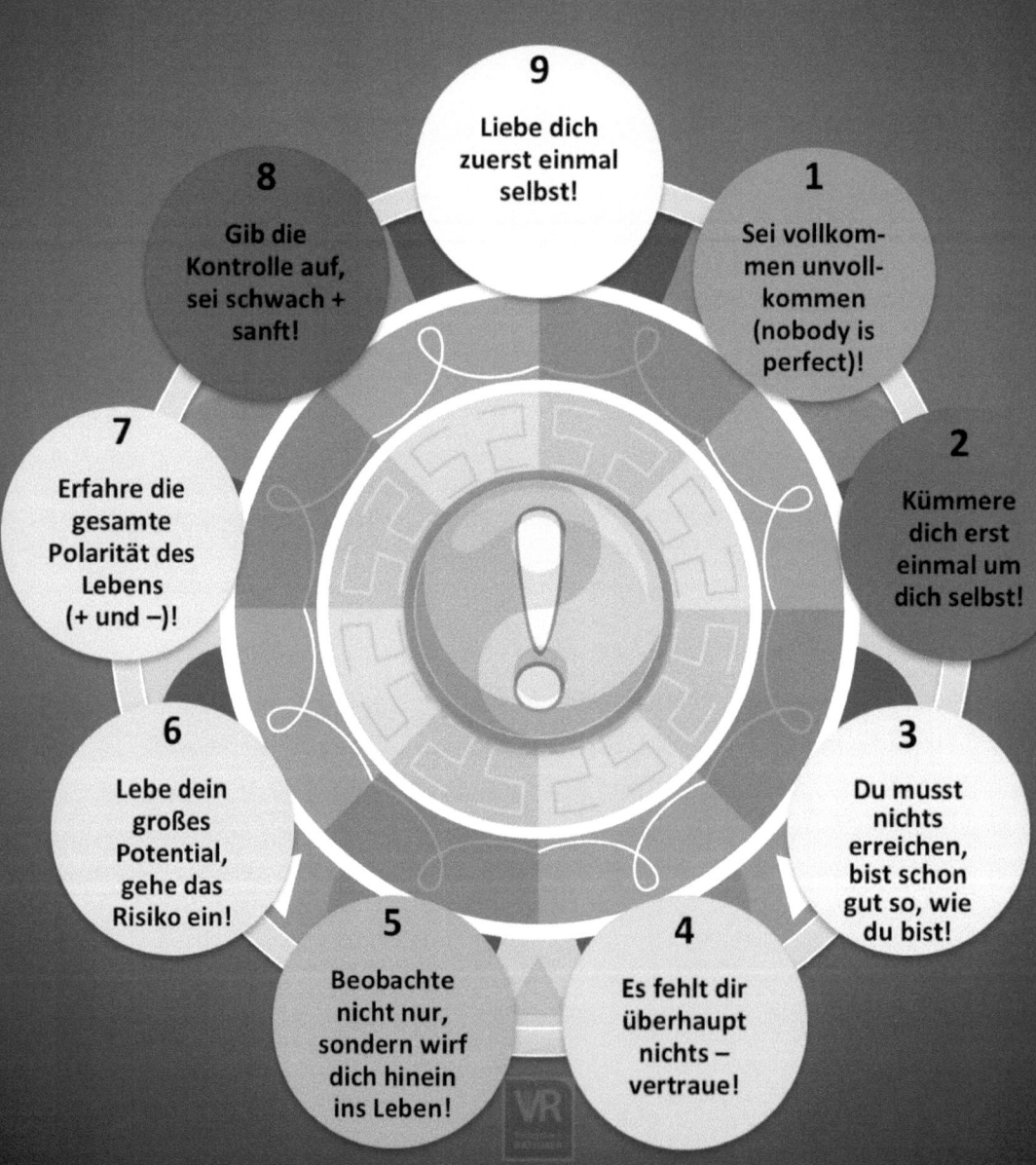

9 Liebe dich zuerst einmal selbst!

8 Gib die Kontrolle auf, sei schwach + sanft!

1 Sei vollkommen unvollkommen (nobody is perfect)!

7 Erfahre die gesamte Polarität des Lebens (+ und −)!

2 Kümmere dich erst einmal um dich selbst!

6 Lebe dein großes Potential, gehe das Risiko ein!

3 Du musst nichts erreichen, bist schon gut so, wie du bist!

5 Beobachte nicht nur, sondern wirf dich hinein ins Leben!

4 Es fehlt dir überhaupt nichts − vertraue!

Die Dynamik von Bewusstheit und Unbewusstheit*

Enneatyp I – die zornige Persönlichkeit

Die Inhalte der Grafik:

5. Ordnungs-süchtiger Mensch
Emotionale Kontrolle & strenge Ordnung

6. Idealistischer Reformer
Ideale & persönliche Verpflichtung

4. Besser-wisserischer Perfektionist
Perfektionismus & Dogmatismus

7. Prinzipien-treuer Lehrer
Prinzipien & Objektivität

9. Weiser Realist
Einsicht & Toleranz

3. Intoleranter
Selbstgerechtigkeit & Intoleranz

8. Vernunfts-begabter Mensch
Rationalität & Vernunft

2. Zwanghafter Heuchler
Besessenheit & zwanghafte Widersprüchlichkeit

1. Gnadenloser Rächer
Bestrafungsverlangen & Vergeltungsabsicht

* Jeder Mensch entwickelt sich seinem Enneatyp entsprechend im Laufe seines Lebens von mehr oder weniger starker Unbewusstheit zu immer mehr Bewusstheit. Wir erkennen darin den eigentlichen Sinn unseres Lebens, wobei wir verschiedene insgesamt 9 Entwicklungsstufen zu durchlaufen haben, um nach und nach unsere Fixierungen, Leidenschaften, Laster, Hauptabhängigkeiten zu erlösen, damit wir die nächste Stufe der Bewusstseinsentwicklung in unserem Leben emporsteigen. Die Dynamik der Zunahme von Bewusstheit erfolgt dabei von außen nach innen. Bewusstheit steht hier für Gesundheit, Unbewusstheit für Krankheit. Begrifflichkeiten in Anlehnung an Don Richard Riso – Das Enneagramm-Handbuch, 1993.

Die Dynamik von Bewusstheit und Unbewusstheit*

Enneatyp 2 – die hochmütige Persönlichkeit

5. Besitz-ergreifender Intimfreund
Aufdringlichkeit & Besitzgier

6. Groß-sprecherischer Freund
Aufrichtigkeit & Anstand

4. Überheblicher Heiliger
Selbstüberhebung & Unentbehrlichkeit

7. Fürsorglicher
Barmherzigkeit & Dienst am Nächsten

9. Uneigen-nütziger Altruist
Selbstlosigkeit & Demut

3. Selbst-betrügerischer Manipulierer
Selbstbetrug & Manipulation

8. Einfühlsamer
Empathie & Teilnahme

2. Dominanter Erpresser
Rechthaberei & Zwangsausübung

1. Psycho-somatisches Opfer
Konversionsstörungen & psychosomatische Probleme

* Einige Menschen sind sind in ihrem Wesen/ihrer Persönlichkeit unter Umständen so eingeschränkt und eng, dass schon die auf einer einzigen Stufe ihres Typs auftretenden charakterlichen Merkmale beispielhaft für sie sind. Die überwiegende Anzahl der Menschen bewegt sich allerdings auf der Bewusstseinsspirale permanent entweder mehr nach innen oder nach außen in Form eines sich kontinuierlich verändernder Bewusstseinsprozesses, also über sämtliche neun Bewusstseinsstufen hinweg. Dabei machen sie gelegentlich eine starke Bewegung nach außen in Richtung Unbewusstheit bis hin zur 1. Ebene, die immer auch eine deutliche neurotischer Störung bedeutet, manchmal aber auch stark nach innen in Richtung Bewusstheit.

40. Übersicht:

Die Dynamik von Bewusstheit und Unbewusstheit*

Enneatyp 3 – die eitle Persönlichkeit

5. Image-orientierter Pragmatiker
Berechnendes Verhalten & negative Projektion

6. Status-besessener
Überlegenheitsgefühl & Konkurrenzverhalten

4. Durch-setzungsstarker Narzisst
Selbstverliebtheit & Arroganz

7. Großes Vorbild
Ehrgeiz & Drang zur Selbstverwirklichung

9. Authentische Persönlichkeit
Selbstakzeptanz & Authentizität

3. Aus-beuterischer Oppertunist
Feindseligkeit & Ausbeuterei

8. Selbst-sicherer Mensch
Anpassungsfähigkeit & Selbstüberzeugtheit

2. Böswilliger Verräter
Boshaftigkeit & Doppelzüngigkeit

1. Rach-süchtiger Psychopath
Sadismus & psychopathisches Verhalten

* Auf der gesamten Bandbreite menschlichen Bewusstseins von Stufe 1 bis Stufe 9 treten bei jedem Ennea-typen verschiedene Charakterzüge und Abwehrmechanismen in Erscheinung und verbinden sich mit den bereits vorhandenen Grundzügen des jeweiligen Menschen zu äußerst komplexen Mustern, die dann die eigentliche Individualität eines Menschen ausmachen. So ist auch zu erklären, dass man keineswegs durch eine kurze Beschreibung dieser Bewusstseinsprozesse auf neun Ebenen den ganzen Facettenreichtum eines Individuums beschreiben kann, aber dennoch geben uns diese Wegweiser in Form prägnanter Begriffe eine gute Struktur des menschlichen Bewusstseinsprozesses jedes einzelnen Enneatyps.

Die Dynamik von Bewusstheit und Unbewusstheit*

Enneatyp 4 – die neidische Persönlichkeit

* Eine stufenweise Bewegung in Richtung Spiralenmitte bedeutet immer auch zugleich eine Verbesserung der psychischen Gesundheit und Ausgeglichenheit, in Folge natürlich auch eine Verbesserung der körperlichen Symptomatik, falls vorhanden. Eine Entwicklung nach außen in Richtung Unbewusstheit ist aber gleichwohl möglich, sowohl im Laufe von Minuten, Stunden, Tagen, Jahren und Jahrzehnten. Je weiter wir uns nach außen in Richtung Unbewusstheit entwickeln, desto stärker werden unsere neurotischen Verhaltensweisen in unserem täglichen Alltag, wobei wir uns dieser krankhaften Züge auf dem Weg nach außen immer weniger bewusst sind und schließlich in tiefer Unbewusstheit immer unglücklicher werden.

Die Dynamik von Bewusstheit und Unbewusstheit*

Enneatyp 5 – die geizige Persönlichkeit

Bewusstseinsspirale mit folgenden Stationen:

- **5. Versponnener Theoretiker** — Versponnenheit & Distanziertheit
- **6. Analytiker & Spezialist** — Analysesucht & Spezialistentum
- **4. Extremer Reduktionist** — Streitsucht & Extremismus
- **7. Kundiger Experte** — Kenntnisreichtum & Sachverstand
- **9. Pionier & Visionär** — Aufgeschlossenheit & Entdeckungsfreude
- **3. Isolierter Nihilist** — Zurückweisung & Isolation
- **8. Erkennender Beobachter** — Beobachtungsgabe & Aufnahmefähigkeit
- **2. Von Wahnvorstellungen Gequälter** — Verfolgungswahn & Phobien
- **1. Leerer Schizoider** — Psychotische Zustände & verwirrtes Verhalten

* Bewusstheit bzw. Entwicklung entlang dieser Bewusstseinsspirale nach innen ist also der Schlüssel zum Glück jedes einzelnen Enneatyps. Wir sollten natürlich nicht vergessen, dass diese Entwicklungsschritte zwar die Möglichkeit bieten, die grobe Bewusstseinsentwicklung der einzelnen Enneatypen analytisch zu erfassen und einzuordnen, aber letztlich ein gedankliches Konstrukt bleiben: Echte Menschen sind letztlich nicht so voraussagbar und genau definiert wie in diesen Übersichten. Und doch enthalten diese abstrakten Beschreibungen eine aussagekräftige Generalisierung, die vor allem dann hilfreich ist, wenn man die vorläufige Einordnung in einen bestimmten Enneatyp noch ein wenig deutlicher definieren/erkennen möchte.

Die Dynamik von Bewusstheit und Unbewusstheit*

Enneatyp 6 – die ängstliche Persönlichkeit

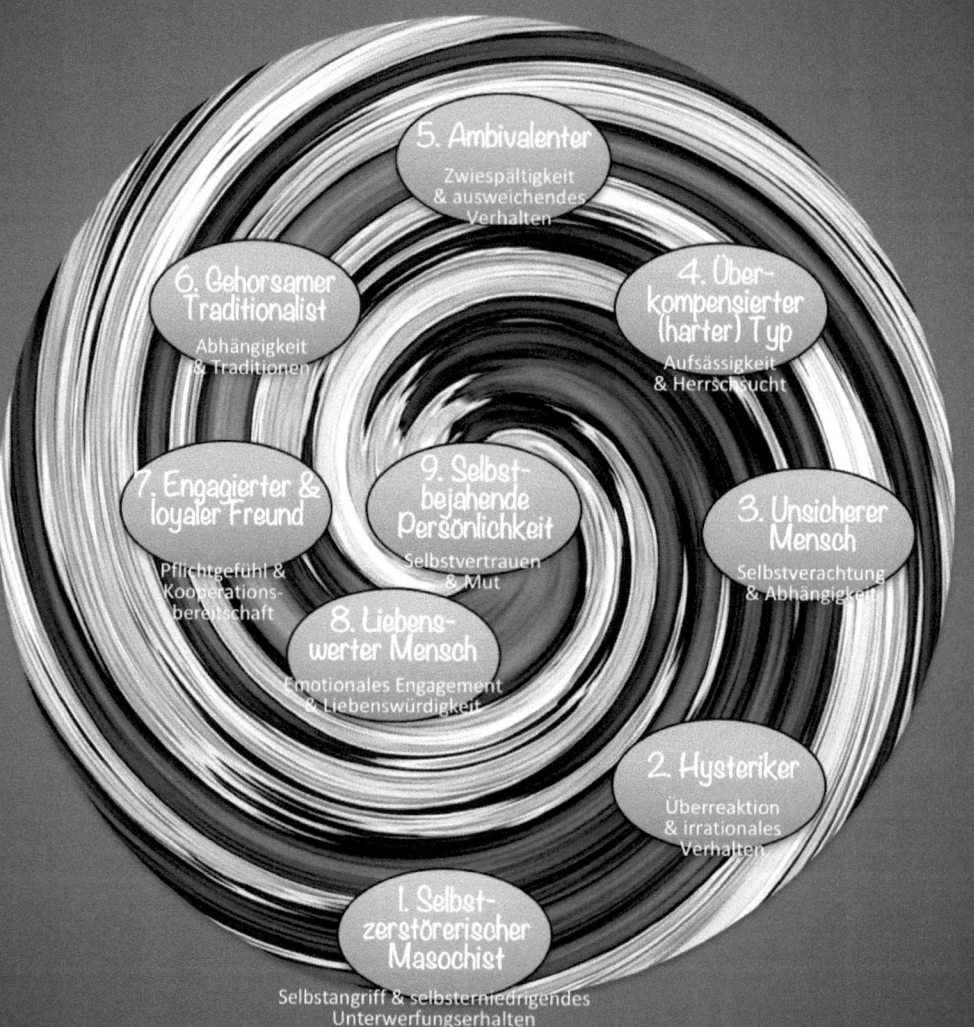

5. Ambivalenter
Zwiespältigkeit & ausweichendes Verhalten

6. Gehorsamer Traditionalist
Abhängigkeit & Traditionen

4. Über-kompensierter (harter) Typ
Aufsässigkeit & Herrschsucht

7. Engagierter & loyaler Freund
Pflichtgefühl & Kooperations-bereitschaft

9. Selbst-bejahende Persönlichkeit
Selbstvertrauen & Mut

3. Unsicherer Mensch
Selbstverachtung & Abhängigkeit

8. Liebens-werter Mensch
Emotionales Engagement & Liebenswürdigkeit

2. Hysteriker
Überreaktion & irrationales Verhalten

1. Selbst-zerstörerischer Masochist
Selbstangriff & selbsterniedrigendes Unterwerfungsverhalten

* Zwischen den Stufen 1 – 4 – 7, 2 – 5 – 8 und 3 – 6 – 9 laufen die psychischen Prozesse bei jedem Enneatyp einem inneren Zusammenhang gemäß dynamisch und zugleich parallel ab. So entwickelt sich die ängstliche Persönlichkeit (Enneatyp 6) z.B. von einem unsicheren Menschen (Stufe 3) über den gehorsamen Traditio-nalisten (Stufe 6) bis hin zu einer selbstbejahenden Persönlichkeit (Stufe 9). Parallel verläuft ein anderer Bewusstseinsprozess auf den Stufen 2 – 5 – 8 vom Hysteriker (Stufe 2) über den Ambivalenten (Stufe 5) bis hin zum liebenswerten Menschen (Stufe 8), schließlich auf den Stufen 3 – 6 – 9 geht der Weg von Un-bewusstheit Richtung Bewusstheit vom selbstzerstörerischen Masochisten (Stufe 1) über den überkompen-sierten (harten) Typ (Stufe 4) bis hin zum engagierten und loyalen Freund (Stufe 7).

Die Dynamik von Bewusstheit und Unbewusstheit*

Enneatyp 7 – die maßlose Persönlichkeit

5. Hyperaktiver Extravertierter
Ungehemmtheit & Hyperaktivität

6. Welt-erfahrener Lebenskünstler
Gewinnsucht & Oberflächlichkeit

4. Exzessiver Materialist
Unersättlichkeit & Zügellosigkeit

7. Tüchtiger Alleskönner
Praktischer Verstand & Produktivität

9. Ekstatischer Genießer
Maßvolle Anpassung & Dankbarkeit

3. Impulsiver Realitäts-Flüchtling
Impulsivität & Missbrauch

8. Glücklicher Enthusiast
Aufgeschlossenheit & Glücklichsein

2. Manisch-triebhafter Mensch
Manie & Sprunghaftigkeit

1. Panischer Hysteriker
Panikanfälle & hysterisches Verhalten

* Die einzelnen Bewusstseinsstufen in diesem Modell lassen sich auch unabhängig vom jeweiligen Ennea-typ abstrakt beschreiben: Zunächst befindet sich jeder Enneatyp auf den **Stufen 9 – 7** im Bereich der **gesunden Entwicklung**, auf den **Stufen 6 – 4** im Bereich der **durchschnittlichen Entwicklung** und auf den **Stufen 3 – 1** im Bereich der **gestörten Entwicklung** seiner Persönlichkeit. Stufe 9 ist das **Stadium der Befreiung**, indem der Mensch sein falsches Selbst überwunden hat und indem er beginnt, sich wahrhaft selbst zu verwirklichen. Stufe 8 stellt das **Stadium der psychischen Möglichkeiten** dar, hier erkennen wir erste Anzeichen des egoistischen Handelns aufgrund von Abwehrmechanismen in gesundem Maße.

Die Dynamik von Bewusstheit und Unbewusstheit*

Enneatyp 8 – die gierige Persönlichkeit

5. Dominieren-
der Macht-
mensch
Expansionsstreben
& Dominanz

6. Unterneh-
mungslustiger
Abenteurer
Selbständigkeit &
Eigennützigkeit

4. Feindseliger
Kämpfer
Starrsinnigkeit &
Kampfbereitschaft

7. Konstruktiver
Anführer
Autorität &
Führungsvermögen

9. Großmütiger
Menschen-
freund
Bescheidenheit
& Großzügigkeit

3. Skrupeloser
Tyrann
Skrupelosigkeit
& Gewalttätigkeit

8. Sich selbst
vertrauender
Mensch
Anmaßung &
Demonstration
von Stärke

2. Allmächtiger
Größenwahn-
sinniger
Großenwahn &
Selbstüberschätzung

1. Gewalttätiger
Zerstörer
Rachsucht &
asoziales Verhalten

* Stufe 7 ist das **Stadium der sozialen Werte**, die jeweilige Ego-Fixierung wird hier aktiver und erzeugt eine charakteristische Persönlichkeit im Rahmen sozialer und interpersonaler Fähigkeiten, der Mensch agiert immer noch im gesunden Bereich. Stufe 6 ist das Stadium des Ungleichgewichts, indem die Eigeninteressen einer gesunden, bewussten Entwicklung zuwiderläuft. Die Abwehrmechanismen verstärken sich zuneh-mend, sodass ein Ungleichgewicht auftritt. Stufe 5 ist das **Stadium der sozialen Kontrolle**, bei dem das Ego sich noch mehr aufbläht, während der Mensch versucht, seine Umgebung auf typische Weise unter Kon-trolle zu bringen. Auf Stufe 4, dem **Stadium der Überkompensation**, beginnt der Mensch, Konflikte und Ängste, die allmählich immer mehr zunehmen, übermäßig zu kompensieren, um doch noch das zu erlan-gen, was er ersehnt mit extremen Verhaltensweisen, die im Allgemeinen auf andere belastend wirken.

Die Dynamik von Bewusstheit und Unbewusstheit*

Enneatyp 9 – die träge Persönlichkeit

5. Passiv-gleichgültiger Mensch
Teilnahmslosigkeit & Passivität

6. Angepasster Mensch
Anpassung & Nachgiebigkeit

4. Resignierter Fatalist
Resignation & Fatalismus

7. Gutherziger Friedensstifter
Festigkeit & Stärkungsvermögen

9. In sich ruhender Mensch
Selbstbeherrschung & innere Zufriedenheit

3. Nachlässiger
Verdrängung & Nachlässigkeit

8. Empfäng-licher Mensch
Empfänglichkeit & Friedfertigkeit

2. Gespaltener Mensch
Innere Spaltung & Verwirrtheit

1. Sich aufgebender Mensch
Selbstaufgabe & Entpersonalisierung

* Mit Stufe 3, dem **Stadium der Gewalt**, gelangen wir in den Bereich einer gestörten Entwicklung. Die Abwehrmechanismen haben aus den verschiedensten Gründen versagt und schwerwiegende Reaktionen sind die Folge mit tiefgreifenden zwischenmenschlichen Konflikten. Stufe 2 ist das **Stadium der Wahnvorstellungen und zwanghaften Verhaltensweisen** mit schwerwiegenden innerpsychischen Konflikten. Der Mensch schafft sich seine eigene realitätsferne Wirklichkeit und blendet die Realität des Lebens vollständig aus. Stufe 1 stellt schließlich das **Stadium der pathologischen Zerstörungswut** dar, einen schwer neurotischen Zustand, im dem zerstörerisches Verhalten offen zutage tritt. Der Mensch möchte nun sich selbst und/oder andere zerstören. Er flieht dadurch von sich selbst und entgeht dabei der Notwendigkeit, aus sich heraus sein Leben neu aufzubauen, er hat sich vom Leben verabschiedet und geht Richtung Leid und Tod.

47. Übersicht:
Die 9 heiligen (erlösenden) Ideen nach Oscar Ichazo und seiner Prototypenlehre

Die **9 heiligen (erlösenden) Ideen** stellen das **Gegenstück zu den Ego-Fixierungen** dar, es sind gewissermaßen **Ahnungen von heiligen Qualitäten des wahren, „essentiellen"** Lebens; sie eröffnen den **Zugang zur Erfahrung des wahren Selbst** und damit zu innerem Frieden und Glück:

9. Das Königreich Shambhala **

8. Das Feuer **

1. Das Kind **

9
Die heilige Liebe des Typs 9 besteht darin zu realisieren, dass die eigene Essenz im Grunde nicht anderes ist als die reine, wahre Liebe.

8
Die heilige Wahrheit und Gerechtigkeit versteht Typ 8 dann, wenn er sich aus seiner Rachsucht befreien kann und erst dann seine innere Essenz begreifen lernt.

1
Die heilige Vollkommenheit besteht in der Einsicht, dass die eigene Essenz bereits vollkommen ist und befreit daher von der fanatischen Jagd nach Perfektion in der Außenwelt.

7. Der Narr im Tarot **

2. Die Liebenden **

Der Heilige *

Der Krieger *

Der Herrscher *

7
Die heilige Arbeit entsteht dann, wenn Typ 7 sein rastloses Planen aufgibt und versteht, dass er seine wahre Essenz nur in der Gegenwart finden kann, nicht in einer geplanten Zukunft.

Das magische Kind *

Die göttliche Mutter *

2
Die heilige Freiheit ist die Idee, die den schmeichelnden Geist von Typ 2 aus seiner Abhängigkeit von der Gunst anderer erlöst.

Der Held *

Der Magier *

6
Der heilige Glaube ist die Erfahrung von Typ 6, dass er seine feige Suche nach Sicherheit aufgeben kann, um zu verstehen, dass er in der Tiefe seines Seins unverwundbar ist.

Der mystische Philosoph *

Der Künstler *

3
Die heilige Hoffnung zur Erfahrung der eigenen Essenz rettet Typ 3 aus dem Wahn, alles hinge nur von seiner Effizienz und Leistungsstärke ab.

5
Die heilige Wahrheit ist die Erfahrung der eigenen Essenz, indem Typ 5 den Beobachterposten verlässt, um dort hin zu gelangen.

4
Die heilige Originalität ist die Einsicht des Typs 4 in den vollendeten Ursprung des eigenen Seins; sie bereitet der neidischen Suche nach Authentizität ein Ende.

6. Der Berg Kailash, umgeben von weißen Wolken **

3. Gott Krishna **

5. Gautama Buddha **

4. Der Geliebte **

| * Archetypen (innen) | 142 | ** Symbole (außen) |

48. Übersicht:
Die heiligen Ideen * und die idealisierten Aspekte **
der 9 Enneagramm-Muster

9. Unsterbliches Sein/Gewahrsein;
allumfassende Liebe (grundlegendes Gutsein) ***

9

8. Unsterbliches Sein/Gewahrsein
(Kraft) ***

8

1. Unsterbliches Sein/Gewahrsein;
vollkommene Liebe (Baby-Liebe) ***

1

7. Reines,
leeres
Gewahrsein
(Freude) ***

7

Heilige Liebe
Die umfassende, immerwährende Liebe, die alles einschließt.

Heilige Wahrheit
Die Wahrheit liegt jenseits der Dualität.

Heilige Vollkommen-heit
Die Wahrheit ist eine untrennbare Einheit, ist vollkommen und perfekt. Es muss nichts verbessert werden.

2. Liebe/
Glückseligkeit;
verschmelzende
Liebe (kostbare
Liebe) ***

2

Lebendiges Tageslicht**

Brillanz**

Heilige Weisheit, Heilige Arbeit, Heiliger Plan
Die Evolution kann spontan und weise im gegenwärtigen Augenblick erkannt werden.

Das Rot**

Das Gelb**

Verschmelzendes Gold**

Heiliger Wille, Heilige Freiheit
Mein Wille ist in Harmonie mit dem Universum.

3. Liebe/
Glückseligkeit;
Autonomie
(Reife) ***

3

6

6. Reines,
leeres
Gewahrsein
(Wille) ***

Heilige Kraft, Heiliger Glaube
Das Sein ist die innere Wirklichkeit und Wahrheit jedes Menschen. Glaube ist die Erfahrung dieses Seins.

Wille**

Diamantene Führung**

Die Perle**

Der Punkt, Sinn, Funke**

Heiliges Gesetz, Hoffnung & Harmonie
Strukturiertes Handeln im Ablauf der Zeit, Verwandlung in der Seele & Frieden mit der Realität.

5. Reines, leeres
Gewahrsein; innere
Führung (Weisheit) ***

5

4

Heilige Allwissenheit, Heilige Transparenz
Innerhalb der Einheit gibt es die Vielfalt der Erscheinungen, die sich voneinander unterscheiden.

Heiliger Ursprung
Es gibt keine Trennung zwischen mir und dem Ursprung und den Dingen mit dem Ursprung.

4. Liebe/Glückseligkeit;
wahres Selbst
(inneres Licht,
Lichtpunkt) ***

* Diese **heiligen Ideen** entsprechen im Wesentlichen den heiligen Ideen im Christentum, werden aber heutzutage neu und zeitgemäß interpretiert.
** Die **idealisierenden Aspekte** sind symbolische Themen, denen der jeweilige Enneatyp am ehesten nacheifert.
*** Die **innere Essenz** der einzelnen Enneagrammtypen.

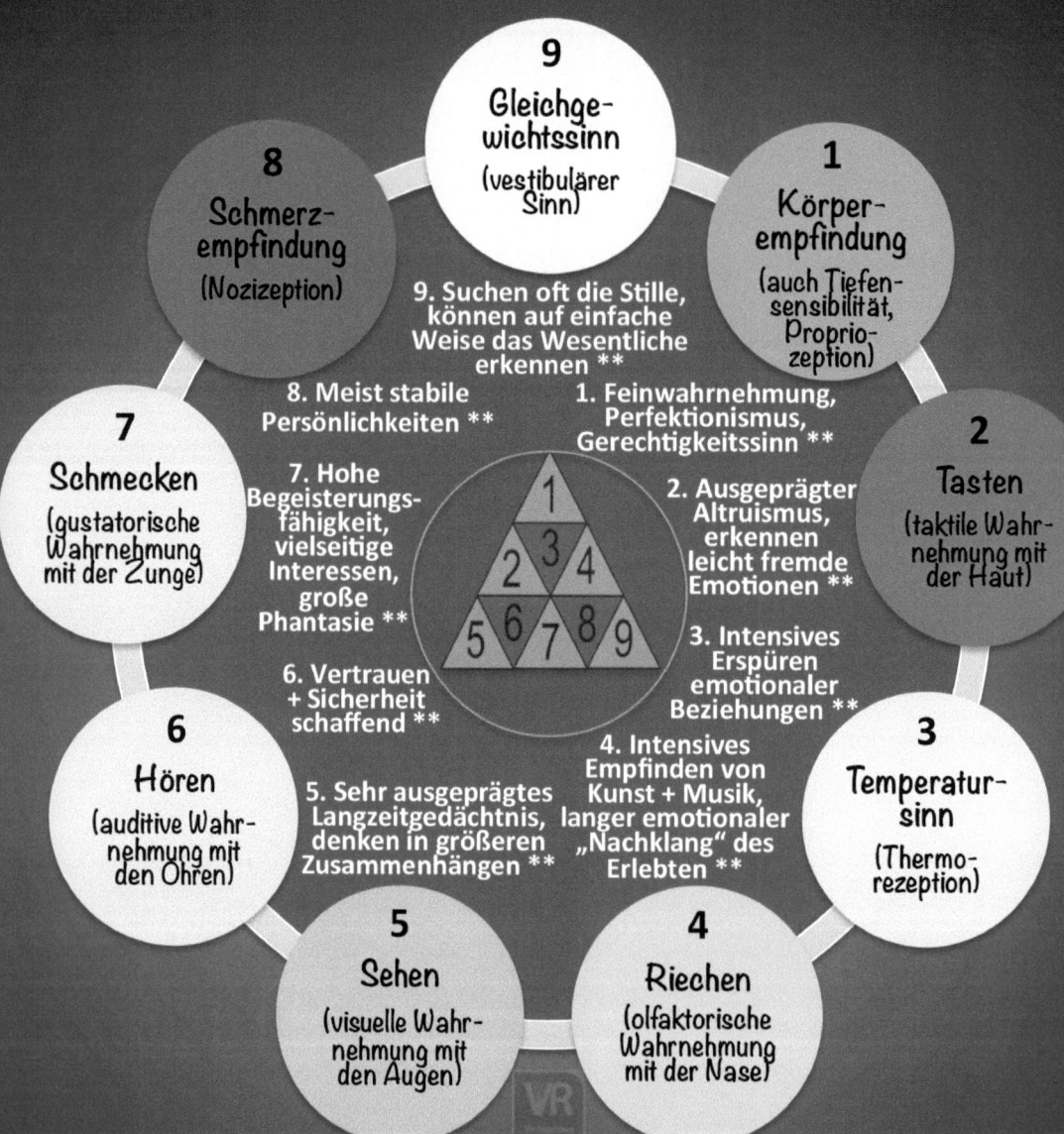

9
Gleichge-
wichtssinn
(vestibulärer
Sinn)

8
Schmerz-
empfindung
(Nozizeption)

1
Körper-
empfindung
(auch Tiefen-
sensibilität,
Proprio-
zeption)

7
Schmecken
(gustatorische
Wahrnehmung
mit der Zunge)

2
Tasten
(taktile Wahr-
nehmung mit
der Haut)

6
Hören
(auditive Wahr-
nehmung mit
den Ohren)

3
Temperatur-
sinn
(Thermo-
rezeption)

5
Sehen
(visuelle Wahr-
nehmung mit
den Augen)

4
Riechen
(olfaktorische
Wahrnehmung
mit der Nase)

9. Suchen oft die Stille,
können auf einfache
Weise das Wesentliche
erkennen **

8. Meist stabile
Persönlichkeiten **

1. Feinwahrnehmung,
Perfektionismus,
Gerechtigkeitssinn **

7. Hohe
Begeisterungs-
fähigkeit,
vielseitige
Interessen,
große
Phantasie **

2. Ausgeprägter
Altruismus,
erkennen
leicht fremde
Emotionen **

6. Vertrauen
+ Sicherheit
schaffend **

3. Intensives
Erspüren
emotionaler
Beziehungen **

5. Sehr ausgeprägtes
Langzeitgedächtnis,
denken in größeren
Zusammenhängen **

4. Intensives
Empfinden von
Kunst + Musik,
langer emotionaler
„Nachklang" des
Erlebten **

* Die bekannten **fünf 5 Sinne** (= Informationsquellen, Kanäle) **des Menschen** sind nur die geläufigsten und daher bekanntesten Sinne (Sehen, Hören, Riechen, Schmecken, Tasten), es gibt darüber hinaus **noch vier weitere Sinne** der physiologischen Wahrnehmung der Umwelt mithilfe von Sinnesorganen (Körperempfindung, Temperatursinn, Gleichgewichtssinn, Schmerzempfindung). Darüber hinaus gibt es in der indischen Tradition noch einen 6. Sinn, den menschlichen Geist oder Denksinn, da die Inder aufgrund ihrer Weltanschauung das Denken als weiteren Sinn oder Wahrnehmungskanal betrachten. Diesen Denksinn würde man dem Enneagramm-Muster der 5 zuordnen.
** Diese **Eigenschaften** sind bei *hochsensiblen Menschen* häufig *in starker Form ausgeprägt*, da sich hier die **universellen Urprinzipien** in einem Menschen *übermäßig einseitig intensiv* manifestieren.

Erfolgreiche Menschen & Schlüsselqualifikationen

Die folgenden **Eigenschaften***, die den 9 Enneagramm-Mustern entsprechen, findet man regelmäßig bei erfolgreichen Menschen:

9. Standfestigkeit statt Nachgiebigkeit **

9
In der Gegenwart den Grundstein zum Erfolg legen.

Den Moment leben

8. Anweisungen (= Aufgaben delegieren, Macht und Kontrolle abgeben) **

8
An sich selbst glauben, Stärke und Kraft demonstrieren und selbstsicher auftreten.

Selbstbewusstsein

1. Kein übertriebener Perfektionismus/ Gelassenheit entwickeln

1
Den Fokus auf Dinge richten, die etwas verändern und einen weiterbringen können.

Fokussieren

2. Emotionale Intelligenz statt emotionale Abhängigkeit **

2
Die richtige innere Einstellung, flexibel zu sein und Dinge richtig einzuschätzen.

Flexibilität

7. Risiko-Freudigkeit **

7
Die eigenen Sinne trainieren und schärfen, um die eigene Wahrnehmung zu verbessern.

Sinne schärfen

Mut beweisen

6
Sich mutig Problemen stellen, sie als Herausforderungen annehmen.

6. Weiterentwicklung/ Bewusstwerdung der eigenen Stärken und des eigenen Mutes **

Horizonte erweitern

5
Ständig Wissen ergänzen, lernen, eigene Fähigkeiten zu entwickeln und zu erweitern.

5. Logisches Denken **

Nichts verschieben

4
Auch unangenehme Dinge anpacken und erledigen, um Platz für Neues zu schaffen.

4. Kreativität **

Kommunikativ sein

3
Auf Menschen zugehen, sich ihnen öffnen und Netzwerke, Beziehungen aufbauen.

3. Massentaugliche Ideen **

VR

* Diese **Eigenschaften** sind bei **erfolgreichen Menschen** in ähnlich starker Form ausgeprägt, da sich hier die universellen Urprinzipien in einem Menschen mehr oder weniger stark manifestieren.
 ** Diese **9 Schlüsselqualifikationen** sind wesentliche Indikatoren für späteren beruflichen Erfolg und auch für allgemeinen Erfolg im Leben. Sie stellen gleichsam die Hauptstärken von Menschen dar, die sich Ihres Enneatyps bewusst geworden sind und damit mögliche Persönlichkeitsschwächen des jeweiligen Typs in Stärken verwandeln können.

effektiv =
bewirkend,
wirkungsvoll,
wirksam,
zielführend

Anmerkung: Eine **ganzheitliche Gesundhei**
der Enneatypen kann nur durch die Entwick
lung der unterdrückten **Gleichgewichtspunk
te** bzw. der unterentwickelten **Tertiärzentren**
geschehen.

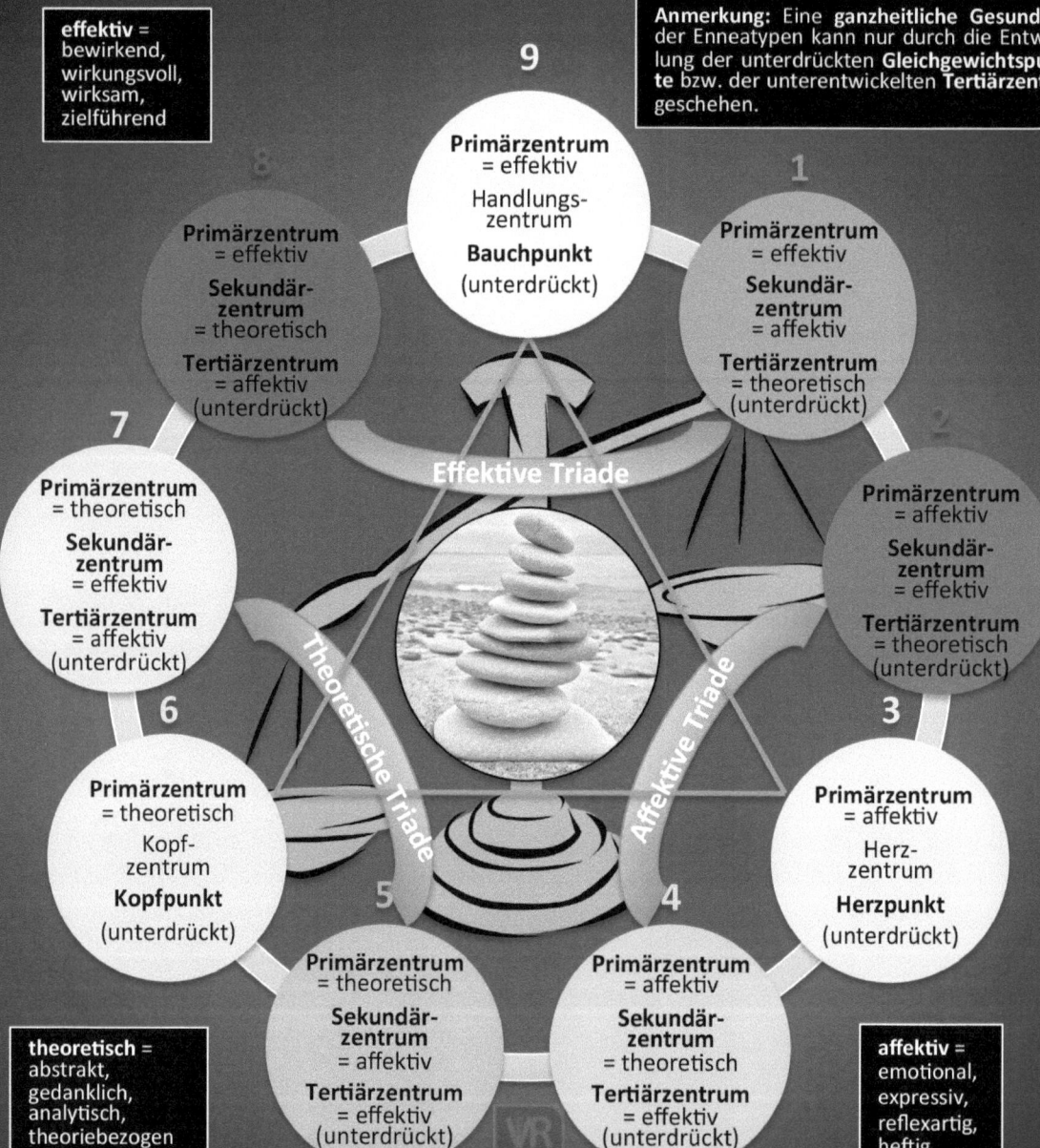

9

Primärzentrum
= effektiv

Handlungs-
zentrum

Bauchpunkt
(unterdrückt)

8

Primärzentrum
= effektiv

**Sekundär-
zentrum**
= theoretisch

Tertiärzentrum
= affektiv
(unterdrückt)

1

Primärzentrum
= effektiv

**Sekundär-
zentrum**
= affektiv

Tertiärzentrum
= theoretisch
(unterdrückt)

7

Primärzentrum
= theoretisch

**Sekundär-
zentrum**
= effektiv

Tertiärzentrum
= affektiv
(unterdrückt)

2

Primärzentrum
= affektiv

**Sekundär-
zentrum**
= effektiv

Tertiärzentrum
= theoretisch
(unterdrückt)

Effektive Triade

Theoretische Triade

Affektive Triade

6

Primärzentrum
= theoretisch

Kopf-
zentrum

Kopfpunkt
(unterdrückt)

3

Primärzentrum
= affektiv

Herz-
zentrum

Herzpunkt
(unterdrückt)

5

Primärzentrum
= theoretisch

**Sekundär-
zentrum**
= affektiv

Tertiärzentrum
= effektiv
(unterdrückt)

4

Primärzentrum
= affektiv

**Sekundär-
zentrum**
= theoretisch

Tertiärzentrum
= effektiv
(unterdrückt)

theoretisch =
abstrakt,
gedanklich,
analytisch,
theoriebezogen

affektiv =
emotional,
expressiv,
reflexartig,
heftig

* Die **Gleichgewichtspunkte 3**, **6** und **9** haben lediglich ein **Primärzentrum**, welches sie *regelmäßig unterdrücken*, die **3**
das **affektive Primärzentrum** *(Herzpunkt)*, die **6 das theoretische Primärzentrum** *(Kopfpunkt)* und die **9** das **effektive
Primärzentrum** *(Bauchpunkt)*, doch haben sie durch ihre direkte Verbindung gleichen Zugang zu jeweils allen anderen
Gleichgewichtspunkten. Die anderen Enneatypen (**1, 2, 4, 5, 7, 8**) verfügen über jeweils ein **Primärzentrum**, ein **Sekun-
därzentrum** und ein **Tertiärzentrum**, das *letztere ist in aller Regel unterdrückt*, die *ersteren beiden gut ausgebildet*.

Die Bagua-Zonen im Feng Shui *

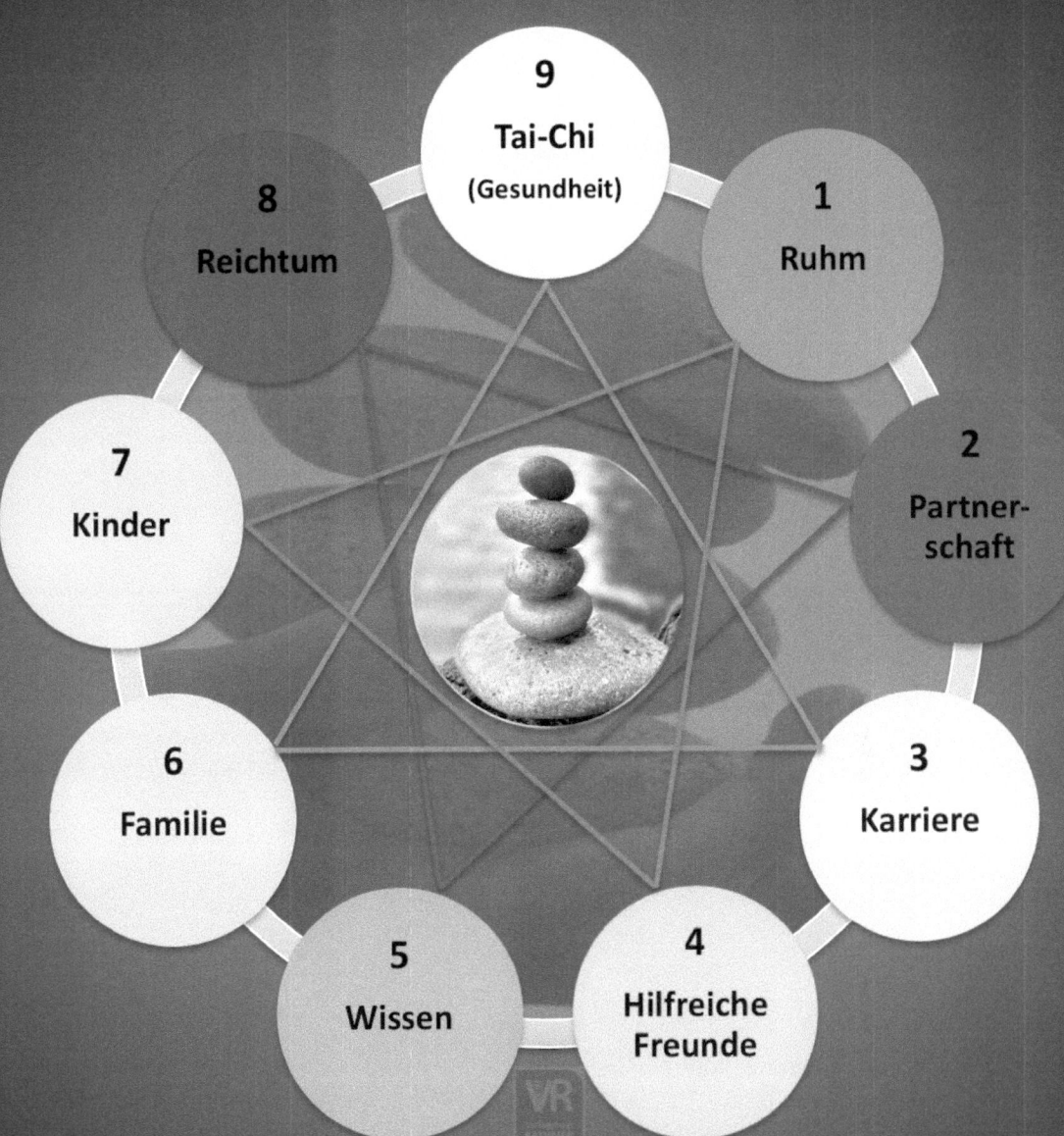

9
Tai-Chi
(Gesundheit)

8
Reichtum

1
Ruhm

7
Kinder

2
Partner-
schaft

6
Familie

3
Karriere

5
Wissen

4
Hilfreiche
Freunde

*Die **Bagua-Zonen im Feng Shui** teilen ein Haus, eine Wohnung oder auch einen Raum in **9 Lebensbereiche** ein, die genau den **9 Enneagramm-Prinzipien** entsprechen. Wenn man einen der **9 Bereiche** gezielt verbessern möchte, kann man nach der **Feng Shui-Lehre** die jeweilige Zone bewusst mit Feng Shui-Maßnahmen aufwerten.*

53. Übersicht:
Die Neun-Jahres-Zyklen * des Lebens

Integrität & Weisheit

(Herbst)

(Winter)

Überfluss & Macht

Kreativität & Neubeginn

9

Neunter Zyklus

(Zeit der stillen Besinnung, der Rückschau, der Erkenntnis über die Zyklen, der Nicht-Anhaftung, des Vergehens, des Pflügens, der Ruhe, des Wartens auf das Licht)

8

Achter Zyklus

(Zeit des Wohlstandes, der Pracht & Fülle, der Qualität & des Reichtums, der Stärke & Kraft, Lohn/Gewinn für den bisherigen Einsatz)

1

Erster Zyklus

(Schaffenskraft, Säen, neue Gelegenheiten, Planung, Gründung, Beschlüsse, Bestandsaufnahme, Vorfrühling, Schneeschmelze)

(Herbstbeginn)

(Winterende)

72. – 81. Lebensjahr
(Weisheit, Liebe, Frieden, Transzendenz)

0. – 9. Lebensjahr
(Geburt + Kindheit)

Zusammenarbeit Ausgewogenheit

Vertrauen & Offenheit

63. – 72. Lebensjahr
(Entwicklung von Schwäche + Bedürftigkeit)

9. – 18. Lebensjahr
(emotionale + soziale Reife)

7

Siebter Zyklus

(Zeit der Dankbarkeit, der Muße, des Genießens, der Rückschau auf das Jahr, der materiellen Fülle, Sammlung, Verdichtung)

54. – 63. Lebensjahr
(Entwicklung von Nüchternheit in der Mitte des Lebens)

Jahres-Zyklen des ewigen Lebens

2

Zweiter Zyklus

(Saat braucht Hilfe & Mitwirkung anderer, Sonne, Erdboden, Wasser, Arrangements, Beziehungen, Bindungen, Unterstützung, allmähliche Erwärmung)

18. – 27. Lebensjahr
(Partner, Beruf, Selbständigkeit nach außen)

(Spätsommer)

45. – 54. Lebensjahr
(Entwicklung von Mut gegen die Angst vor dem Tod)

(Frühlings-beginn)

6

Sechster Zyklus

(Zeit der Ernte, des Teilens und der Rückgabe an die Natur, Verpflichtung, äußere Besinnung & Würdigung des Werdens und Sterbens)

36. – 45. Lebensjahr
(Beginn der Entdeckung des inneren Wissens, der Weisheit)

27. – 36. Lebensjahr
(Beginn innerer Reifeprozesse + emotionales Wachstum)

3

Dritter Zyklus

(Zarter, empfindlicher Keim bricht durch die Erde zum Sonnenlicht, Sichtbarkeit, Deutlichkeit, Entwicklung, Verletzlichkeit, Zweifel „kann ich das?" Horizonterweiterung)

Vision & Annahme

Ausdruck & Feingefühl

(Sommer)

5

Fünfter Zykus

(Wachstum, alles treibt aus, Blütenreichtum, Bemühungen fallen auf fruchtbaren Boden, Möglichkeiten, Chancen, erste reife Früchte)

4

Vierter Zyklus

(Schössling wird größer & stärker, Wurzelbildung im Inneren, Überdenken, innere Besinnung, Kräfte sammeln, Versäumtes nachholen, Vorbereitung)

(Frühling)

Freiheit & Disziplin

Stabilität & Entwicklung

(Spätfrühling)

* „Das Wirken der Welt vollzieht sich immer in Kreisen, und alles versucht, rund zu sein. Der Himmel ist rund, und ich habe gehört, dass die Erde auch eine Kugel sein soll und ebenso alle Sterne. Der stärkste Wind ist der Wirbelsturm; die Vögel bauen ihre Nester rund, denn ihre Religion ist wie die unsere. Die Sonne und der Mond sind beide rund, sie gehen auf im Kreis und wieder unter. Sogar die Jahreszeiten bilden einen großen Kreis in ihrem Wechsel und kehren immer an den Anfangspunkt zurück. Das Leben eines Menschen ist ein Kreis von Kindheit zu Kindheit, und so ist es mit allem, was von einer Kraft bewegt ist." (**Nicholas Black Elk** („Schwarzer Hirsch", Dezember 1863 – 19. August 1950) war ein Wichasha Wakan (Medizinmann, Heiliger Mann) der Oglala-Lakota-Indianer, siehe sein Foto im Innenkreis).

54. Weiterführende und ergänzende Literatur des Autors aus dem Verlagshaus Rathmer

- **Enneagramm-Homöopathie** - *Heilung auf der tiefsten Ebene des Menschseins/Krankseins* Grundlagenband zur Enneagramm-Homöopathie, Band 1 zum hier vorliegenden Band 2, 136 Seiten, broschiertes Taschenbuch, Verlagshaus Rathmer, Billerbeck, 1. Auflage Mai 2019

- **Wer du wirklich bist** - *Enneagramm-Wissen in farbigen Schaubildern* (Mit Enneagramm-Diagnose-Test), 300 Seiten, Taschenbuch, broschiert, Verlagshaus Rathmer, Billerbeck, März 2015

- **Die 27 Persönlichkeiten des Enneagramms** - *Erkenne deinen Persönlichkeitstyp im Spiegel des Enneagramms!* (27 Charakterprofile als Ausdruck der menschlichen Natur), 88 Seiten, broschiertes Taschenbuch, E-Book, Verlagshaus Rathmer, Billerbeck, 2. Auflage, August 2018

- **Rathmer`s Enneagramm-Typentest** - *Kompakter Persönlichkeitstest zur Bestimmung des eigenen Enneagrammtyps (Enneatyps/Untertyps/Trityps)* 52 Seiten, broschiertes Taschenbuch, E-Book, Verlagshaus Rathmer, Billerbeck, Dezember 2017

- **Die Praxis der Typbestimmung** (*Sämtliche 36 Typen-Vergleiche zur präzisen und zuverlässigen Bestimmung des Enneagrammtyps unter Berücksichtigung der 27 Untertypen des Enneagramms*), 168 Seiten, wahlweise gebundene Ausgabe mit Lesebändchen oder broschiertes Taschenbuch oder E-Book, Verlagshaus Rathmer, Billerbeck, September 2018

- **Rathmer`s großes Enneagramm-Lexikon von A-Z** (*Ein Nachschlagewerk über die 9 Enneatypen inklusive der 27 Untertypen und der 27 Trityps*), 356 Seiten, wahlweise gebundene Ausgabe mit Lesebändchen oder broschiertes Taschenbuch oder E-Book, Verlagshaus Rathmer, Billerbeck, Mai 2017

- **Die ewige Suche nach Vollkommenheit, Liebe, Erfolg, Individualität, Wissen, Sicherheit, Lebensfreude, Macht, Harmonie** - *Enneagramm-Kalenderreihe: Für jeden Enneagrammtyp einen speziellen sog. ewigen Kalender, der zeitlos schön jeden Monat die wichtigsten Themen ästhetisch und tiefgründig in lebendigen Bildern darstellt, denn ein Bild sagt mehr als tausend Worte, 12 stimmungsvolle Kalenderseiten & eindrucksvolles Deckblatt, A4-Querformat, matt, 21 x 30 cm, Spiralbindung mit Aufhänger, künstlerische Gestaltung: Detlef Rathmer, Verlagshaus Rathmer, April 2019*

- **Die weltweit erste Enneagramm-Wandkalender (auch in englischer Sprache)/Tischkalender/ Küchenkalender** - *Enneagramm-Kalenderreihe: 13 universelle Enneagrammthemen werden hier ästhetisch anspruchsvoll, lehrreich und ausdrucksstark dargestellt, 12 lehrreiche Kalenderseiten & eindrucksvolles Deckblatt, welche die wichtigsten Prinzipien des Enneagramms übersichtlich darstellen, verschiedene Formate: 1. Wandkalender A4-Hochformat, matt, 21 x 30 cm 2. Wandkalender A3-Hochformat, matt, 42 x 30 cm 3. Tischkalender quadratisches Format, matt, 14 x 14 cm 4. Küchenkalender A4-Hochformat, matt, 13 x 30 cm 5. Wandkalender A4-Hochformat in englischer Sprache: „The Eternal Enneagram Calendar", matt, 21 x 30 cm; Spiralbindung mit Aufhänger, künstlerische Gestaltung: Detlef Rathmer, Verlagshaus Rathmer, April 2019*

- **Der ewige Kalender der Naturwunder** - *Spektakuläre, stimmungsvoll grandiose Naturaufnahmen, die auf einzigartige Weise die Schönheiten der Natur unseres Planeten imposant in einer ästhetisch formvollendeten Weise mit darstellen, qualitativ hochwertiges Druckverfahren, ein immerwährender Wandkalender, 21 x 30 cm, matt, Spiralbindung mit Aufhänger, künstlerische Gestaltung: Detlef Rathmer, Verlagshaus Rathmer, März 2019*

- **Der ewige Kalender der Liebe** - *Stilvoll und ausdrucksstark, abwechslungsreich auf die Jahreszeiten abgestimmt enthält dieser „Liebes-Kalender" jahrtausendealte Weisheiten um das große Thema der menschlichen Liebe mit eindrucksvollen Fotografien, ein wunderschönes Geschenk für einen geliebten Menschen, einen anderen oder sich selbst, qualitativ hochwertiges Druckverfahren, immerwährender Wandkalender, 21 x 30 cm, matt, Spiralbindung mit Aufhänger, künstlerische Gestaltung: Detlef Rathmer, Verlagshaus Rathmer, März 2019*

- **Der ewige Kalender der Selbsterkenntnis** - *Jahrtausendealte zeitlose Lebensweisheiten in gelungener Komposition mit dazu passenden stimmungsvollen Fotografien, die täglich zu tiefgreifender Selbsterkenntnis führen*, qualitativ hochwertiges Druckverfahren, immerwährender Wandkalender, 21 x 30 cm, matt, Spiralbindung mit Aufhänger, künstlerische Gestaltung: Detlef Rathmer, Verlagshaus Rathmer, April 2019

- **7 Wege zu dir selbst** - *Lebenskunst für den Alltag*, 115 Seiten, Taschenbuch, broschiert, Mankau-Verlag, Murnau a. Staffelsee, November 2008

- **Sei still und wisse - Ich bin GOTT!** - *Finde die heilsame Stille in Dir*, 76 Seiten, Taschenbuch, broschiert, Verlagshaus Rathmer, Billerbeck, Juli 2009

- **Rathmer`s Repertorium** - *Das große Repertorium der Geist-/Gemütsrubriken und deren Bedeutung in der Homöopathie*, 1568 Seiten, gebunden, Ledereinband, 5 Lesebändchen, Verlagshaus Rathmer, Billerbeck, Mai 2011 (auch als EBook Edition lizenziert im pdf-Format erhältlich)

- **Das große Enneagramm-Homöopathie Repertorium von A-Z** - *Eine facettenreiche Darstellung der Enneagramm-Homöopathie in Form von Gemüts-, Symbol- und Themenrubriken*, 392 Seiten, gebunden, 1 Lesebändchen, Verlagshaus Rathmer, Billerbeck, Oktober 2014 (auch als EBook Edition lizenziert im pdf-Format erhältlich)

- **Repertorium der hervorstechenden Gemütsrubriken** - *Differenzierung der 9 Enneagramm-Heilmittel in der Homöopathie*, 256 Seiten, gebunden, 1 Lesebändchen, Verlagshaus Rathmer, Billerbeck, September 2014 (auch als EBook Edition lizenziert im pdf-Format erhältlich)

- **Die Dynamik der 9 Enneagramm-Heilmittel** - *Die dynamischen Beziehungen zwischen den einzelnen Heilmitteln der Enneagramm-Homöopathie*, 280 Seiten, gebunden, 1 Lesebändchen, Verlagshaus Rathmer, Billerbeck, Oktober 2014 (auch als EBook Edition lizenziert im pdf-Format erhältlich)

- **Lehrbuch der Enneagramm-Homöopathie** *in drei Bänden:* **Band 1: Arzneimittellehre Typen I - IV,** 348 Seiten, Taschenbuch, broschiert, Verlagshaus Rathmer, Billerbeck, Februar 2013 (auch als EBook Edition lizenziert im pdf-Format erhältlich) **Band 2: Arzneimittellehre Typen V - IX,** 420 Seiten, Taschenbuch, broschiert, Verlagshaus Rathmer, Billerbeck, Februar 2013 (auch als EBook Edition lizenziert im pdf-Format erhältlich), **Band 3: Enneagramm-Homöopathie Repertorium,** 376 Seiten, Taschenbuch, broschiert, Verlagshaus Rathmer, Billerbeck, Februar 2013 (auch als EBook Edition lizenziert im pdf-Format erhältlich)

- **Der Kern der Heilmittel** - *Die zentralen Geist-/Gemütsrubriken der homöopathischen Arzneimittel/ The central mind rubrics of the homoeopathic medicines*, homöopathische Arzneimittellehre, zweisprachig deutsch/englisch, 526 Seiten, gebunden, 1 Lesebändchen, Verlagshaus Rathmer, Billerbeck, Dezember 2011 (auch als EBook Edition lizenziert im pdf-Format erhältlich)

- **Homöopathische Arzneimittellehre der Single-Rubriken aus dem Geist-/Gemütsbereich** - *Das geistige Wesen der 500 wichtigsten Heilmittel in der Homöopathie*, 348 Seiten, Taschenbuch, broschiert, Verlagshaus Rathmer, Billerbeck, Juli 2009

- **Fallanalyse in der Homöopathie nach Sehgal** - *Autodidaktisches Lern- und Arbeitsbuch anhand von 36 Fällen aus der homöopathischen Praxis*, 320 Seiten, Taschenbuch, broschiert, Eva-Lang-Verlag, Worpswede, März 2008

- **Enneagramm-Homöopathie - Unterrichtsmaterial** - *20 Unterrichtseinheiten für das Selbststudium der Enneagramm-Homöopathie*, 376 Seiten, EBook Edition im pdf-Format, Verlagshaus Rathmer, 2016 (lfd. aktualisiert)

- **Das Unterrichtsskript zur Sehgal-Ausbildung** - *Unterrichtsmaterialien aus der Sehgal-Schule für das Eigenstudium der Sehgal-Methode*, 500 Seiten, EBook im pdf-Format, Verlagshaus Rathmer, 2012 (lfd. aktualisiert)

- **Gesetzeskunde für Heilpraktiker** *zur Vorbereitung auf die amtsärztliche Überprüfung beim Gesundheitsamt*, 208 Seiten, EBook Edition im pdf-Format, Verlagshaus Rathmer, August 2015.

55. Weiterführende YouTube-Videos des Autors

- **Gemeinsamkeiten & Unterschiede der Enneagrammtypen - 36-teilige Lernvideo-Reihe** *(Differenzierende Betrachtungen sämtlicher 36 Vergleichskombinationen der 9 Enneagrammtypen, begleitend und vertiefend dazu dient das kompakte Typbestimmungsbuch „Die Praxis der Typbestimmung")*

- **Enneagramm in 3 Minuten - Lernvideos** *(In nur 3 Minuten plus max. 59 Sekunden erklärt Enneagramm-Experte und Heilpraktiker Detlef Rathmer ein zentrales Lebensthema aller 9 Enneatypen anhand eines ausgewählten Schaubildes aus seinem Buch „Wer du wirklich bist - Enneagramm-Wissen in farbigen Schaubildern" oder eines Schaubildes aus seinem Unterricht)*

- **Die 27 Untertypen des Enneagramms - 27-teilige Lernvideo-Reihe** *(Enneagramm-Experte und Heilpraktiker Detlef Rathmer erklärt kurz und prägnant das Grundthema der jeweiligen 27 Untertypen anhand eines Schaubildes aus seinem Enneagramm-Unterricht oder seiner Enneagramm-Bücher, begleitend und vertiefend dazu dient das Buch „Die 27 Persönlichkeiten des Enneagramms - 27 Charakterprofile als Ausdruck der menschlichen Natur - Erkenne deinen Persönlichkeitstyp im Spiegel des Enneagramms!")*

- *Enneagramm - Weiterentwicklung & Transformation - Lernvideo-Reihe (Hier werden notwendige und hilfreiche Entwicklungsschritte und -möglichkeiten der einzelnen 9 Enneagrammtypen anschaulich dargestellt, momentan noch im fortlaufenden Aufbau)*

- **Enneagramm-Homöopathie - mehrteilige Videoreihe** *(Hier werden interessante Themen rund um das Enneagramm, die Homöopathie und die Enneagramm-Homöopathie dargestellt, wird regelmäßig erweitert)*

- **Tipp:** *Abonnieren Sie den Youtube-Kanal von Detlef Rathmer, damit Sie kein zukünftiges Video mehr verpassen!*

„Gesundheit ist gewiss nicht alles,
aber ohne Gesundheit ist alles nichts!"

(Arthur Schopenhauer, 1788 - 1860)

NATURHEILPRAXIS RATHMER
Praxis für Klassische Homöopathie

Detlef Rathmer
Heilpraktiker

Klassischer Homöopath
Dozent für Klassische Homöopathie
Prüfer beim Gesundheitsamt Recklinghausen
20-jährige Berufserfahrung (Stand: 2019)

Telefon: 02543 / 931 85 07

E-Mail: 9Rathmer@gmail.com

skype-Name: detlef.rathmer

Homepage:
www.psychologische-homoeopathie.de

Molkereiweg 9
48727 Billerbeck